中学物理教师教学能力发展丛书

高中物理复习教学
方法策略与案例研究

丛书主编：姚跃涌

丛书编委：张晓红　汤幸初　朱建平　李荣党
　　　　　谭志恒　陈汉光　黄爱国　蔡冬阳
　　　　　周后升　姚中化　卞　红　许桂清

本册主编：周后升

编　者（排名不分先后）：

周后升　王义才　刘冀瀛　朱桂春
张玉良　邹卫平　陈　俊　唐丽君
王　波　蔡俊龙　胡媛君　李　浩
吕　磊　魏胜利　欧阳亮　李强辉
朱玉柱　陈　亮　曾淑艳　刘俊纯
马守进　吴裕泉

广东高等教育出版社
Guangdong Higher Education Press
·广州·

图书在版编目（CIP）数据

高中物理复习教学方法策略与案例研究/周后升主编. —广州：广东高等教育出版社，2019.1

（中学物理教师教学能力发展丛书/姚跃涌主编）

ISBN 978-7-5361-5666-1

Ⅰ. ①高… Ⅱ. ①周… Ⅲ. ①中学物理课-教学研究-高中 Ⅳ. ①G633.72

中国版本图书馆 CIP 数据核字（2016）第 254741 号

出版发行	广东高等教育出版社
	社址：广州市天河区林和西横路
	邮编：510500　　营销电话：(020) 87553335
	http://www.gdgjs.com.cn
印　刷	佛山市浩文彩色印刷有限公司
开　本	787 毫米×1 092 毫米
印　张	17.75
字　数	338 千
版　次	2019 年 1 月第 1 版
印　次	2019 年 1 月第 1 次印刷
定　价	42.80 元

（版权所有，翻印必究）

序

自教育部2003年颁布《普通高中物理课程标准（实验）》至今，我国新一轮高中物理课程改革已经实施了十余年。广东作为新课程改革的先行者，在这十余载的实践中积累了大量宝贵的教学经验与实践案例，为了使这些宝贵的经验与资源得到更好的推广应用，有必要对其进行系统的梳理、整合，并提升到教学理论的高度，以反哺广大物理教师和教研员等课程改革的一线执行者，及时更新其教育教学理念，提升其教育教学能力，进一步推动课程改革持续深入开展。

基于以上的思考，广东省教育研究院教研室教研员、中学正高级教师、特级教师姚跃涌主编了"中学物理教师教学能力发展丛书"。该丛书遴选编辑了广东实施新课标、新课改十多年以来的优秀物理教育教学理论、经验与案例，是一套对一线教师、教研员具有极好参考价值的学术丛书。

该套丛书具有以下四大特色：

一是丛书合则内容系统全面，分则主题鲜明突出。从整体上看，这套"中学物理教师教学能力发展丛书"共分七册，囊括高中物理概念教学、规律教学、实验教学、专题教学、复习教学、练习教学和竞赛教学，全面覆盖了高中物理教学的各个方面；而从各分册内容审视，每册侧重探讨物理教育教学的某一方面主题，有效避免了面面俱到却泛泛而谈的窘况，有效提高了教学指导的针对性，是一套系统全面、层次分明、不可多得的中学物理教师教学参考书。

二是丛书中各册内容中的物理教育教学理论通俗易懂，各章教学案例翔实真切。一般来说，教学案例因其鲜活具体、能够直接被参考的优势，往往为广大一线教师所关切，但显然一个纯粹的案例集是远远不够的，毕竟再多的案例也只是个案。因此，本套丛书特别注意以通俗易懂的语言，结合案例阐述相应的物理教育教学理论，以帮助教师从点到面、举一反三，提升自己的教育教学水平，这正是本丛书的鲜明特点。

三是丛书各册专题实践性强，各章阐述贴近教学实际。例如，物理规律教学便依次探讨了规律课教学的备课策略、创设情境并提出问题的方法策略、建立规律的方法策略、讨论规律条件及范围的方法策略、运用规律的方法策略；再如，复习教学专题依次探讨了平时复习、阶段复习、水平测试复习和升学复习教学方法等。正因其实践针对性强，任教不同教学阶段、不同课型环节的教师均可以在丛书中找到相应的学习参考内容。

此外，丛书各册体现了教师的创新思维，各章展现了教师创新的教学方法，也是本丛书的一大特色。例如，丛书中展现的对于专题教学这一起源于复习教学而又不同于传统的复习教学的新课型的研究，以及概念、规律、实验等传统课型的各种创新教法，均体现了教学一线的教师们在新的认知心理学及新的教育教学理念支撑下所做的大量有益的探索，为一线教师们开拓教学改革思路、创新教学方法提供了极好的参考案例。

由于一些主客观原因的限制，部分中学物理教师在教学实践中更多地注重自己工作中的积累，而缺乏向同行学习、疏于对自己教学实践的反思，或者说不善于反思、对在教学实践中应该学习些什么提升自己的教育教学水平感到迷茫。为了能有效地提升自己的教育教学水平，学习本套"中学物理教师教学能力发展丛书"是一个好的选择。

将本套丛书置于你的案头，工作之余抽空静下心来阅读一章、一节，并对照着反思自己的物理教育教学方法与技能，在反思中一定可以使自己的水平得到提升！若真如此，则我们的学生幸矣，广东省的中学物理课程改革幸矣！

是为序。

熊建文
2015 年 12 月于华南师范大学

前　言

　　人们要掌握物理学这门自然科学一般需要经过领会、巩固和应用这三个相互联系又有区别的环节，其中巩固这个环节特别重要，需要有充分的时间去整理、思考，把物理学科知识体系变成自己的认识，"复习"恰恰是达到这些目的的重要途径。

　　高中物理内容广，知识点多，但学生学习时间短，大多数学生从早到晚沉浸在题海中，往往弄得精疲力尽，却收效甚微。因此，科学合理地组织复习教学就显得尤为必要。这犹如要学生找到一条正确通往目的地的道路，并沿着所找到的路走到目的地，在路上走得快一点、慢一点相对于找到正确的路已是次要问题。相反，若找错了，走得越快，会离目的地越远。因此，高中物理复习教学不仅要给学生"走路"的时间，更要给学生"找路"的时间。

　　这就涉及复习教学的方法策略问题。

　　教学方法策略，是指教师依据教学情境的特点，对教学实施过程进行计划、设计、执行、检查、评价、调控、反思等的系统决策活动。高中物理复习教学方法策略多种多样，但不论何种方法，都应贯彻如下的复习指导思想：全面系统、注重双基、因地制宜、与时俱进。注意能力培养的渗透渐进过程，制定相应的具体措施，并依据复习内容和学生实际情况，选择合适的复习方法，在复习过程中做到知识的扩展和延伸，让学生对物理知识、物理方法与物理思想形成系统、深刻的认识，培养学生的分析概括能力、运用知识的能力和终身学习的习惯。

　　本书从理论和实践操作两个方面来阐述高中物理复习教学方法策略。其中第一章为全书的总论，提出了什么是物理复习教学，它应该遵循的基本原则有哪些，强调了高中物理复习教学的必要性；并对物理复习教学方法策略进行了概括——提出了什么是教学方法策略，其原则是什么，需要的教育教学理论依据有哪些，应该如何制定教育教学方法策略。第二至第五章通过一线物理教师的教育教学实践操作具体阐述了高中物理复习教学方法策略，并结合当下推广的微课模型进行案例研究。把高中阶段的复习教学分为两种：一是平时复习教学，即新课引入和新授课后的复习教学，如本书第二章阐述的部分；二是阶段复习教学，即章后、期中、期末复习教学，如本书第三章阐述的部分，阶段复习教学还包括水平测试复习教学和升学考试（高考）总复习教学，如第四、第五章阐述部分。

　　本书是"中学物理教师教学能力发展丛书"之一，是为适应新课程改革而编写的复习教学指导用书，是高中一线物理教师和参加复习的高中学生值得一读的参考用书。

　　我们在编写本书时，力图体现如下几个鲜明特色：①反映新课程改革的要求。以现代教育教学理论为指导，着力体现《基础教育课程改革纲要（试行）》和《普通高中物理课程标准（实验）》的精神。②加强对学生学习的研究。顺应"教师在教学过程中应与学生积极互动，共同发展，处理好传授知识与培养能力的关系，注重培养学生的独立性和自主性，引导学生质疑、调查、探究，在实践中学习，促进学生在教师指导下主动地、富有个性地学习"的要求。③配合教师专业化发展。适应推进物理教师专业化进程的形式，加强"微课教学""物理教学设计""平时复习和阶段复习教学""水平测试复习教学与升学复习教学"等有针对性的内容。④力求理论性与实用性的统一。先概略介绍本书可能涉及的基本教育教学理论，再在具体的复习教学方法策略及案例中渗透进其中的理论思想。

　　本丛书主编为姚跃涌，本册主编为周后升［北京师范大学（珠海）附属高级中学］。各章作者分工如下：前言周后升，第一章周后升，第二章唐丽君（珠海市第二中学），第三章李浩（珠海市实验中学），第四章李强辉（珠海市斗门第一中学），第五章刘俊纯（珠海市第一中学）。初稿的统稿、编辑由周后升、马守进完成，第二、第三稿的审稿由周后升完成。

　　鉴于编者经验、水平有限，加之时间仓促，书中难免存在疏漏或不妥之处，恳请广大读者及相关专家学者不吝赐教，以便使本书在内容和形式上更趋完美。

编　者
2018 年 10 月

目 录

第一章　物理复习教学方法策略 …………………………………… 1
第一节　物理复习教学的基本原则 …………………………………… 1
第二节　物理复习教学的必要性 ……………………………………… 3
第三节　物理复习教学方法策略概论 ………………………………… 5
第四节　物理复习教学常用的方法策略 ……………………………… 13

第二章　平时复习教学方法策略与案例研究 ……………………… 43
第一节　新课引入的复习教学方法策略及案例研究 ………………… 43
第二节　新授课后的复习教学方法策略及案例研究 ………………… 49

第三章　阶段复习教学方法策略与案例研究 ……………………… 87
第一节　如何开展阶段性复习教学 …………………………………… 87
第二节　章后复习教学方法策略及案例研究 ………………………… 90
第三节　期中复习教学方法策略及案例研究 ………………………… 106
第四节　期末复习教学方法策略及案例研究 ………………………… 121

第四章　学业水平考试复习方法与案例研究 ……………………… 132
第一节　学业水平考试复习范围与复习教学的原则 ………………… 135
第二节　学业水平考试复习教学方法策略及案例研究 ……………… 138

第五章　升学考试复习教学方法策略与案例研究 ………………… 188
第一节　高考升学物理复习教学方法策略 …………………………… 190
第二节　高考升学物理复习方法策略具体操作 ……………………… 191

参考文献 …………………………………………………………………… 270

后　记 ……………………………………………………………………… 272

第一章
物理复习教学方法策略

复习是教学的重要组成部分，它是物理教学中的重要一环。物理复习教学，是指教师专门引导学生对所学的物理基本知识和技能进行系统的归纳、巩固、总结，从而加深理解，提高综合运用物理知识的能力；沟通知识之间的横向和纵向联系，形成的系统化、网络化的知识，帮助学生掌握复习内容的知识结构，以培养、加强学生综合运用知识解决问题的能力，发展学生的智力，提高其科学素养，从而把物理学科知识体系变成学生自己的认识为主要任务和目的的授课形式。

第一节 物理复习教学的基本原则

物理复习课所要完成的教学任务应当视具体情况而定，不一定每堂复习课都要抓系统和补缺、抓重点和难点、抓综合和提高，应当有所侧重，遵循一定的原则。

一、依据课标、大纲及学生实情，确定复习要求

教育部制定的《普通高中物理课程标准（实验）》是指导教学的纲领性文件，《普通高等学校招生全国统一考试大纲（物理）》是指导高考命题的大纲，也是指导高考复习的大纲，我们的一切复习教学活动都应在上述"两纲"规定的范围内进行。再结合学生自身的实际情况，回归课本进行系统、科学的复习。

二、夯实基础，提高能力，让学生学会学习

复习教学需要侧重于对基础知识的全面掌握、对基本定律的深刻理解和应用，所以不宜太难，否则，将时间耗在分析复杂的物理过程、烦琐的数学运算、狭隘的范围讨论上面，会大大干扰和削弱学生对基础知识、基本定律、基本方法的理解和掌握。

如何夯实基础，引导学生将所学知识内化为自己的高价营养，关键在于教师要转变教学观念，在教学过程中让"学生学会学习"。教学不能只重视问题的答案，而忽视对问题的分析；不能只重视对知识点的记忆，而忽视对学习过程的分析；不能只重视学生知识的占有率，而忽视学生的道德品行、创新意识的发展。应在教学中引导学生进行面向问题的学习——有助于发现问题、分析问题、解决问题；进行面向创造性的学习——有助于开拓思路、联想求异、追求创新；进行面向合作的学习——有助于启发思考、取长补短、联系实际、勇于进取。学生能力是建立在知识基础上的，教师要注重学生获取知识的过程，在过程中提高学生的应变能力、迁移能力、创造能力和综合运用知识的能力。

三、归纳总结，重视学科内知识体系的构建

根据物理学科特点，按相近内容、相似规律、相同方法归类，定好专题，构建知识框架，形成知识网络。

教学实践表明，反复练习单一类型的题目，纯粹靠在题海里游泳的方法建立题型与解法、公式与运用之间的条件反射，很容易形成定式思维，削弱应变能力。因此，在复习期间，特别是在冲刺阶段，教师应尤其重视变式教学，加强知识间的横向联系，注意对学生发散思维能力的培养，帮助学生冲破单向定式思维，提高解决问题的灵活度和准确度。引导学生按照知识的归类，抓住主干知识，建构起一条贯穿整个中学物理内容的主线，并对物理模型的类型和特点进行归整复习。在建构过程中要注重学科内知识的融合，特别是要加强物理学主干知识力学与电学间的融合，同时要强调主干知识与非主干知识间的融合。

四、复习升华，让学生掌握物理思想方法

物理学是一门开拓思维的学科，也是一门实验科研的学科，更是一门应用物理思想方法来解决现实问题或未来问题的学科，物理思想方法就是一把开启人类智慧大门和科学殿堂大门的金钥匙。

复习教学，做题目是必需的，但要精练，要结合学生的实际知识水平、思维水准、实践能力、理解能力，设法促使学生弄懂、厘清所学的知识，并通过自己的思考、分析、整理、尝试、应用转化为自己的认识，掌握运用物理思想去解决实际问题的方法。

第二节　物理复习教学的必要性

复习课是物理教学的重要课型之一。一般说来，学生掌握知识需要经过领会、巩固和应用这三个既相互联系又有所区别的阶段，其中巩固这个阶段特别关键。而复习就是达到巩固目的的重要方法，对学生正确理解物理概念和掌握物理规律有着极其重要的作用。

随着高考改革的不断深入，物理课程对学生的要求也越来越专业化，越来越独特化。针对此现象，教师对学生开展多方面的复习教学就显得尤为重要，只有这样，学生才能紧随时代的步伐，符合社会发展的需要。物理是一门要求基础知识扎实、逻辑思维强、运算功底优秀的课程，根据物理课程自身的特点，教师为学生明确复习之道是理所当然的，这样才能为学生今后立足社会做好准备。因此，对学生进行分层的、科学的、合理的复习教学是十分必要的。

一、物理复习教学的目标

"把物理学科知识体系变成学生自己的认识"应作为物理复习教学的总目标。

学生通过教师的教学，不仅能理解知识的基本含义，更重要的是能掌握知识的来龙去脉、相互联系，即掌握知识形成的过程，掌握知识的点、线、网交织成的知识结构，从而建构个体认知结构。这样的知识才是具有创造力、活的知识，才是能够用以创造性地思考和解决所面临的学习任务与问题的知识。

高三物理总复习并不是对所学知识点的简单梳理和重温，而是让学生构建自己的物理科学体系的过程。在复习过程中，每个学习者都在以自己原有的认知结构为基础，对新的信息进行编码，建构自己的理解，使原有的认知结构发生调整或变化，从而建立新的认知结构。因此，对原有知识进行重新加工并建构新的较为完善的知识体系的过程，具有探究性、自主性、发展性、创造性等特征。在高考复习阶段，要改变学生的传统复习方式，要促使学生主动实现所学知识方法体系的重构、再生，提高他们分析和解决问题的能力，进而提高高考复习的实效。这就要求教师要引导学生充分发挥学习自主性，引导学生主动收集资料，通过习题的训练，深化对知识的理解。

二、物理复习教学的任务

从物理学的发展、物理学科在各个领域中的应用、物理学科内部逻辑结构的建立、优秀物理学家的成长过程来看，提升学生能力都是至关重要的。能力的培养，是一个潜移默化的过程，不能仅靠教师的灌输，也不能只靠复习阶段的突击。能力的提高，应依靠学生平时对课程内容独立深入的思考和刻苦的钻研，还应依靠正确的学习态度、良好的学习习惯和踏实的学习作风。

准确理解并掌握物理概念和物理规律，是培养能力的基础。《普通高等学校招生全国统一考试大纲（物理）》提出了学科能力的要求，物理学科能力包括理解能力、推理能力、分析综合能力、应用数学处理物理问题的能力和实验能力。物理试题坚持以能力立意的命题原则，在运用概念、规律和方法分析、解决实际问题的过程中考查学生的学科能力。

因此，加强对学生能力和科学素养的培养是物理复习教学的主要任务，这不仅仅是为了迎接高考，更是为了让学生掌握终身学习的方法。这就要求教师引导学生充分发挥学习自主性，引导学生主动收集资料，使学生在知识方法的反复应用中理解知识、提高能力。

三、物理复习教学的作用

（一）巩固知识，强化记忆

所谓巩固，即通过反复的强化，把已领会的知识牢固地保持在记忆之中的过程。知识是否巩固的标志在于是否能够正确地、迅速地再认和重现，以至灵活地应用知识来解决问题。

（二）温故知新，拓宽加深

复习并不是简单的重复，它同时是一个知新的过程。复习是否能达到巩固的目的，主要取决于对知识内容的重新组织情况。同时，复习要针对学生的实际，针对所存在的、带有普遍性的问题。在复习过程中通过知识的内在联系，把零散的、片段的知识条理化、系统化，使学生对知识的理解更深刻、更全面，以达到横向拓展知识、纵向深化知识的目的。如学生分别学习了牛顿定律、动量守恒定律、动能定理与机械能守恒定律，通过复习，可以明确认识到：这三条规律是动力学的核心，它给我们提供了解决动力学问题的三条途径。通过分析、对比，弄清它们之间的区别与联系，这对于学生掌握整个力学体系具有重要的作用。

(三) 发展能力，综合提高

通过概括而系统地复习，可以进一步掌握研究和处理问题的方法，有助于学生将系统的物理知识与已有的知识体系相联系，形成新的认知结构，有助于知识向能力的转化。在复习过程中，通过教师的示范、指导和启发，学生的概括和整理知识的能力、记忆能力、分析和解决问题的能力以及学习物理的自觉性、主动性都有较大提高。而且由于复习能够揭示物理知识的内在联系，促进学生对物质世界的多样性和统一性的认识，因此有利于学生形成辩证唯物主义的世界观。

第三节　物理复习教学方法策略概论

一、教学方法策略

(一) 教学方法策略的含义

所谓教学方法策略，是指教师根据教学情境的特点，对教学实施过程进行计划、设计、执行、检查、评价、调控、反思等的系统决策活动。这一含义具体可理解为以下几点：

(1) 教学方法策略涉及一系列具体的教学技能，但又不仅仅是教学技能的简单叠加。方法策略是为了实现教学目标在教学各阶段途径中采用的最优一种，经过大量的教学实践后，方法策略能在具体教学情境中达到自动化，并且应用自如。

(2) 教学方法策略是将教学方法的选择置身于广阔的教学情境中进行考察，分析研究影响教学情境及教学方法选用的各种变量及变量间的关系。

(3) 教学方法策略在教学中的用法应该是灵活的而不是按部就班的。教学方法策略的形成和应用一般都会经历两个过程：一是如何选择和使用教学方法的过程；二是如何调控教学活动的过程。这两个过程往往伴随教学情境的变化，一直处于不断变化之中。

(4) 教学方法策略要以学习策略为基础。教师在教学过程中，各种时候选择何种教学方法策略是与学生当时的具体情况相关的。教学方法策略既是教师在教学活动中对教学内容、教学手段和教学方法的调控，又是教师对学生的学习活动和学习方法的调控，因此要以学习策略为基础。

(5) 教学方法策略是内部活动与外部活动的统一。

（二）教学方法策略的特征

除了上述对教学方法策略的认识，笔者认为它还有以下 5 个方面的特征。

1. 普遍性

教学活动常常琳琅满目、变幻莫测，然而教学方法策略却表现为不同层次的教学活动的进程和操作，挑选很多教学过程的共同特点，为了更好地认识、理解和应用，用较少的语言说清教学层次。因此，它具有一定的概括性。

2. 方向性

教学方法策略的研究是为了掌握指定教学内容，完成教学的设计目标，取得好的教学效果。任何教学方法策略都有特定的情境、特定的师生互动内容。在教学过程中，师生遇到的问题严格来讲绝不会有雷同，问题的性质、内容，解决问题的途径、手段也不可能一致，这样一来每个问题情境显得既特殊又具体，内容是新遇到的，目标也有了新的变化，这就要求我们在解决问题时要视具体情况来选择方法和策略。根据不同的问题、内容以及不同的背景条件，选择不同教学方法策略实施教学。

3. 操作性

教学方法策略是根据教学目标的每一条具体目标制定的，所以它有一定的科学性及具体的操作步骤。教学方法策略是学生和教师在教学互动过程中，参照执行的一些方法和具体实施步骤，比如如果许多学生在学习物理概念过程中，对概念的定义、原因、条件等掌握不适，教师就通过对现实生活中的例子的讲解来帮助学生理解概念。

4. 整体综合性

教学方法策略包括教学活动的元认知过程、教学活动的调控过程和教学方法的执行过程。它们之间的关系不是隔离的、无关的，而是在整个过程中相互影响、相互作用。教师在教学过程中应根据学生的反馈信息及时做出调整。

5. 可控制性

在教学活动中，教师的教学方法策略是灵活多变的，而非一成不变。在教学过程中会发生许多意想不到的问题，比如学生的接受方式，以及现有的知识层次及心理活动的差异，所以在教学过程中，教师应视实际情况灵活地采用不同的、具有针对性且有效的方法策略。

二、复习教学方法策略应遵循的原则

（一）让学生有学习的准备和学习的愿望

教师在复习教学的过程中，对学生的现状应该有非常清楚的认识。学生对每一部分知识的掌握程度决定了教师的教学方法策略。假如教师的教学内容脱离了学生的实际水平，则会适得其反。美国著名教育心理学家桑代克提出的三大学习定律之一"准备律"认为，学习者在学习开始时就有一个预备定势。学习者有准备而且给以活动就感到满意，有准备而无活动就会感到烦恼，学习者无准备而强制其活动也会感到烦恼。在桑代克的实验过程中，为了保证学习的发生，猫必须处于饥饿状态。所以在制定教学方法策略时，应注意符合学生现有的知识水平和认知能力，又能激发学习动机，使其快乐地学习。

（二）有目标行为的示范

例如，在复习完运动的合成与分解后，学生要能解决以后遇到的平抛、斜抛、电场中的类平抛和类斜抛等一般曲线问题。

（三）对学生的表现要给予鼓励，然后根据学生实际进行指导

在课堂上进行师生互动时，教师的指导要讲究时机，在学生学有障碍，极力求解而即将突破时，教师再予以提示，能够让学生有一种喜悦感。对学生形成的观点和回答，教师要有精准的判断，因此教师要好好聆听学生的回答，准确评价学生的答案。

（四）让学生了解自己的学习结果

研究表明，让学生在知道自己学习结果的情况下进行学习，可以取得更好的效果。

（五）学生存在个体差异

世上无两片完全一样的树叶，学生也一样，有的学生学得快，有的学得慢；有的学生适合讲授法教学，有的适合观察法教学。教师在教学中应该做到使不同层次的学生、不同特点的学生都能得到好的发展，做到因材施教。

三、物理复习教学方法策略制定的理论依据

（一）人本主义学习理论

对人本主义学习理论产生深远影响的是美国心理学代表人物马斯洛和罗杰斯。人本主义的学习理论从全人教育的视角阐释了学习者的成长历程，以发展人性；注重启发学习者的经验和创造潜能，引导其结合认知和经验，自我肯定，进而自我实现。

教师的任务不是教学生知识，也不是教学生如何学习知识，而是要为学生提供学习的手段，至于如何学习则应当由学生自己决定。教师的角色应当是学生学

习的"促进者"。教师在复习教学中应该本着这个理论展开教学方法策略的探讨。

(二) 教学过程最优化理论

教学过程最优化是苏联教育家巴班斯基（1927—1987年）提出的教学理论和方法。20世纪70年代，为了改变学生普遍存在的留级、学习成绩不佳的现象，巴班斯基提出，要对学校教学进行整体优化。教学过程的最优化是指在一定的教学条件下寻求合理的教学方案，使教师和学生花最少的时间和精力获得最好的教学效果，使学生获得最好的发展。

(三) 建构主义理论

建构主义的最早提出者可追溯至瑞士的皮亚杰（J. Piaget）。建构主义理论是一种关于知识和学习的理论，强调学习者的主动性，认为学习是学习者基于原有的知识经验生成意义、建构理解的过程。建构主义教学流程如图1-1所示。

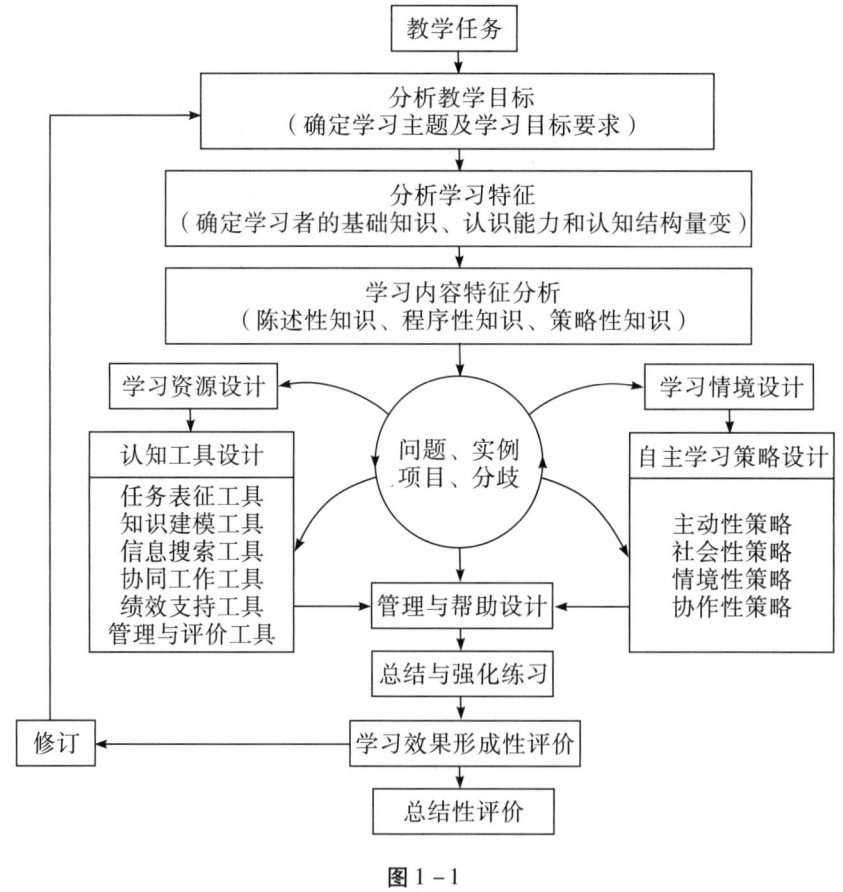

图 1-1

建构主义学习理论的基本观点认为，知识是认知主体在与客观环境的相互作用中获得的，学习过程不是学习者被动地接受知识，而是学习者借助他人的帮助和利用必要的学习资料，通过意义建构的方式获得知识。学习者在实际情况下利用自己原有的认知结构中的有关经验去同化、顺应当前的认知内容，如果原有经验不能同化和顺应，则要重组原有的认知结构。因此，"情境""协作""会话"和"意义建构"是学习环境中的四大要素。"情境"指学习活动是在一定的情境，即社会文化背景下进行的，而且学习环境中的情境，必须有利于学生对所学内容的意义建构；"协作"即学习者与周围环境的相互作用，协作发生在学习过程的始终，协作者双方既可以是师生，也可以是生生；"会话"即互相交流，通过会话使每个学生的智慧为整个学习小组所共享；"意义建构"是指把握事物的性质、规律以及事物之间的内在联系。

根据物理学科的特点，在建构主义指导下的物理教学可以在情境中提高学生的内在积极性和主动性。因此，目前物理教学中提倡探究式教学。由于在平时的新课物理教学中，每节课所涉及的知识点少，对知识的要求也停留在识别、领会和简单的理解层面上，综合运用所学知识分析、解决实际的问题能力不够，而学生头脑中已经具备或储藏着本学科的各种知识和方法，所以复习教学具备很好的意义建构条件。

（四）有效教学理论

在我国，《学记》是最早论述有效教学理论的专著。美国的布鲁姆从20世纪60年代末开始，对改进教学过程与方法、发挥学生的学习主动性和学习能力、全面提高教学质量进行了深入研究，提出了一套完整的"掌握学习"理论，这是他的有效教学理论的核心观点。

"有效教学"指教师遵循教学活动的客观规律，以尽可能少的时间、精力和物力投入，实现教学目标和学生的个性培养与全面发展，取得尽可能明显的教学效果。

1. 教学的有效性包括三重意义

（1）有效果——指教学活动结果与预期教学目标的吻合程度高。

（2）有效率——即以少量的投入换得较多的回报，教学效率 = $\dfrac{有效教学时间}{实际教学时间}$。

（3）有效益——指教学活动的收益、教学活动价值的实现，具体是指教学目标与特定社会和个人的教育需求是否吻合及吻合的程度高低。

2. 有效教学的基本特征

（1）关注全体学生。每位教师要树立"双全"意识，既要确立"为了

'全体'学生发展"的思想，又要树立"全人"的理念。"全人教育"首先是人之为人的教育；其次是传授知识的教育；最后就是和谐发展心智，以形成健全人格的教育。从某种意义上讲，全人教育就是培养"全人"或"完人"的教育。就其教育目的而言，全人教育把教育目标定位为：在健全人格的基础上，促进学生的全面发展，让个体生命的潜能得到自由、充分、全面、和谐、持续地发展。简言之，全人教育的目的就是把学生培养成有道德、有知识、有能力、和谐发展的"全人"。学生的发展是全面的发展，而不是某一方面或某一学科的发展，所以教师不要高估自己所教学科的价值，要把学科价值定位在一个完整的人的全面发展上。

（2）关注教学效益。教学效益不同于生产效益，它不取决于教师花最少的时间教最多的内容，而取决于在单位时间内学生的学习结果与学习过程的进展情况。有效教学旗帜鲜明地反对缺乏效益的"奉献"，因为这种意义上的"奉献"实际上是在耽误学生的进步与发展。

（3）关注测性量化。每节课的教学目标要尽可能地明确与具体，只有目标具体，措施才具有针对性，也便于检验教师的教学效益。有效教学主张科学地将定量与定性、过程与结果结合起来，全面地评价学生的学习成绩和教师的工作实绩。

（4）实施反思教学。有效教学迫切地需要教师自觉养成反思与总结的好习惯，做到天天反思、堂堂反思，不断地追问"自己的教学有效吗？""有没有更有效的教学？"因此，没有反思教学就没有有效教学。

（5）有效教学策略。有效教学需要教师掌握有关的策略性技能，以便自己在面对具体的情境时能做出策略和选择，包括课程开发的基本功、教学策划与设计的基本功、了解学生和与学生沟通的基本功、帮助和指导学生进行"意义构建"的基本功等。

有效教学理论阐明有关最有效地获得知识与技能的方法规则。从规范性和处方性角度考虑，有效教学理论关心的是促进学习而不是描述学习。具体地说，有效教学理论主要研究"怎样教"的问题。

（五）范例教学理论

范例教学法是通过主体与客体、问题解决学习与系统学习、传授知识与培养能力统一的教学，使学生获得基本性、基础性和范例性的知识的方法。它是20世纪50年代初期，在联邦德国兴起的教学理论流派之一。

范例教学的目的是克服教材内容的烦琐，从日常生活中选取蕴含着本质因素、根本因素、基础因素的典型事例和范例，使学生透过这种范例，掌握科学知识和科学方法，并把科学的系统性与学习者的主动性统一起来。范例教学在内容上，强调基本性、基础性和范例性三条原则。基本性原则要求从日常生活中选取蕴含着本质因素、根本因素、基础因素的典型事例和范例，使学生透过这种范例，掌握科学知识和科学方法，并把科学的系统性与学习者的主动性统一起来。基础性原则要求教学内容适应学生的智力发展水平，接近他们的生活经验和切合他们的生活实际，因为对于一定年龄发展阶段的青少年来说，这些教学内容是用来夯实基础的。范例性原则要求教给学生的内容是经过精选的、能起示范作用的基本知识，这种精选出来的范例性教学内容将有助于学习者举一反三。

四、如何制定物理复习教学方法策略

对于物理复习方法策略的制定，需要着重在以下几个方面予以思考：

（1）教学目标。要根据不同的复习目标，选择最好的复习方法策略，毕竟针对不同的复习目标，复习的方法策略往往有所不同。比如应用规律，我们就应该着重会用它；对于概念考查较多的点，我们就多分析，让学生深刻理解、认识其本质，分清与其他概念的区别与联系。教学目标主要分为认知、动作技能和情感。所以，教师在制定复习方法策略时应根据教学目标的不同知识、不同要求进行设计。

（2）教学内容和任务。在物理复习教学中，有效的教学方法策略是非常重要的。复习不同的学科以及同一学科的不同内容，都应采用不同的教学方法策略。同样的内容根据不同的目标任务也应采用不同的教学方法策略。

（3）学习和教学方法策略。在有效教学方法策略的制定过程中，应该根据学生的学习规律采用能最大化促进学生发展的教学方法策略。

（4）学习者的特点。教师在复习中，应该因材施教，让每个层次的学生都能得到发展，还应根据学生不同智力、能力、学习习惯、性格以及对学习的态度制定或采用适合学生现状、能最有效地促进学生发展的教学方法策略。教学方法策略的实施者是教师，但是教师在性格、能力、知识方面有自身的特点，因此在制定教学方法策略时，应该根据自己的长处来设计。

进行高中物理复习教学，除了需要利用各式各样的复习教学方法外，还要在总结以往课堂教学经验的基础上，提出具体的物理复习教学策略，以解决复习课上的各个难点。

（一）教师要注重学生能力的培养

物理是高中理科中对思维能力要求最高的学科，尤其对于学生的逻辑能力和空间想象能力要求比较高，例如力学板块和电学板块，要求学生对物理现象要吃透，还必须将空间想象转化为文字和符号，这就大大增加了物理教

学的难度。因此，教师在引导学生进行物理复习时，一定要注重对学生思维能力的培养，具体可以将一些抽象的物理概念和知识点用一些物理模型表现出来，比如讲牛顿三定律的时候就可以利用一些教学模型进行授课，这样一些难以理解的抽象问题就会迎刃而解。

（二）教师要把握复习教学的重点

高中物理教学中的复习阶段是最重要的知识归纳、总结与提升阶段，是对于所学知识进行查漏补缺、提升的阶段，并且在这一阶段的学习过程中，学生的学习兴趣也能够得到很大程度的提升。因此，教师要不失时机地把握课堂重点，提高复习效率，具体做到：①要明确复习教学目标。认真研究考试大纲，把握学科重点，依据考试要求与指标，制定该阶段的课堂教学目标。同时，也要向学生讲解清楚这一阶段的学习目标，依据目标制订学习计划，才能够消除不利因素的影响，收到事半功倍的效果。②要把握复习重点。在这一复习阶段，新知识、新问题已经相当少，所存在的是学生学习过程中遗留的难解问题，对此，教师可以紧紧结合课堂教学重点与难点，做系统性、概括性的串讲，尤其是一些基本的定理、公式、概念，要做重点讲解，让学生掌握其实际应用范围。③要加强学生对书本知识的理解。高中物理的复习，很多教师会以各种各样的物理题进行课堂教学，而将对课本知识的讲解放在次要地位，这很容易让学生在进行物理复习时陷入题海战术，而忽略对课本知识点的理解。一方面，学生的时间和精力被大量消耗；另一方面，学生陷入题海的恶性循环中，执着于一些偏题、怪题的解读，而忽略了课本基础知识的解读。

（三）教师要加强学习效果的巩固

学生学习的一个重要组成部分就是巩固与提升学习效果，这也是课堂教学所要达到的重要目的。对学生的学习情况进行及时地了解与掌握，把握学习效果，教师要做到：①要加强学生对所学知识的练习巩固。为了找出课堂教学过程中所存在的问题，增强学生将所学知识转化为实际应用能力，必须加强练习巩固。要适当地布置作业、练习题，根据教学内容，适当配备练习，促使学生将理论知识应用于实际操练。②要对学生的学习效果进行定期检测。在课堂教学过程中，受学习环境、学习指导教师及学习技巧等多种因素的影响，难以保证学生能收到最佳的学习效果，因此，要对学生的学习效果做定期的检测，及时发现学生存在的问题。例如，对于电阻知识学习效果的检测，可以设置如下问题：

【例】图1-2中直线a、b分别代表由同种材料所构成的两条粗细均匀、

长度相同的电阻丝的伏安特性曲线。关于这两段电阻丝，以下判断正确的是（　　）

A. 电阻丝 a 较细。

B. 电阻丝 b 较细。

C. 若将电阻丝 a、b 串联在一起接入电路，则 b 两端的电压较大。

D. 若将电阻丝 a、b 并联在一起接入电路，则 b 消耗的电功率较大。

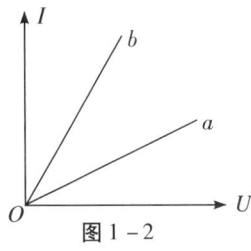

图 1-2

（四）要正确处理物理和其他学科之间的关系

物理是一门综合性和科学性相结合的学科，它和数学、语文等学科的知识点相互交叉，形成一个理论系统。因此，物理学不是孤立存在的。教师在进行物理复习的引导时，可以借鉴其他学科的教学方法进行物理授课，这样不仅可以培养学生对物理学科的兴趣，也能帮助学生全面系统地认识、学习物理，了解物理和其他学科的关系。

总之，高中物理复习教学对于学生知识点的查漏补缺、梳理与归纳有着重要作用。在复习教学中，教师应该明确复习课堂教学目标，把握复习重点，巩固学生练习的成果并提高学生能力，科学地运用这些复习教学策略，才能提高复习效果。

物理复习是温故知新的学习，是科学地引导学生对课堂内容进行再理解和再吸收的学习过程，只要教师方法策略得当，就会达到事半功倍的复习效果。

第四节　物理复习教学常用的方法策略

从近年高考理科综合试卷的结构来看，试卷的阅读量、思维计算量和表达书写量都有不同程度的降低，没有出现偏题、怪题和高难度题，逐渐渗入一定的数学思想和考查学生应用数学处理物理问题的能力。试卷的客观题越来越少，更加注重考查学生对概念规律的理解程度，既保持高考内容改革的连续性，又结合贯彻了新课程标准，这些给我们的复习指明了方向，也提出了更高要求。为此，针对考试大纲确定的复习指导思想为：全面系统、注重双基、因地制宜、与时俱进，注意能力培养的渗透渐进过程，制定一些相应的具体措施和复习方法。复习方法的制定还应根据教材内容的特点和学生对教材掌握的具体情况，选相应的、讲究实效的方法来实现复习目的。

物理复习常用的方法有以下几种：

一、类比教学法

（一）类比教学法的含义

类比，就是以比较为基础，根据两个对象部分属性相似而推理出另一些属性也相似的一种逻辑推理方法。类比法就是人们根据两个对象之间在某些方面的相同或相似，推论出它们在其他方面也可能相同或相似的一种认识事物的思维方法。教学法即教学方法，它是教师和学生在教学过程中为完成教学任务所采取的工作方式组成的方法体系。类比教学法可归纳为：教师和学生在教学过程中根据两个对象之间在某些方面的相同或相似，推论出它们在其他地方也可能相同或相似所采用的一种工作方法。运用到物理教学中，就是把某一物理情境的有关知识、规律和结论推移到另一种物理情境中，找出它们的相似或相同点，解决另一种物理情境中的问题的思维方法。在新课的教学中常用类比的方法，一方面可以将新知识、规律与学过的相似知识、规律进行类比，既可以使学生对旧知识、规律进行复习，又可以让学生更容易理解新的知识和规律；另一方面，利用生活中常见的现象与物理中难理解的知识规律类比，可以把抽象的知识形象化。如果在高中物理的复习中能很好地运用类比法，不但可以提高复习的效率，而且可以构建起一个完整、丰富的物理知识体系。

（二）类比教学法在复习中的应用

1. 类比教学法在物理量定义中的应用

在高中物理的教学中会遇到很多物理量的定义式而非决定式，对于这些定义式，学生如果理解不深，则很容易从公式的表面得出错误结论，如电容的定义式 $C=\dfrac{Q}{U}$，很容易从表面上得出电容的大小与所带电量成正比，与所加的电压成反比这样错误的结论。为了使学生更容易掌握此类定义式，在复习的时候可以将这一类定义式而非决定式进行归纳，与初中学过的电阻的定义式 $R=\dfrac{U}{I}$ 进行类比，以便于学生理解和掌握。在高中物理中这类重要的定义式还有 $E=\dfrac{F}{q}$、$B=\dfrac{F}{IL}$ 等。

2. 物理概念规律的类比运用

高中物理的复习要尽量将知识规律模型化，有利于学生在学习知识的过程中举一反三，更系统地掌握知识。利用类比教学法将规律类似的知识点归为同一模型，这样学生记忆的内容就少了，不但更容易掌握物理的本质，而且可以比较容易地提高成绩。

教师将类比教学法广泛运用于物理复习教学之中，如将电流与水流类比、将电势与地势类比、将静电场与重力场类比，使这些抽象的概念更容易被学生接受，使新的知识顺利地纳入学生已有的认知结构中。

电场和磁场的概念类比如表1-1、表1-2所示。电场、磁场是物质存在的基本形式，但是由于看不到、摸不着，所以比较抽象，学生不容易理解掌握。电场和磁场又是密不可分的，概念和规律既有相似也有区别，因此在复习的时候将二者类比复习，能起到事半功倍的效果。

表1-1 静电场和磁场的概念类比

静电场		磁场	
电场	产生：电荷周围存在着电场	磁场	产生：磁极、电流周围存在着磁场
	基本性质：对放入其中的电荷有力的作用		基本性质：对放入其中的磁极（如小磁针）、电流（如通电导线）有力的作用
	方向：规定正电荷（检验电荷）在电场中某一点所受电场力的方向为该点电场方向		方向：规定在磁场中某一点小磁针N极受力的方向（或小磁针静止时N极的指向）就是该点的磁场方向
电场强度	定义：放入电场中某点的电荷所受的静电力F跟它的电荷量q的比值，叫作该点的电场强度，简称场强，它是描述电场的力的性质的物理量	磁感应强度	定义：在磁场中垂直于磁场方向的通电导线，所受的安培力F跟电流I和导线长度L的乘积IL的比值叫作磁感应强度，它是描述磁场的力的性质的物理量
	定义式：$E=\dfrac{F}{q}$ 决定式 $E=\dfrac{kq}{r^2}$ 关系式 $E=\dfrac{U}{d}$		定义式：$B=\dfrac{F}{IL}$ 决定关系：电流周围磁场正比于电流强度，离电流越近磁感应强度越大
	单位：N/C 或 V/m		单位：特斯拉(T) 1 T=1 N/(A·m)
注意	电场强度是矢量，其方向与该点正电荷受力方向一致	注意	磁感应强度是矢量，其方向与小磁针静止时N极指向一致，并不是磁场中电流所受磁力（安培力或洛伦兹力）方向
	电场强度E是由源电荷的情况和该点的位置决定的，与电场中是否放入检验电荷q及q的大小、正负无关		磁感应强度B是由磁场自身性质决定的，与磁场中是否存在电流及IL乘积大小无关

续上表

	静电场		磁场
特点	电场线上任一点的切线方向都跟该点的场强方向一致	特点	磁感线上任一点的切线方向都跟该点的磁强方向一致
	电场线越密的地方场强越大,电场线越疏的地方场强越小		磁感线的密与疏反映磁感应强度的强与弱
	电场线始于正电荷,终止于负电荷,在没有电荷处,电场线不会中断		磁体外部磁感线从N极出来,进入S极,磁体内部由S极通向N极,形成一条闭合曲线,不中断,不相交
	电场线实际并不存在,任意两电场线都不相交,静电场的电场线不闭合		磁感线实际并不存在,任意两电场线都不相交

表1-2 几种典型的电场、磁场类比分布

几种典型的电场线	几种典型的磁场磁感线的分布
正点电荷+Q电场	
负点电荷-Q电场	
等量异种点电荷电场	磁感线分布 直线电流磁场 / 安培定则
等量同种点电荷电场	磁感线分布 环形电流的磁场 / 安培定则
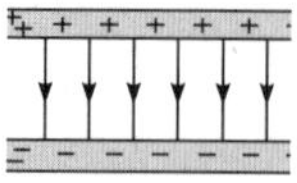 匀强电场	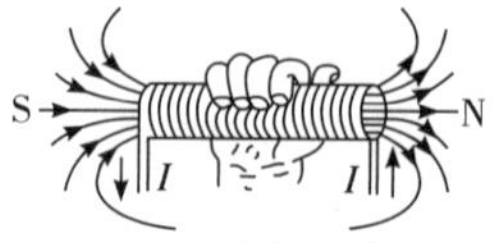 通电螺线管的磁场

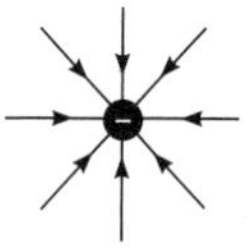

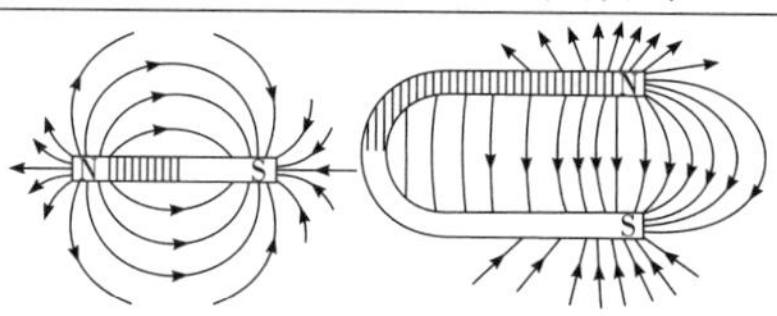

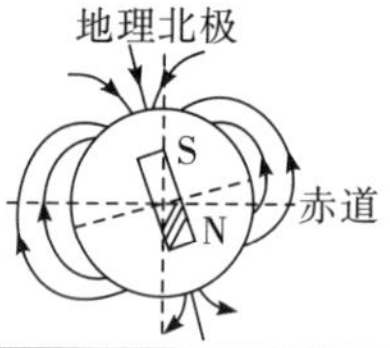

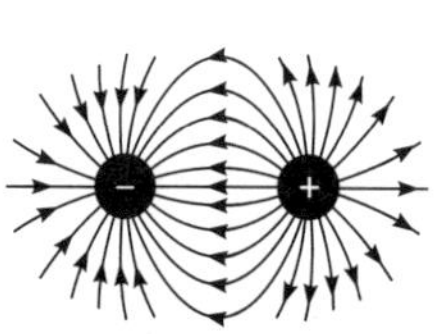

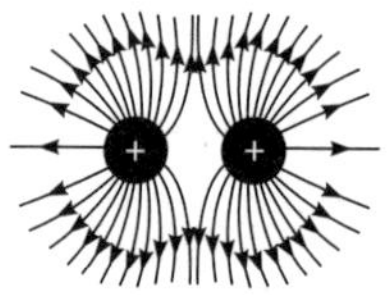

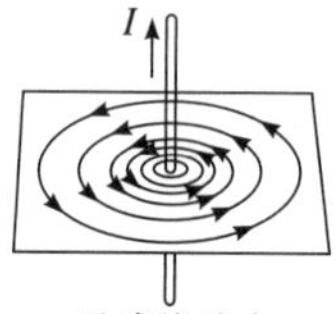

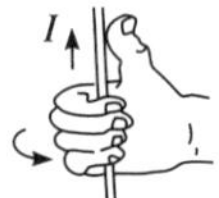

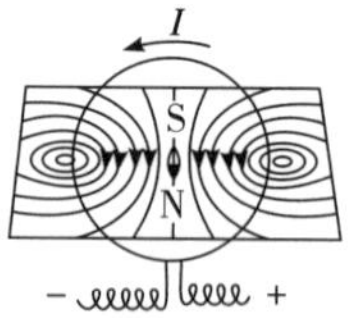

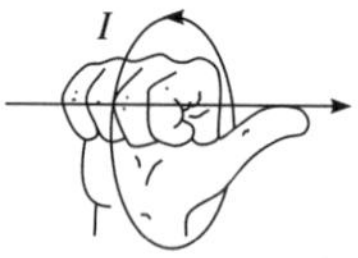

在复习电场时，由于电场的概念比较抽象，教师就可以用类比的方法将电场和重力场进行类比教学，类比如表1-3所示。

表1-3 重力场和电场对比分析表

对比项		重力场	电场
概念		重力加速度 g $g = G/m$，但与 G 和 m 无关，取决于地球质量以及到地球的距离 方向：竖直向下	电场强度 E $E = F/q$，但与 F 和 q 无关，取决于场源电荷以及到场源电荷的距离 方向：与正电荷受力同向
		高度 H 沿着地球重力场线方向，高度逐渐降低	电势 Φ 沿着电场线方向，电势逐渐降低
		高度差 h 始末位置高度之差，与路径无关	电势差 U 始末位置电势之差，与路径无关
性质	力的性质	对放入其中的物体有力的作用，重力 mg	对放入其中的电荷有力的作用，电场力 qE
	能的性质	放入其中不同高度的物体具有不同的重力势能：mgH	放入其中不同电势的电荷具有不同的电势能：$q\Phi$
		重力势能的改变：$\Delta E_p = mgh$	电势能的改变：$\Delta E_p = qU = qEd$
规律		$W_G = -\Delta E_p$ （1）重力做功与路径无关，只与初末位置高度差有关。 （2）重力做功与重力势能关系：重力做正功，重力势能减少；重力做负功，重力势能增加	$W_E = -\Delta E_p$ （1）电场力做功与路径无关，只与初末位置电势差有关。 （2）电场力做功与电势能关系：电场力做正功，电势能减少；电场力做负功，电势能增加
		$\Delta E_p = -\Delta E_k$ 只有重力做功，机械能守恒即重力势能的增加等于动能的减少，反之亦然	$\Delta E_p = -\Delta E_k$ 只有电场力做功，电势能的增加等于动能的减少，反之亦然

电场与重力场不同的是，重力场的方向是唯一的（竖直向下），物体受重力与重力场方向相同，而电场的方向可以是任意的，又由于电荷有正负之分，所以情况要复杂得多。

3. 类比教学法在物理解题中的应用

类比教学法不仅能在复习物理概念、规律时应用，还能在解决物理习题的时候加以应用，物理的解题过程实际上就是构建物理模型的过程。当我们在物理习题中遇到新的模型时，往往会觉得好难，不容易解决，其实新的物理模型是在旧的物理模型上发展起来的，因此我们可以把新的模型和旧的模型进行类比，找出他们的相同点和不同点，从而构建出新的物理模型，使物理习题简单化、明了化，同时提高学生的解题能力。

在讲解例题时，类比教学法可沟通新旧知识之间的联系，收到化难为易、化抽象为具体、化模糊为清晰、化生疏为熟悉的效果。下面举例说明类比教学法在物理解题中应用的四种类型。

（1）模型类比。模型类比就是根据研究对象与一种熟悉的模型间有相同或相似关系而进行的一种类比。物理教学中有许多模型，如质点、单摆、弹簧振子、点光源等是学生熟知的物体模型，还有运动模型，如匀速直线运动、自由落体运动和平抛运动等，如果能进行模型类比，就可以达到将知识转化为能力的要求。

【例】如图 1-3 所示为研究电子枪中电子在电场中运动的简化模型示意图。在 Oxy 平面的 $ABCD$ 区域内，存在两个场强大小均为 E 的匀强电场Ⅰ和Ⅱ，两电场的边界均是边长为 L 的正方形（不计电子所受重力）。

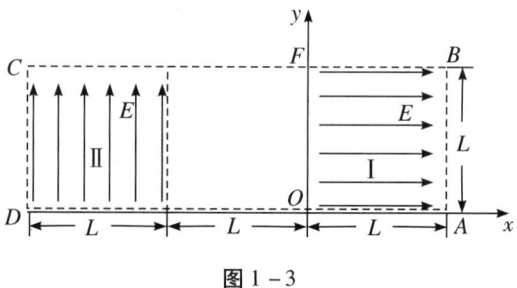

图 1-3

①在该区域 AB 边的中点处由静止释放电子，求电子离开 $ABCD$ 区域的位置。

②在电场Ⅰ区域内适当位置由静止释放电子，电子恰能从 $ABCD$ 区域左下角 D 处离开，求所有释放点的位置。

③若将左侧电场Ⅱ整体水平向右移动 L/n（$n≥1$），仍使电子从 $ABCD$ 区域左下角 D 处离开（D 不随电场移动），求在电场Ⅰ区域内由静止释放电子的所有位置。

解析：①此问分为两个过程，一是在电场Ⅰ区域的加速运动，运用能量的关系可求出加速后的速度；二是在电场Ⅱ区域内的偏转，运用类平抛的知识可求出偏转距离，从而得到电子离开ABCD区域后的位置。

②首先设出释放点的坐标，再运用电场Ⅰ中的加速和在电场Ⅱ中的类平抛运动，计算出表示xy的乘积的方程，满足此式的点即为符合要求的点。

③该问分为三个阶段，一是在电场Ⅰ中的直线加速运动，二是在电场Ⅱ中的类平抛运动，三是从电场Ⅱ射出后的匀速直线运动，结合第二问的解题思路，可求出结果。

综上所述，此题中粒子在电场中的运动和重力场中的自由落体和平抛运动相类似。因此我们可以用类比法解决此题。

（2）方法类比。方法类比是指对物理问题的研究方法进行类比。通过类比，把已知的、熟悉的物理问题的研究方法应用到陌生的、复杂的物理问题中，达到化生为熟、化繁为简的目的。如：

①"化曲为直"法。在等效的条件下，将曲线（或曲面）问题转化为直线（或平面）问题来处理。例如我们在处理平抛（或斜抛）这类曲线运动时，常建立直角坐标系将其分解为两个直线运动；在处理大气压方面的问题时，常将曲面受力等效为平面所受的力；处理导体在磁场中运动产生感应电动势时（关键是找到导体切割磁感线的有效长度），也常用"化曲为直"法。

"化曲为直"法可以将本来要用高等数学解决的问题简化到应用中学数学就能顺利解决。借助类比，开拓思路，找到解决问题的途径。

②"补偿"法。将不规则的几何图形填补成规则的几何图形的方法，在问题的性质不变的条件下，难度却大大降低，能产生"柳暗花明"的感觉。

【例】在半径为R的圆柱形区域内，充满了与圆柱轴线平行的匀强磁场，一根长为$\sqrt{2}R$的细金属棒AB与磁场方向垂直地放在磁场区域内，棒的两端A、B恰在磁场边界的圆周上，如图1-4所示。已知磁场磁感应强度B随时间均匀增加，$\dfrac{\Delta B}{\Delta t}=k$，则金属棒$AB$两端的电动势多大？

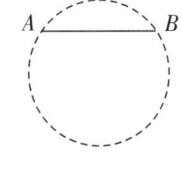

图1-4

解析： 均匀变化的磁场在周围空间产生涡流电场，涡流电场力移动金属棒中的自由电子做功，使金属棒中产生了电动势，对此在中学阶段还无法直接计算。若用"补偿法"可轻松解决，注意到金属棒AB长为$\sqrt{2}R$，可在磁场区域内补偿三根相同的金属棒，使它们构成一个闭合的正方形导体框，AB棒是它的一条边。由法拉第电磁感应定律可知，整个回路的感应电动势$\varepsilon' = \dfrac{\Delta \Phi}{\Delta t} = \dfrac{\Delta B \cdot S}{\Delta t} = 2kR^2$，而$AB$棒中的电动势是整个回路电

动势的 $\frac{1}{4}$，即 $\varepsilon = \frac{1}{4}\varepsilon' = \frac{1}{2}kR^2$。

可见，将方法类比应用于解题，确实能起到化难为易的效果，使许多看似用高中阶段所学知识无法解决的物理难题被顺利解答。

（3）等效类比。等效类比是根据两个问题在某方面的等效性，推理出这两个问题在其他方面的等效性的一种类比方法。

【例】老鼠离开洞穴沿直线前进，它的速度与到洞穴的距离成反比，当它行进到离洞穴距离为 d_1 的甲处时的速度为 v_1，则它行进到离洞穴距离为 d_2 的乙处所用去的时间为多少？

解析：从题中"老鼠的速度与到洞穴的距离成反比"的条件去联想处理反比问题的方法，可得出解此题的一条巧妙思路：把老鼠的运动等效为它以恒定的功率拉着一根弹簧在弹性限度内运动（$F=kx$，而 $v \propto \frac{1}{F}$，则 $v \propto \frac{1}{x}$），拉力做的功等效为弹性势能的增量，可以很容易求出老鼠从甲处到乙处所用去的时间。

（4）数学类比。数学类比是根据两个对象的数学形式相似，推理出它们的属性也可能相似的类比方法。利用数学中的图象或公式类比可避免想当然。在中学物理解题过程中，我们经常把小球在小圆弧上的运动等效为单摆振动，以便求出其运动的时间；把带电小球在电场中的运动与小球在重力场中的运动类比，从而获得一些解题的重要信息；在处理气体的性质题目时，常用图象或公式进行数学类比。类比教学法能使棘手的难题得到简化，使解题者对陌生的问题很快有"似曾相识"的感觉，是解决高中物理习题的重要方法之一。

总之，类比教学法对我们的物理学习和复习起到无与伦比的重要作用，历史上的伟大发现，从阿基米德定律到库仑定律，从法拉第发现电磁感应现象到德布罗意提出著名的物质波假说，都是应用类比法的结果。

二、结构复习法

物理学科的知识结构是学生形成物理思维与解题能力的重要基础，孤立地记住许多知识，找不出相互关联，建立不起完整的结构，只见树木不见森林，就很难发展能力。布鲁纳曾经在《教育过程》一书中明确指出结构的重要性，他认为："不论我们选教什么学科，务必使学生理解该学科的基本结构。"同时他还指出："有序摆放的知识才有意义，才便于提取。"在物理学科的复习中，我们可以借鉴这种思想，引导学生构建一个良好的知识结构。针对物理学科的特点，物理知识结构复习法可以包括：建立知识网络，运用实例辅助复习知识,将知识归类进行专题复习。

(一)建立知识结构网络复习

高中物理知识由物理概念、物理规律、物理方法组成。学科的分支主要为力学、电学、光学、热学、原子五部分。学生学习物理往往觉得知识庞杂,千变万化,不得要领。为了帮助学生构建知识架构,厘清思路,可根据大纲要求,突破教材原有的章节顺序,根据知识成分、结构以及它们的内在联系,巧妙地对知识进行重新梳理和组织,从全貌到单个、从外延到内涵、从理解到掌握,以便灵活运用,形成多层次的知识网络。知识网络的形成可从高一开始,从一节课、一个单元、一个章节、一个模块、一部分(如力学、热学、电磁学、光学、近代物理)、一点点、一个一个子结构先建立,然后再发展到各部分的联系,最后形成整个高中物理的知识结构。例如在学习完《高中物理(必修1)》第三章"相互作用"后,引导学生构建如图1-5所示的知识网络并进行复习。

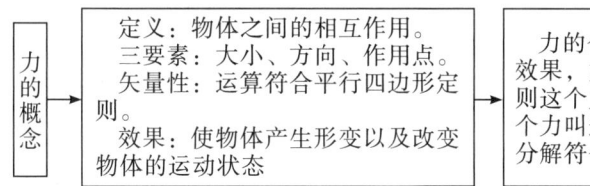

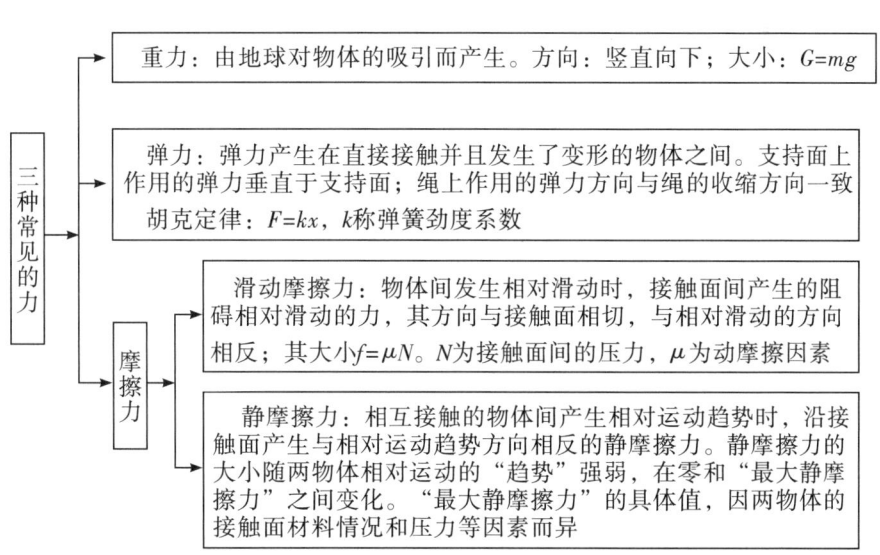

图1-5

又如图1-6所示的电磁学知识网络。

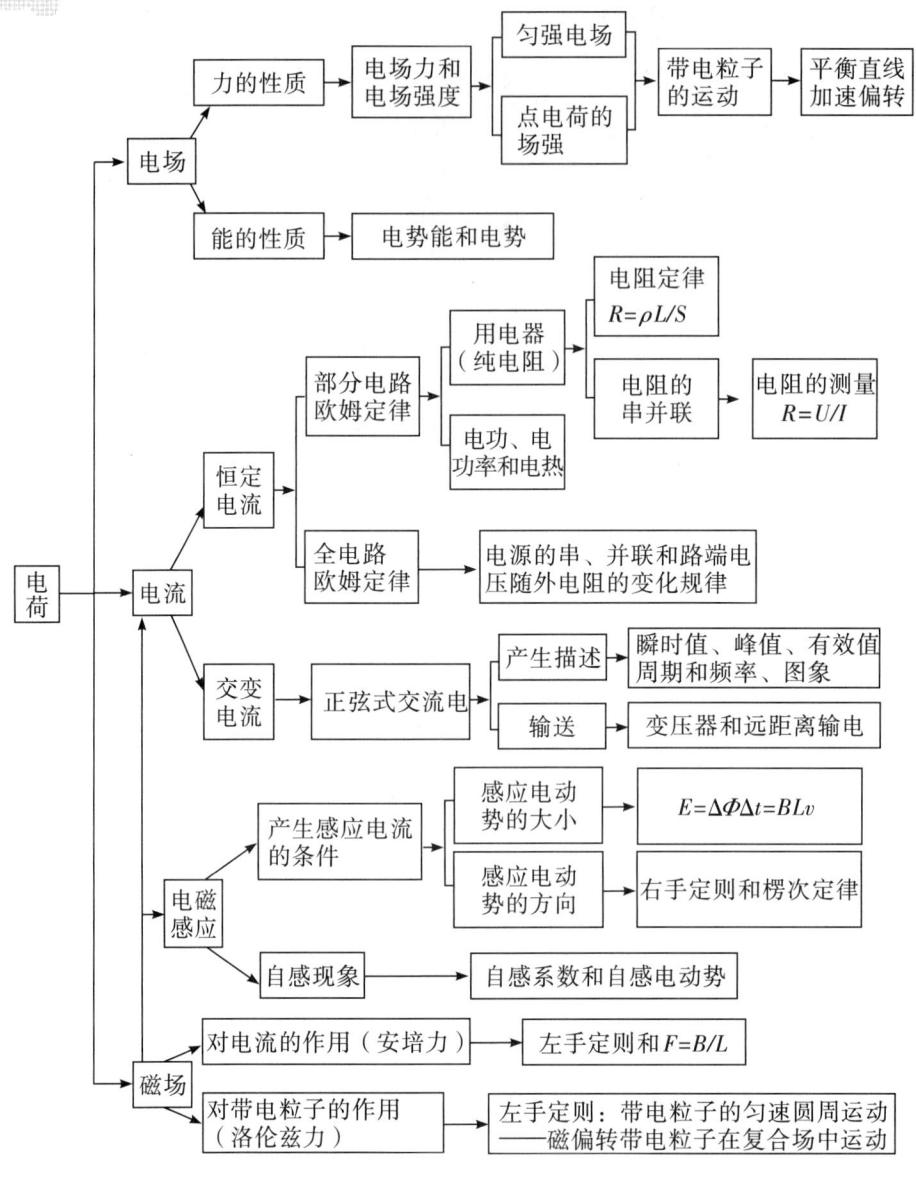

图1-6

再如图1-7所示的热力学及原子物理知识网络。

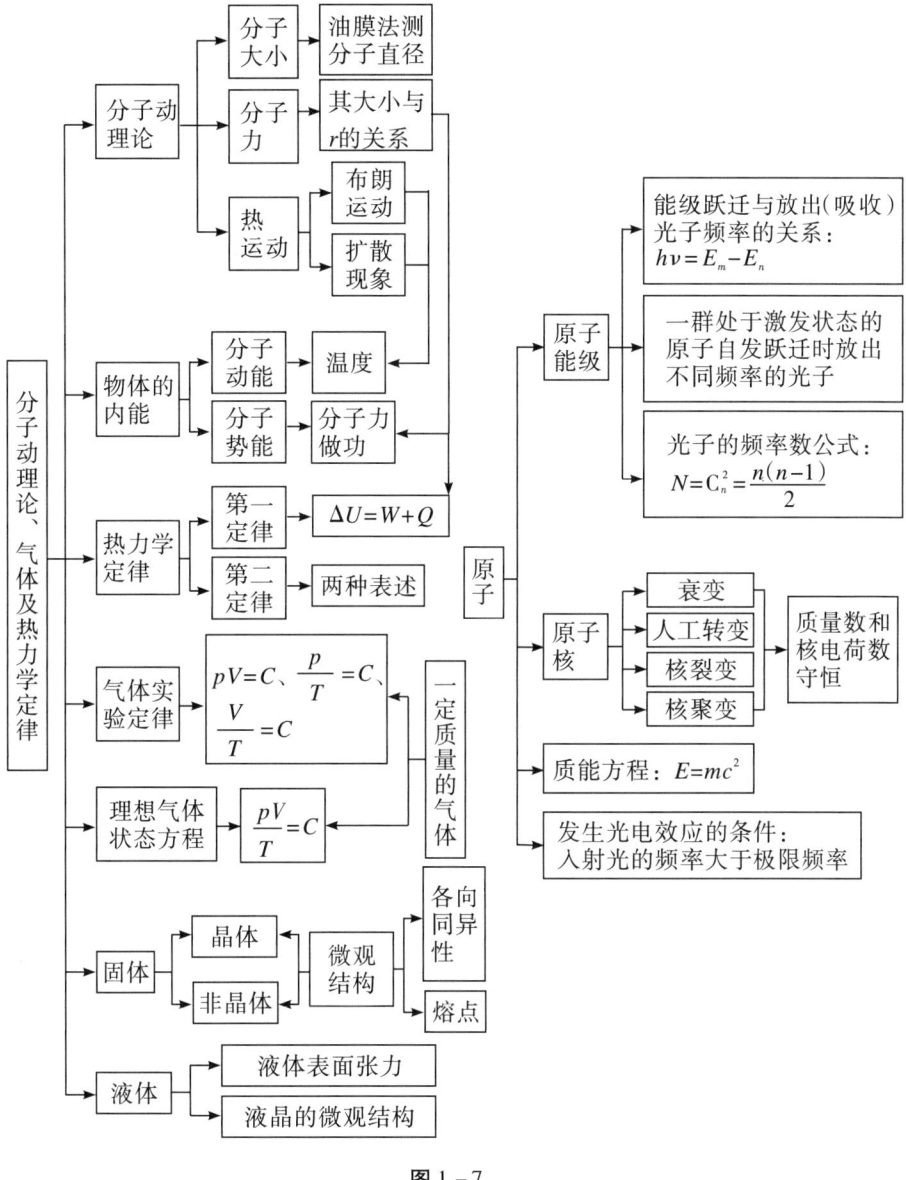

图1-7

(二) 简单实例辅助复习

对于一些抽象的物理概念或物理规律，可以在复习时，巧妙地运用一些具体实例来辅助学生理解。例如在复习《高中物理（必修2）》第六章"万有引力定律与航天"第一节"行星的运动"时，对于开普勒第三定律"所有行星的轨道的半长轴的三次方与它的公转周期的二次方的比值相等"。学生的认知可能只是停留在记忆这一层面，为了加深学生的理解与运用，可以顺便举一个例子，例如在太阳系中，八大行星各自半长轴的三次方与自身的公转周期的二次方的比值相等。或者对于月亮和人造卫星，由于他们都围绕地球这同一中心天体运转，则月亮和人造卫星的半长轴的三次方和周期的平方比值相等。

再比如，在复习静摩擦力这一节时，由于学生会认为只有静止物体才可以受到静摩擦力，并且不理解静摩擦力的方向既可以与运动方向相同，又可以与运动方向相反，既可以充当动力又可以充当阻力。那么此时教师可以顺势举例：手握水杯使水杯竖直放置，这时水杯受到一个与重力等大、反向的静摩擦力，分别将水杯竖直向上移动、竖直向下移动、水平移动（手与杯始终保持相对静止），水杯受到一个竖直向上的静摩擦力，可见，运动的物体也可以受到静摩擦力，静摩擦力的方向既可以与运动方向相同，又可以与运动方向相反，甚至垂直等。

（三）知识归类、专题复习

分析现行高中物理教材，它构成的知识体系的主骨架是三条主线：一是力和运动，二是冲量和动量，三是功和能。如果有目的地按这三条主线去安排复习教材，组织讨论，寻找各部分知识之间的联系并进行归类，就容易把握住知识的主要方面，将分散的知识或技能整合起来。

例如复习功和能，可以根据"教材中哪些部分含有功和能的概念""哪些规律是功和能的运用和发展"从同一信息来源出发，沿力学、热学、电磁学、光学、原子物理学等不同方向去分析探索，明白功和能在各部分知识中的主导作用，自然就能把握住功和能这条主线（如表1-4所示）。

表1-4 几种常见的功能关系

常见的几种力做功		能量关系		数量关系式
力的种类	做功的正负	对应的能量	变化情况	
① 重力 mg	+	重力势能 E_p	减小	$mgh = -\Delta E_p$
	-		增加	
② 弹簧的弹力 kx	+	弹性势能 E_p	减小	$W_弹 = -\Delta E_p$
	-		增加	
③ 电场力 Eq	+	电势能 E_p	减小	$qU = -\Delta E_p$
	-		增加	

续上表

常见的几种力做功		能量关系		数量关系式
力的种类	做功的正负	对应的能量	变化情况	
④分子力做功	+	分子势能	减小	$W_{分子} = -\Delta E_p$
	−		增加	
⑤滑动摩擦力 f	−	内能 Q	增加	$fs_{相对} = Q$
⑥感应电流的安培力 $F_{安培}$	−	电能 $E_电$	增加	$W_{安培力} = \Delta E_电$
⑦合力 $F_合$	+	动能 E_k	增加	$W_合 = \Delta E_k$
	−		减小	
⑧重力以外的力 F	+	机械能 $E_{机械}$	增加	$W_F = \Delta E_{机械}$

再比如，在复习带电粒子在场中的运动时，可以将其归类为一个专题，最大限度地浓缩这部分知识，抓住物理过程的本质特点，解决物理情境，使知识融会贯通，让学生通过专题复习系统地掌握知识。

[问题1] 如图1-8所示，质量为 m、电量为 q 的正电粒子以速度 v_0 射入垂直磁感强度为 B 的匀强磁场中，不计粒子的重力，问带电粒子将做什么运动？带电粒子运动的半径和周期是多少？

图1-8

[问题2] 如图1-9所示，速度为零、质量为 m、电量为 q 的正离子经过电压 U 加速，进入磁感应强度为 B 的匀强磁场，到达记录它的照相底片上的 P 点。若测得 P 点到入口处 S_1 的距离为 x，试求离子的质量。

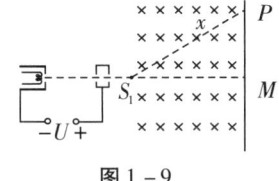

图1-9

[问题3] 如图1-10所示，带电粒子的质量 $m = 1.7 \times 10^{-27}$ kg，电荷量 $q = 1.6 \times 10^{-19}$ C，以速度 $v = 3.2 \times 10^6$ m/s 沿垂直于磁场同时又垂直于磁场边界的方向进入匀强磁场中，磁感应强度 $B = 0.17$ T，磁场的宽度 $L = 10$ cm，求：

（1）偏转角 θ；

（2）出磁场时偏离入射方向的距离 d。

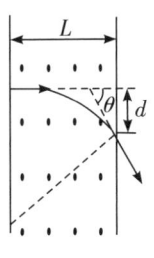

图1-10

[问题4] 如图1-11所示,在半径为 R 的圆内有匀强磁场,一个电子从 A 点沿 AO 方向垂直射入磁场。离开磁场时电子获得 $60°$ 的偏角,试求电子的速度和在电子磁场中运动的时间。

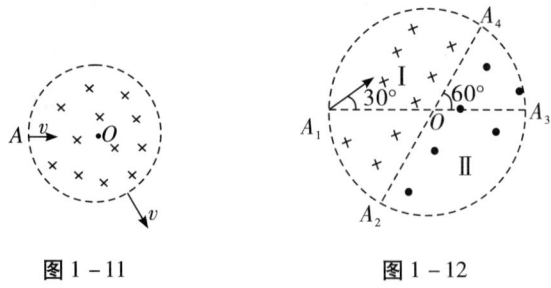

图1-11   图1-12

[问题5] 如图1-12所示,在一个圆形区域内,方向相反的匀强磁场分布在半圆形区域Ⅰ、Ⅱ中,A_2A_4 与 A_1A_3 的夹角为 $60°$,一电子从 A_1 处沿与 A_1A_3 成 $30°$ 的方向射入磁场,并以垂直于 A_2A_4 的方向经过圆心 O 进入Ⅱ区,最后从 A_4 处射出磁场,求区域Ⅰ、Ⅱ的磁感应强度之比。

通过递进提问的方式,由一个基本问题进行发散,可衍生出如图1-13所示的多种情况。

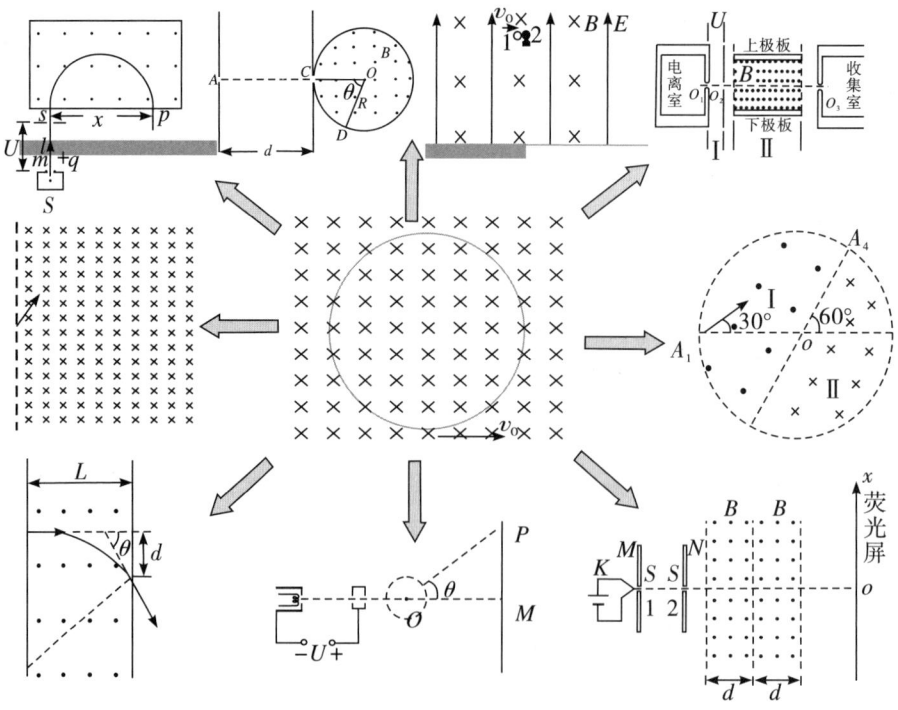

图1-13

引导学生分析物理过程，总结出带电粒子在磁场中做圆周运动的一般步骤与方法，即"定圆心，找半径，画轨迹"。

三、实验复习法

实验复习法的优越性：①摆脱了传统的、单一的教学模式，改变了枯燥无味的课堂，通过把要研究的物理现象展现在学生眼前，使枯燥难懂的物理知识变得丰富、生动，利于激发学生的学习兴趣、调动学生的积极性，能为学生形成物理概念、得出物理规律营造出活生生的物理情境，使学生感受加深。所以根据教学内容和要求，采用实验复习法是复习过程中的一种配合教学的复习方法。②通过引导学生观察思考，配合讲授或者穿插学生讨论等方式不仅能加深学生对所学物理概念和规律的理解，而且可以培养学生实验能力（特别是操作能力）和严谨求实的科学态度。③创设学生有效掌握知识的学习环境，是提高物理教学质量和教学效果的有效途径，有利于提高教学的效率。④更重要的是，在运用实验复习法复习物理知识的同时，可以更好地复习相关的物理实验，具体来说，物理实验是物理教学的基础，更是高三物理复习教学的重点之一，也是高考物理的必考点与难点。从近几年的高考来看，理综卷对物理实验的考查，已成为高考的热门，实验题分数较多。

因此，实验复习法对于高中物理教学、提升学生备考能力有较强的现实意义。高考物理所考查的内容也并非教材中已成型的实验，而是以利用所掌握的实验原理、技能进行自行设计为主。它要求学生能明确实验目的，理解实验原理，控制实验条件；会运用已学过的实验方法；会正确使用实验中用过的仪器；会观察、分析实验现象，处理实验数据，并得出结论。鉴于此，对物理实验的复习，提出以下建议。

（一）熟悉关于实验的主要要求

《普通高中物理课程标准（实验）》对实验的要求：认识实验在物理学中的地位和作用，掌握物理实验的一些基本技能，会使用基本的实验仪器，能独立完成一些物理实验，经历科学探究过程，认识科学探究的意义；尝试应用科学探究的方法研究物理问题，验证物理规律，通过史实，初步了解近代实验科学产生的背景，认识实验对物理学发展的推动作用。

《普通高等学校招生全国统一考试大纲（物理）》物理实验，要求学生会正确使用的仪器主要有螺旋测微器、秒表、计时器、多用电表、示波器等，能独立地完成必考和选考内容范围及要求；能明确实验目的，能理解实验原理，能控制实验条件，会使用仪器，会观察、分析实验现象，会记录、处理实验数据，并得出结论，对结论进行分析和评价；能提出问题，并制定解决方案，能运用已学过的物理理论、实验方法和实验仪器去处理问题，包括简单的设计性实验，并对误差问题和记录处理数据时的有效数字问题做出回答。通过实验操作来探究实验，掌握实验基本知识和基本实验技能，系统复习与总结，全面掌握课本、考纲上的实验，掌握基本仪器的使用，明确其用途，了解其结构和原理，掌握合理的操作方法，正确进行观察、测量和读数，明确注意事项，归纳课本的学生实验、演示实验及课后练习的"做一做"。熟悉每一个实验并掌握其中蕴含的思想方法，以达到考纲对设计性实验的要求，有的放矢，重点突破高考物理实验的热点，考纲要求的几种基本仪器的使用。电学实验题包括以下 4 类：电路设计与电路图类、实验步骤设计类、电学元件和电路连接选择类、电路分析计算类。应对这类题要做好专题训练、设计性实验题，这是对课本实验知识的创造性应用，已成为当今实验考核的亮点，这类题要多练多总结。物理学史上有重要意义的实验，如卡文迪许扭秤实验、光电效应实验、粒子散射实验等，要掌握物理学史上重要人物的重要贡献，充分发挥举一反三的思维作用，教师要精心选取典型例题进行深刻讲解，并配合适量的实验练习题，在练习中要注意知识的巩固、迁移与拓展，针对设计性实验习题，要把重点放在对学生设计性思维和创造性思维的培养上。

（二）要从多种视角重新审视和组合实验板块

在物理实验总复习中，我们不应孤立地看待一个个实验，而应该从这些实验的原理、步骤、数据采集与处理方式的异同上，给这些实验分门别类，从而组成不同的实验板块。平时我们已经自觉或不自觉地把实验分成力学实验板块、电学实验板块、热学实验板块、光学实验板块。但这样的处理只是简单地重复了物理课本知识的体系，大多数情况下也是为了讲解的方便，没有多大的创意，对于学生思维的开发和对实验的科学思维方式的培养还是很不够。在此，笔者认为教师要在这些实验的组合板块中挖掘一些功能，帮助学生形成实验板块的概念，比如对于力学板块，这是由验证力的合成与分解、打点计时器的使用和测匀变速直线运动加速度、验证机械能守恒定律、验证牛顿第二定律、验证动量守恒定律等实验组成的一个大的实验板块。

教师还可以把视野再扩大一些，从各种角度重新组合新的实验板块，比如按测量型与验证型可把实验分成两大板块，按能进行图象处理数据和不能用图象处理数据又可以把实验分成两大板块。我们可以提示学生这样划分板块，但把一个具体实验归类于哪个板块，这要学生自己思考，比如说用图象法处理数据，学生们熟悉的是验证牛顿第二定律和测定电池电动势和内电阻的实验，不过画出的图形必须是直线，否则不好处理。这给学生留下了思考的空间，其实还有许多实验也是可以这样处理的，它们都可以归类于用图象法处理数据，比如用单摆测重力加速度的实验，测出周期 T 和摆长 L，再由公式来计算，书本上采用的是多测几组再求平均值法，现在我们可以以 L 和 $\dfrac{T^2}{4\pi^2}$ 为坐标轴，用测得的数据放入描点，画直线求斜率即是 g。

（三）要重视对实验设计能力的培养

近几年的高考物理实验试题特别重视考生的实验能力，让学生能利用已学知识、原理和方法在题设的条件和情境下，按照题设的要求制定出实验方案，选择实验器材，安排实验步骤，设计实验数据处理方法及实验误差分析。

对于实验的设计，笔者认为，首先要重视用已学过和掌握的实验模型、方法来类比分析并设计实验。比如要测量电压表的内阻，而题目中没有设置电流表，这样的实验如何设计？如果我们联想到教材中有半偏法测电流表内阻的实验模型，就可以根据这个实验的原理和方法，类比分析用半偏法测量电压表的内阻，这两个实验虽然都是用同一种方法，但实验原理和实验电路完全不同，减少实验误差的原理也不同，这就要求设计者有自己的思想和解决问题的办法。其次要用猜想、假设的方法设计实验。猜想与假设，就是以已有的经验和已知的事实为基础，对求知事实或现象做一种有一定推测性或假定性的判断，然后再进行分析和推理。看到题目后，可能对实验的完成有几种方案（猜想），然后再对这几种方案进行整理、总结，从中找出最佳方案来设计实验。

1. 以"插件"方式进行高中物理实验

在电子设备中，插件可以在电路板上方便灵活地组合和装卸。很多计算机软件也都有小插件，它简单独立，对软件进行必要补充。

为了突出试题以能力立意，防止学生不做实验而机械地背与实验相关的内容，高考基本不照搬教材中的实验进行考查，而是通过"插件"方式重新组合成别致新颖、灵活多变的实验题。如果只对实验原题进行讲解和复习，不仅起点过高，超出学生的接受能力，而且容易造成知识体系较为凌乱而没有头绪的状况发生，学生运用知识的能力提高不明显。笔者认为，在掌握考试大纲中规定的物理实验的前提下，以"插件"的方式进行实验复习备考效率较高，更能落实基础实验知识和很好地培养学生的实验答题能力。插件具有以下几个特点。

（1）插件的独立性较强，可以随时挪用。如游标卡尺和千分尺的读数，随时可以应用到有长度精确测量的实验中；滑动变阻器的连接方式，几乎渗透在一切电学实验中；打点计时器打出的纸带，在一切与"速度"和"加速度"有关的力学实验中都会采用。任何立意新颖、情境独到的创新实验题随时都有可能调用这些独立插件。

（2）插件内容不复杂，学生容易掌握。由于插件涉及的知识单一，综合面比较窄，物理原理较简单，学生单独掌握一个插件内容并不难。即便是最难的插件——"纸带的处理"，也只涉及"逐差法求加速度"和"平均速度等于中间时刻的瞬时速度"两个内容的求解。因此，物理学习能力相对较弱的学生也能很好地巩固和落实插件知识。

（3）插件都是基础知识，高考实验的基本原理和主要知识都是由插件组成的。如有效数字、误差分析、电流表的接法、滑动变阻器的分压和限流接法、将复杂的函数关系变为线性关系等这些插件都是一些基础知识，这些中学生必须掌握。只有掌握了基本知识，才有可能培养能力，去做那些能力立意较高、开放性较强的实验题。

2. 插件的种类

下面结合近年高考物理实验试题，对实验中出现频率极高的几类插件进行归类和分析。

（1）预备插件。

①有效数字和误差。观察近年各省市高考试卷，凡是涉及数字计算的试题，命题者都喜欢顺便考查考生对有效数字的掌握。在实验误差的考核方面，由于误差来源较多，就要具体问题具体分析了，但"多次测量求平均值""减少摩擦阻力"等因素在实验题中就仿佛药铺里面的甘草那样普通，成为物理实验中减小实验误差的一条常规化的通式。有效数字位数的确定方法为：把一个数前面的0都去掉，余下的（含零）全都是有效数字（如表1-5所示）。

表1-5 有效数字位数

数字	352	0.001 0	10.01	6.02×10^{23}	2.00×10^{-15}
有效数字位数	3位	2位	4位	3位	3位

②仪表读数。有实验就有测量，有测量就有读数。高考主要考查千分尺和游标卡尺的读数。分析2008年和2009年全国各地高考物理（理基）试卷，发现接近50%的试卷考查了这两种仪器的读数，出题概率相当高。遗憾的是，无论教师怎样强调，仪表读数题错误率每年仍居高不下。

千分尺只有一种型号（螺旋为50分度）。而游标卡尺较为复杂，游标刻度有 10、20、50 分度型号。但二者的读数规律都相同，即：主尺读数 + 游标读数。主尺读数与刻度尺相当，不要估读，因为估读部分在游标上体现。游标读数 = 精度×刻度格数（关于刻度格数，千分尺要估读，而游标卡尺不能估读，因为游标对齐的刻度本身就是一种近似和估计，放大后再去看，原来对齐的可能没有对齐了；精度 = 主尺刻度的最小分度值/游标的总格数），切记在计算过程中不能丢失有效数字。

【例1】（2009·宁夏）用游标卡尺测量一圆柱体的长度 l，用千分尺测量它的直径 d，示数如图 1-14 所示。由图可读出 $l=$ _____ cm，$d=$ _____ mm。

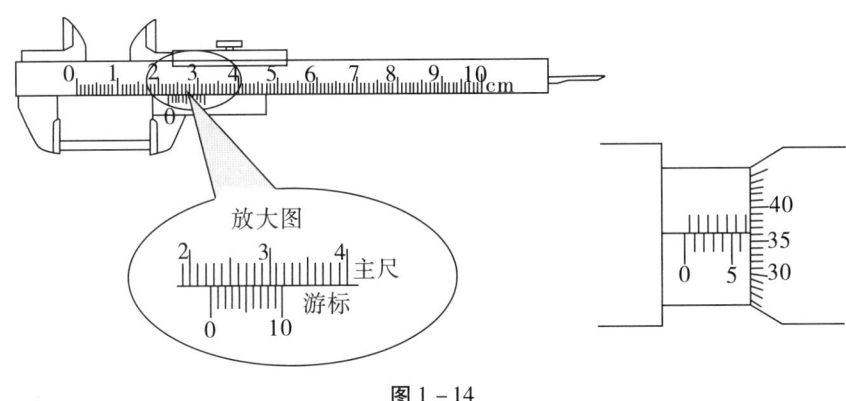

图 1-14

解析：游标卡尺的读数 $l = 22\text{ mm} + \dfrac{1\text{ mm}}{10 div} \times 5 div = 22.5\text{ mm} = 2.25\text{ cm}$；千分尺的读数 $d = 6.5\text{ mm} + \dfrac{0.5\text{ mm}}{50 div} \times 36.0 div = 6.860\text{ mm}$。

（2）知识插件。

①纸带处理。在"研究匀变速直线运动""探究动能定理""验证牛顿第二定律""验证机械能守恒定律"等一切与速度和加速度有关的实验中，都有可能用到打点计时器打纸带，然后对纸带的数据进行分析，并用 $v_{t/2} = \bar{v}$ 求瞬时速度，用 $\Delta s = at^2$ 求加速度。求加速度时，通常用逐差法处理，这是中学物理中的一条"潜规则"。这是因为通过相邻两段逐一求出多个加速度后，再求加速度平均值，没有充分利用到每一组测量数据，而随便取两组数据求加速度则太失严谨。我们可以通过下面例题进行分析。

【例2】（2005·广东）如图 1-15 所示，在做"研究匀变速直线运动"实验中，由打点计时器得到表示小车运动过程的一条清晰纸带，打点计时器接的电源周期是 T，则小车运动的加速度计算表达式为_____，打 A 点时小车的速度是_____。

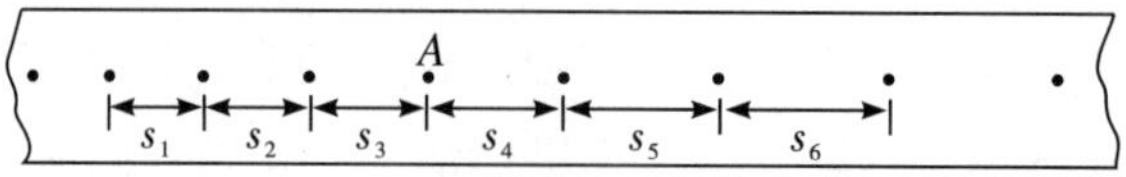

图 1-15

解析：用"逐差法"进行处理。由 $a_1 = \dfrac{s_4 - s_1}{3T^2}$，$a_2 = \dfrac{s_5 - s_2}{3T^2}$，$a_3 = \dfrac{s_6 - s_3}{3T^2}$，取平均值 $\bar{a} = \dfrac{a_1 + a_2 + a_3}{3} = \dfrac{(s_4 + s_5 + s_6) - (s_3 + s_2 + s_1)}{9T^2}$，发现，最终结果 s_1、s_2、s_3、s_4、s_5、s_6 六个数据全部采用了。这也就是常见的"一分为二法"（从纸带的正中间劈开分成两组数据相差），这种方法能高效地解决纸带问题，是一种好办法。

如果利用相邻两段位移逐一求平均值：由 $a_1 = \dfrac{s_2 - s_1}{T^2}$，$a_2 = \dfrac{s_3 - s_2}{T^2}$，…，$a_5 = \dfrac{s_6 - s_5}{T^2}$，取平均值 $\bar{a} = \dfrac{a_1 + a_2 + a_3 + a_4 + a_5}{5} = \dfrac{s_6 - s_1}{5T^2}$，发现，最终结果只利用了 s_1、s_6 两个数据，其他测量数据并没有利用，所以这种方法求加速度欠妥。

速度 $v_A = \dfrac{s_3 + s_4}{2T}$，如果不嫌麻烦的话，也可以写成：

$v_A = \dfrac{s_2 + s_3 + s_4 + s_5}{4T}$ 或者 $v_A = \dfrac{s_1 + s_2 + s_3 + s_4 + s_5 + s_6}{6T}$

②滑动变阻器接法。改变电路中的电流或电压，一般都会用到滑动变阻器，如"测电阻""描绘导体的伏安特性""测电源的电动势和内阻""测用电器的电功率""焦耳热"和"效率"等实验都要涉及滑动变阻器如何连入电路，并且滑动变阻器的连接方式和选择仪表息息相关，这些都是高中物理的重要考点。

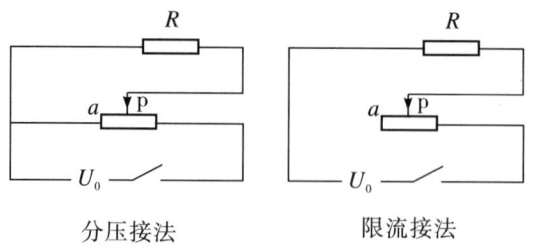

分压接法　　　　　限流接法

图 1-16

我们定义图 1-16 中左为滑动变阻器的分压接法，右为限流接法。二者的有关比较如表 1-6 所示。

表 1-6　滑动变阻器分压、限流接法比较

比较内容	负载 R 上电压 U 调节范围	相同条件下电路消耗的总功率	什么情况下使用
分压接法	$0 \leq U \leq U_0$	$U_0(I_R + I_{aP})$	电压表从零开始读数，尽量多测量几组数据，描点作 $U-I$ 图，描绘伏安特性曲线等
限流接法	$\dfrac{R}{R+R_0}U_0 \leq U \leq U_0$	$U_0 I_R$	待测电阻小于滑动变阻器阻值，或者变阻器的额定电流太小，不能用分压接法
比较	分压电路电压的调节范围大	限流电路电能消耗小（高考较少考虑）	高考分压接法常见（选用"小阻值滑动变阻器"分压）

③电流表接法。一切含有伏安表的电路都涉及电流表"内接""外接"问题，如图 1-17 中，当开关 S 拨到 a 处时，视为电流表外接，当开关 S 拨到 b 处时，视为电流表内接。

如在测电阻的实验中，由于电流表和电压表都有内阻，要测 R，就要测流过 R 的电流和 R 两端的电压。因此，电流表内接时，电压表的读数比 R 两端电压偏大，要使误差最小，当满足 $R_V/R < R/R_A$ 时（通常视为测大电阻），我们才采用电流表内接的方法。

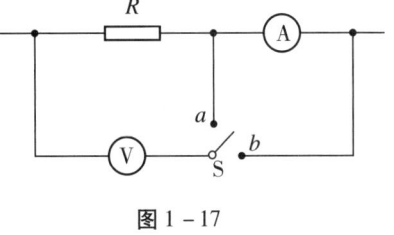

图 1-17

电流表外接时，电流表的读数比流过 R 中的电流要大，当满足 $R_V/R > R/R_A$ 时（通常视为测小电阻），我们采用电流表外接的方法，以减小误差。

【例3】用下列器材组装成描绘电阻 R_0 伏安特性曲线的电路，请将实物图连线成为实验电路。

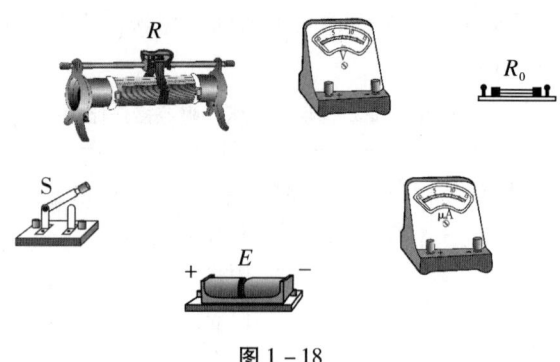

图 1-18

①微安表 μA（量程200 μA，内阻约 200 Ω）；
②电压表 V（量程3 V，内阻约 10 kΩ）；
③电阻 R_0（阻值约 20 kΩ）；
④滑动变阻器 R（最大阻值 50 Ω，额定电流 1 A）；
⑤电池组 E（电动势 3 V，内阻不计）；
⑥开关 S 及导线若干。

解析：本题主要考查了滑动变阻器的连接方法和选择电流表内接还是外接。由于是描绘伏安特性曲线，因此要测量多组数据，滑动变阻器选择分压接法。由于待测电阻约 20 kΩ 与电压表内阻 10 kΩ 相差不大，比电流表的内阻约 200 Ω 大得多，为减小实验误差，所以选择电流表内接的方法。答案如图 1-19 所示连接方式。

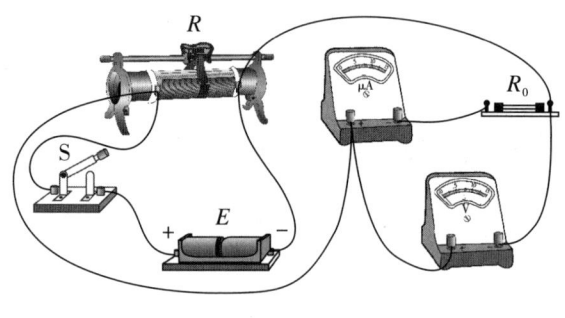

图 1-19

（3）方法插件。化曲为直的方法。这是近年高考特别青睐的一种考法，当自变量和因变量之间不是一次函数（含正比）关系时，那么，描绘出来的图线将是曲线，而曲线只能粗略地观察到其单调性。我们通常将其进行坐标变换转化为直线，物理量之间直线关系观察直观，得出线性关系的结论明显,并且直线容易找到"斜率""面积"和"截距",如果它们都有物理意义,我们就可以直接从图中读出。

更重要的是,物理量如果是通过倒数变换为直线关系,当物理量趋向无穷大时,因变量能从变换后的图象中求出,否则无能为力(因为坐标刻度不可能延伸到无穷大)。如:"用电压表和电阻箱测电源电动势和内阻"实验(图1-20)中,实验原理是闭合电路的欧姆定律,由于外电阻 R 是自变量,路端电压为因变量,则 $E = U + Ir = U + \dfrac{Er}{r+R}$。

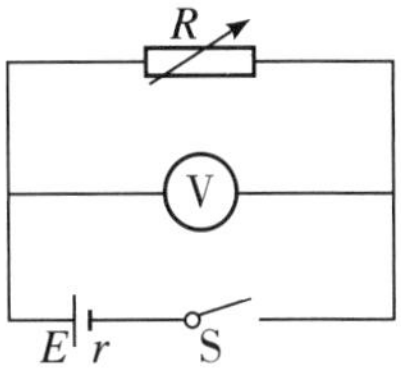

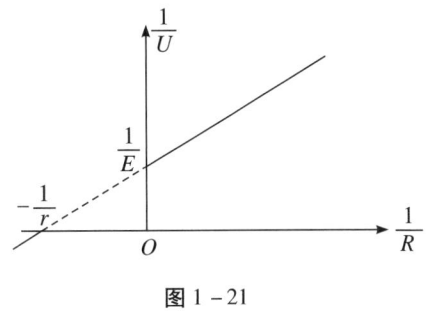

图1-20

观察上式,发现如果作 $U-R$ 图,是一条复杂的曲线。在这条不规则的曲线中我们找不出任何有用的物理量,那么,我们要将它变为直线处理。

我们将上式变形为 $\dfrac{1}{U} = \dfrac{r}{E} \cdot \dfrac{1}{R} + \dfrac{1}{E}$,发现 $\dfrac{1}{U}$ 与 $\dfrac{1}{R}$ 是线性关系,于是建立如图1-21所示的坐标,$\dfrac{1}{U}$ 为纵轴,$\dfrac{1}{R}$ 为横轴。当电阻 R 趋向无穷大时,即 $\dfrac{1}{R} = 0$,此时,对应的纵坐标截距为 $\dfrac{1}{E}$,从截距我们可以很容易求出电源电动势。

甚至,一些实验室无法完成的实验,通过化曲为直的方法外推,可以找到令人惊喜的结论。如题中当 $\dfrac{1}{U} = 0$ 时,横坐标的截距为"$-\dfrac{1}{r}$",本来电阻取负值是没有物理意义的,但是,从图中却可读出电源的内电阻。

图1-21

高中常见的实验中,能够进行"化曲为直"方法处理的例子如表1-7所示。

表1-7 几个典型实验化曲为直方法处理

实验内容	实验原理	标变换 ($y-x$)	实验目的	坐标变换后的意义
验证牛顿第二定律	$F=ma$	作 $a-\dfrac{1}{m}$ 图	验证合外力一定时,质量与加速度成反比	看图象是否成正比,斜率表示:合外力

续上表

实验内容	实验原理	标变换 $(y-x)$	实验目的	坐标变换后的意义
用单摆测当地重力加速度	$T=2\pi\sqrt{\dfrac{L}{g}}$	作 $L-T^2$ 图	求加速度 g	斜率表示：$\dfrac{g}{4\pi^2}$
电流表和电阻箱测电源电动势和内阻	$E=I(r+R)$	作 $\dfrac{1}{I}-R$ 图	通过改变 R，求 E 和 r	斜率表示 E；纵轴截距表示 r/E；横轴截距表示 $-r$（电流无穷大，即总电阻为零，故 $R+r=0$）

当物理量之间不存在线性关系时，我们几乎都可以化为直线处理，除表 1－7 中列举的实验外，"研究匀变速直线运动的规律"（$\Delta s=at^2$）、"探究动能定理"（$W_合=\Delta\dfrac{1}{2}mv^2$）、"验证机械能守恒定律"（$mgh=\dfrac{1}{2}mv^2$）、"探究欧姆定律"（$I=\dfrac{U}{R}$）、"理想气体状态方程"（$PV=nRT$）等实验在处理数据时，都可以通过适当的坐标变换将曲线变为直线。另外，还有大量探究性实验要求用此方法求解。下面以两道例题进行说明。

【例 4】 用单摆测重力加速度的实验中。已知单摆在任意偏角 θ 时的周期公式可近似为 $T'=T_0[1+a\sin^2(\theta/2)]$，式中 T_0 为偏角 θ 趋近于 0°时的周期，a 为常数。为了用图象法验证该关系式，若在实验中得到了如图 1－22 所示的图线，图象中的横轴表示_____。

解析： 观察周期公式，抓住 "T_0 为偏角 θ 趋近于 0°时的周期"，由于是直线图，所以此图应是 "$a\sin^2(\theta/2)-T$" 图，横轴的截距表示 θ 趋近于 0°时单摆的周期。

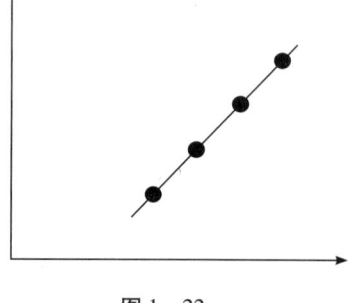

图 1－22

答案： 周期 T。

【例 5】 打点计时器固定，使重物带动纸带从静止开始下落来测定重力和速度。通过作图象的方法可以剔除偶然误差较大的数据。为使图线的斜率等于重力加速度，除作 $v-t$ 图象外，还可作_____图象，其纵轴表示_____，横轴表示_____。

解析：由公式 $v^2=2gh$，如绘出 $v^2/2-h$ 图象，其斜率也等于重力加速度。

答案：$v^2/2-h$，$v^2/2$，h。

众所周知，高考物理复习都非常重视"基础"，即基本物理规律和概念，当然，还包括基本的物理解题方法。摆在每一个物理教师面前的问题是"哪些才算得上基础知识？"对于上面所述的"插件"，笔者认为它就是高考物理实验的基础。

四、提纲复习法

提纲复习法，就是根据所学知识及大纲要求，并参考高考考查的重点，将复习内容的知识点列成提纲，此方法主要针对选择题考查的内容比较有效。

案例 1-1

"曲线运动"复习提纲

一、曲线运动

1. 性质：曲线运动一定是变速运动。
2. 条件：物体所受合力（加速度）的方向跟它的速度方向不在同一直线上。
3. 曲线运动的轨迹、速度方向、合外力方向空间位置关系：合外力（加速度）指向轨迹的内侧，速度沿该点轨迹的切线方向，轨迹在速度和力的方向所在直线的中间。
4. 运动性质的判断：
(1) 曲线、直线：合外力（加速度）的方向与速度 v 的方向是否共线。
(2) 匀变速（变加速）：合外力（加速度）是否恒定。

二、平抛运动的规律

1. 条件：具有水平方向的初速度，只受重力作用。
2. 性质：匀变速曲线运动。
3. 运动规律：

平抛运动可以分解为水平方向的匀速直线运动和竖直方向的自由落体运动。

关系：$\tan\theta=2\tan\alpha$，v_t 的反向延长线与 x 轴的交点为水平位移的中点。

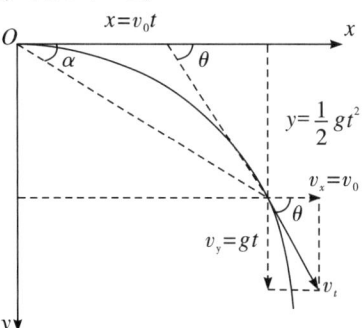

图 1-23

三、圆周运动

1. 基本概念及关系。

(1) 线速度 v：$v = \dfrac{s}{t}$，矢量 $\left.\begin{array}{l}\\\\\end{array}\right\} v = \omega r$

(2) 角速度 ω：$\omega = \dfrac{\theta}{t}$，标量

在角速度一定时，线速度大小与半径成正比；在线速度一定时，角速度大小与半径成反比。

(3) 周期 T：是质点沿圆周运动一周所用的时间，$T = \dfrac{2\pi r}{v} = \dfrac{2\pi}{\omega}$。

(4) 频率 f：是质点在单位时间内完成一个完整圆周运动的次数，$T = 1/f$，$\omega = 2\pi f$。

(5) 转速 n：是质点在单位时间内转过的圈数；当单位为 r/s 时 $n = f$。

(6) 向心力、向心加速度：指向圆心，与线速度方向垂直，只改变线速度的方向，不改变速度的大小，$F_n = ma_n = m\dfrac{v^2}{r} = m\omega^2 r = m\dfrac{4\pi^2}{r^2}$。

在角速度一定时，向心加速度大小与半径成反比；在线速度一定时，向心加速度大小与半径成正比。

向心力是根据力的作用效果命名的。物体所受的某个力，或某个力的分力，或几个力的合力，只要能产生只改变物体速度的方向、不改变速度大小的效果，就是向心力。向心力肯定是变力，它的方向总在改变。

2. 匀速圆周运动。

(1) 性质：加速度变化的变速曲线运动，角速度、周期不变。

(2) 条件：$F_合 = F_n$，合外力提供向心力。

(3) 实例。

3. 生活中的圆周运动。

(1) 火车、汽车转弯。

(2) 车过拱桥。

(3) 离心现象。

案例 1-2

"万有引力与航天"章末复习

一、万有引力定律

1. 内容：自然界中任何两个物体都相互吸引，引力的大小与物体质量

的乘积成正比,与它们之间的距离 r 的二次方成反比。即:$F = G\dfrac{m_1 m_2}{r^2}$。

其中 $G = 6.67 \times 10^{-11}\ \text{N} \cdot \text{m}^2/\text{kg}^2$。

2. 适用条件。

(1) 可看成质点的两物体间,r 为两个物体质心间的距离。

(2) 质量分布均匀的两球体间,r 为两个球体球心间的距离。

3. 运用。

万有引力与重力的关系:重力是万有引力的一个分力,一般情况下,可认为重力和万有引力相等。

忽略地球自转可得:$mg = G\dfrac{Mm}{R^2}$。

二、重力和地球的万有引力

1. 地球对其表面物体的万有引力产生两个效果。

(1) 物体随地球自转的向心力:

$F_{向} = m \cdot R \cdot (2\pi/T_0)^2$,很小。

由于纬度的变化,物体做圆周运动的向心力不断变化,因而表面物体的重力随纬度的变化而变化。

(2) 重力约等于万有引力:

在赤道处,$F = F_{向} + mg$,所以 $mg = F - F_{向} = \dfrac{GMm}{R^2} - m\omega_{自}^2 R$。因地球自转角速度很小,$\dfrac{GMm}{R^2} \gg m\omega_{自}^2 R$,

所以 $g = \dfrac{GM}{R^2}$。

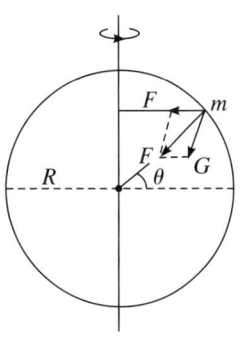

图 1-24

分析:地球表面的物体所受到的向心力 f 的大小不超过重力的 0.35%,因此在计算中可以认为万有引力和重力大小相等。如果有些星球的自转角速度非常大,那么万有引力的向心力分力就会很大,重力就相应减小,就不能再认为重力等于万有引力了。如果星球自转速度相当大,使得在它赤道上的物体所受的万有引力恰好等于该物体随星球自转所需要的向心力,那么这个星球就处于自行崩溃的临界状态了。

在地球的同一纬度处,g 随物体离地面高度的增大而减小,即 $g' = \dfrac{Gm_1}{(R+h)^2}$。

强调:$g = G \cdot M/R^2$ 不仅适用于地球表面,还适用于其他星球表面。

2. 绕地球运动的物体所受地球的万有引力充当圆周运动的向心力,万有引力、向心力、重力三力合一。

即：$G \cdot M \cdot m/R^2 = m \cdot a_{向} = mg$

∴ $g = a_{向} = G \cdot M/R^2$

三、天体运动

1. 基本问题是研究星体（包括人造星体）在万有引力作用下做匀速圆周运动。

基本方法：将天体运动理想化为匀速圆周运动，所需的向心力由万有引力提供。即：

$$G \cdot M \cdot m/r^2 = m \cdot v^2/r$$
$$= m \cdot r \cdot \omega^2$$
$$= m \cdot r \cdot (2\pi/T)^2$$
$$= m \cdot r \cdot (2\pi f)^2$$

2. 绕行中心星体运动的快慢与绕行半径的关系。

(1) 由 $G \cdot M \cdot m/r^2 = m \cdot v^2/r$ 得 $v = \dfrac{s_n + s_{n+1}}{2T}$，$r$ 越大，v 越小。

(2) 由 $G \cdot M \cdot m/r^2 = m \cdot r \cdot \omega^2$ 得 $\sqrt{2}$，r 越大，ω 越小。

(3) 由 $G \cdot M \cdot m/r^2 = m \cdot r \cdot (2\pi/T)^2$ 得 $T = \sqrt{4\pi^2 \cdot r^3/G \cdot M}$，$r$ 越大，T 越大。

在地表附近，可以认为 $T = 2\pi\sqrt{\dfrac{R}{g}} = 83.7\ \text{h}$。

3. 中心天体质量 M 和密度 ρ 的估算。

测量卫星绕天体匀速圆周运动的半径 r 和周期 T，由 $G \cdot M \cdot m/r^2 = m \cdot r \cdot (2\pi/T)^2$ 得：

$$M = 4\pi^2 \cdot r^3/(G \cdot T^2)$$

再测量天体的半径，得到：

$\rho = M/V = M/(\dfrac{4}{3}\pi \cdot R^3) = 4\pi^2 \cdot r^3/(G \cdot T^2 \cdot \dfrac{4}{3}\pi \cdot R^3) = 3\pi \cdot r^3/(G \cdot T^2 \cdot R^3)$

若卫星绕天体表面做圆周运动，则 $\rho = 3\pi/(G \cdot T^2)$。

4. 计算重力加速度。

地球表面附近（$h \ll R$）　　方法：万有引力 ≈ 重力　　$mg = G\dfrac{Mm}{R^2}$

地球上空距离地心 $r = R + h$ 处　　方法：$mg' = G\dfrac{Mm}{(R+h)^2}$

在质量为 M'、半径为 R' 的任意天体表面的重力加速度 g'' 可用 $mg'' = G\dfrac{M'm}{R'^2}$ 求得。

5. 人造地球卫星。

(1) 近地卫星。

近地卫星的轨道半径 r 可以近似地认为等于地球半径 R，所以有 $v = \sqrt{gR} = 7.9 \times 10^3$ m/s，$T = 2\pi\sqrt{\dfrac{R}{g}} = 5.1 \times 10^3$ s = 85 min。它们分别是绕地球做匀速圆周运动的人造卫星的最大线速度和最小周期。

(2) 地球同步卫星（通信卫星）。

①运动周期与地球自转周期相同，且 $T = 24$ h。

②运转角速度等于地球自转的角速度，周期等于地球自转的周期。

③同步卫星高度不变，运行速率不变（因为 T 不变）。

④同步卫星的轨道平面必须与赤道平面平行，在赤道正上方。

$$\frac{GMm}{r^2} = m\frac{v^2}{r} = m\omega^2 r = m\left(\frac{2\pi}{T}\right)^2 r$$

对同步卫星，其运动规律如下：

$$v = \sqrt{\frac{GM}{r}}, \quad \omega = \sqrt{\frac{GM}{r^3}}, \quad T = 2\pi\sqrt{\frac{r^3}{GM}}, \quad a = G\frac{M}{r^2}$$

分析：绕地球旋转的卫星所需的向心力由地球的万有引力提供，因为物体所受的引力指向地心，因而所有的地球卫星的轨道平面一定过地心；而地球同步卫星相对地表静止，必随地球自转，所以同步卫星的轨道平面一定过地心且垂直地轴——过赤道的平面。

推导：由同步卫星 $T = 24$ h，而 $G \cdot M \cdot m/r^2 = m \cdot r \cdot (2\pi/T)^2$

所以 $r = \sqrt[3]{G \cdot M \cdot T^2/4\pi^2} = 4.2 \times 10^4$ km

(3) 三种宇宙速度。

①第一宇宙速度（环绕速度）：人造地球卫星最小的发射速度，等于物体近地圆周运动的运行速度。

推导：由 $G \cdot M \cdot m/R^2 = m \cdot v_1^2/R$ 或 $m \cdot g = m \cdot v_1^2/R$

得 $v_1 = \sqrt{gR} = 7.9$ km/s

②第二宇宙速度（脱离速度）：物体挣脱地球引力束缚的最小发射速度。$v_2 = 11.2$ km/s。

③第三宇宙速度（逃逸速度）：物体挣脱太阳引力束缚的最小发射速度。$v_3 = 16.7$ km/s。

从以上"'万有引力与航天'章末复习"可以看出，通过提纲的呈现，可使原来让学生感到困惑的概念清晰化、零散的知识系统化、机械的记忆灵活化；让学生通过复习所学内容发现自身知识结构的缺陷，反思自己的学习方式或方法，完善知识体系的不足及拓展自己的思维。

　　高中物理复习教学方法策略多种多样，但无论何种方法，只有很好地抓住物理考试大纲，明确"全面系统、注重双基、因地制宜、与时俱进"的复习指导思想，并依据复习内容和学生实际情况，选择、制定合适的复习方法，同时注意能力培养的渗透渐进过程，才能在复习过程中做到知识的扩展和延伸，让学生对物理知识、物理方法与物理思想形成一个系统、深刻的认识，培养学生的分析概括能力、运用知识的能力和终身学习的习惯。

第二章
平时复习教学方法策略与案例研究

平时复习以新课引入的复习和新授课后的复习为主要复习形式，是期中、期末复习，学业水平考试（会考），高考复习的前奏和主要补充。平时复习是一种重要的复习形式。

第一节 新课引入的复习教学方法策略及案例研究

在物理课堂教学中，一节完整的课堂教学，应包括新课引入、新课讲授和巩固练习这三个基本部分。其中新课讲授是主体。新课引入虽不是主体，但它却在整节课堂教学中起着至关重要的作用。常言道："好的开始是成功的一半。"新课引入的成败往往直接影响着整节课的质量。因此，设计好新课引入这一部分内容是十分重要的。

巴甫洛夫指出："任何一个新的问题的解决都是利用主体经验中已有的旧工具实现的。"由迁移规律可知，当新知识与旧知识联系紧密时，教师就可以把与新知识有关的旧知识抽出来作为新知识的"生长点"，为引进新知识搭桥铺路，从而形成正迁移。在物理教学中同一章节的内容之间有很大的联系，教师在讲解新课前有意识地复习前面已学的知识点，既能巩固已学知识，又可以引导学生思考、分析已有知识跟将要学的新知识之间的联系，使学生明白新学知识是旧知识的延伸和拓展。这样既有利于学生加深对原有知识的理解，又能为学生掌握新知识打下坚实的基础。复习在新课引入中起到温故知新、承前启后的作用，让学生的新旧知识牢固地融合在一起。

新课引入的方式方法很多，其中新课引入的复习是常规教学中一种常用的方法。由于引入前后效果对比强烈，因此满足引课所需的驱力性、服务性、高效性等。它一般可分为复习提问引入和知识回顾引入两种。

一、新课引入的复习的含义

所谓新课引入的复习，又称复习引课，即通过复习已学过的知识来引入新课的学习内容。

二、新课引入的复习的优点

在新课讲授前结合学过的旧知识进行复习提问，不仅能温习巩固旧知识，还可以从旧知识和将要学习的新知识中找到联系点，教师再根据联系点提出新问题，使学生的思维向更深层次展开，达到温故知新的目的。这样，学生对新知识的接受度会更高，且便于将新知识纳入原有的知识结构中，能降低新知识的难度，易于引导学生参与新知识的学习过程。

新课引入的复习尤其适合用在前后知识联系紧密、逻辑上有递进关系或可与前面所学进行类比理解的知识点的新课教学中。

三、新课引入的复习的一般方法步骤

在复习的基础上，提出问题，设置障碍，让学生解答，从而导入新课。例如提问讨论方法一般在基本概念和基本方法的教学中运用得比较多，提问的内容多涉及学生以前学过的物理知识和生活经验中获得的认识。

教师们采用的方式往往是口头提问旧课的有关知识，让学生集体回答。这样的复习有效吗？这里有两个问题值得注意：

问题一：口头提问好不好？笔者不敢苟同，原因如下：教师的口头提问，给学生的只是听觉上的刺激，学生能认真听教师说吗？（特别是学生还没有真正进入上课状态的情况下）学生能听清题意吗？教师的"说"题目，只能给学生以听觉上的刺激，但是对于学生而言，他们既需要听，更需要看。学生听了题目，通过看文字、图形（"视觉暂留"），进而用脑去思考，用手（笔）去演算，然后回答问题。这就是我们平常提到的动手、动脑、动口，这样才能让各种感官参与思维活动。

问题二：集体回答好不好？集体回答不能真正检测学生对上一节课知识内容的掌握情况。学生的回答会"滥竽充数"，起不到有效复习旧知识的作用。因此，在课堂上集体回答应慎用、少用。

这里笔者重点提倡个别提问。个别提问能在一定程度上检测、反馈学生对知识的掌握情况，是教师了解学生学习程度的一种方法。个别提问学生的方法可以进行课堂的调控，原因是刚上课，学生的注意力还不是那么集中，通过提问，提醒学生要上课了，要进入上课的状态了。

个别提问对学生也是一种鼓励、约束、鞭策。学生回答后，教师对学生的正确回答，或是对大胆、积极的回答，又或是对积极思考等方面进行适当的表扬，学生会产生一种荣誉感，从而激发学生的学习兴趣。久而久之，学生就"亲师、信师"。教师的用意是鞭策学生，即使是不能正确回答问题的学生，教师也应当尽量发掘学生的闪光点。所以，教师要明白个别提问隐含的意义，不能忽略课堂上的个别提问。

综上所述，口头提问和集体回答效果都不好，在旧课复习引入新课时，应该以展示练习题为主要形式。展示练习题时应以填空题和简单计算题为主要展示形式。

填空题中的空格就是一个提问，能留给学生思考的时间和空间，有一些专家提倡板书时也用填空，称之为"填空式"板书。设计的问题应该融问题于对概念、规律的理解中。如下例：

某同学从井中打水，用 250 N 的拉力使水上升了 4 m，已知空桶重 25 N，水和桶总重 225 N，g 取 10 m/s^2，则打水过程中，拉力的功是_____J，合外力的功是_____J，打水的总效率为_____。

上题中，要解答这三空，必须要理解"功""合外力的功""机械效率"的概念。在解答的过程中，既考查了学生对上述三个概念的辨析，同时也考查了学生的计算能力。

计算题应针对旧课中的计算内容而设计，选用的计算题可以"复制"书本中的例题，但应"稍高"于课本例题，着重考察学生对公式中各物理量的理解，着重于学生易错的地方。讲解时要让学生"既要知其然又要知其所以然"，这样才能达到旧课复习的目的。

展示题目应具有情境性，比如以下的两种新课引入的方法。

"重力"新课引入的方法：

提问一：什么叫力？力的作用效果是什么？

提问二：手推铅球，铅球离手后，在空中运动的过程中除了受到重力和空气阻力外还受到向前的推力。这种说法正确吗？为什么？

提问三：竖直向上抛出的一个小球，速度越来越小，这主要是因为小球受到空气阻力。这种说法正确吗？为什么？

上面的提问以学生能够亲身感受和看见的情境设问，具有情境性。学生在具体的情境中作答，避免了知识的枯燥，而且切合学生的"最近发展区"。

在提问并引导学生回答后，板书课题"重力"。

"提问一"是复习以前所学的力学知识；"提问二"引导学生注意常犯的错误——离手铅球受到向前的推力；"提问三"启发学生思维，将其注意力引导到"重力"上来。三个问题前后相连，搭配得当，一步步将学生的注意力引导到"重力"上。

另外，习题解答方法一般多用于学生已获得较多的基本概念和公式定理等物理知识，新课内容将在这些知识基础上进一步加深。

"功"引入新课的方法：

习题：一人用 50 N 的水平力向西推重 500 N 的物体，在水平地面上向西移动 5 m，问人对物体做的功是多少？重力对物体做的功是多少？

解答一：$W_1 = 50 \text{ N} \times 5 \text{ m} = 250 \text{ J}$

$W_2 = 0$（因为物体在重力方向上没有移动距离）

解答二：$W_1 = 50 \text{ N} \times 5 \text{ m} = 250 \text{ J}$

$W_2 = 500 \text{ N} \times 5 \text{ m} = 2\ 500 \text{ J}$

教师对上述解答暂不做评判，等新课讲完后再让学生自己纠正。

提问：如果上述题中推物体的力不是水平方向的，而是与位移的方向不在一条直线上斜向上的方向，那么这样的推力做的功应该如何计算？这节课我们一起来解决这个问题。

板书课题"功"。

教师对解答结果不做肯定或否定的评判，留下悬念，激发学生的求知欲，这样，他们就很可能会自行从教师讲解的新课中去找答案。另外，通过对该题的延伸——推力与位移的方向不在一条直线上，让学生带着问题听课，这样能调动学生听新课的积极性，提高学生学习的效率。

四、"新课引入的复习"案例展示

案例 2-1

"功"一节新课引入时的复习

"复习旧知，引入新课"是复习并引入新课的常用方法。通过复习，有助于学生在原有的知识基础上拓展新的知识。但在复习引入中，常常出现这样的误区，即教师用自己的讲解来代替学生的分析，未能让学生在复习中生成新的东西。

在复习引入中，教师要将新知识蕴藏于对旧知识的复习中。如在"功"的教学中，教师首先提问学生"什么是功？""功的公式怎么表示？""功的单位是什么？"当学生对这些问题做了回答后，再以问题"在 $W = Fs$ 中，如果 F 和 s 不在同一条直线上，将出现什么情况"来引导学生对 $W = Fs\cos\alpha$ 进行思考、分析，从而让学生在对以往知识的复习中学习新知识。其次，教师可以通过问题引出新知识。如在"机械能守恒定律"的教学中，教师首先出示一道题：一个质量为 m 的小球，自 A 点开始自由下落，经过高度为 h_1

的 B 点时，速度为 v_1；下落到高度为 h_2 的 C 点时，速度为 v_2（如图 2-1 所示）。

然后提出问题：

（1）小球在 B 点和 C 点时的机械能、重力势能和动能分别是多少？

（2）小球在下落过程中的受力情况怎样？根据动能定理，合外力做的功与动能的变化有什么关系？

（3）从 B 点到 C 点的过程中，小球的机械能有什么变化？

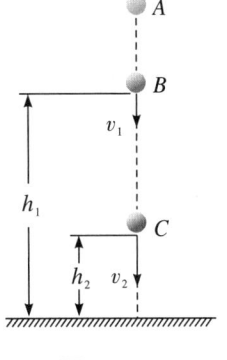

图 2-1

上述三个大问题中包含不同的小问题。通过对动能、重力势能和动能定理的复习，可引入机械能守恒定理的新课学习。

案例 2-2

"电能的输送"一节引入新课时的复习

复习提问：

（1）部分电路欧姆定律的表达式是什么？

（2）电阻定律的表达式是什么？

（3）计算功率的表达式有哪些？

提出新问题：以一台发电机为例，若它的发电功率为 5 000 kW，用发电机提供的 10^4 V 电压直接向外输电，假设输电线上的电阻为 2 Ω，大家注意，这个电阻看似不太大，但在输电线上的功率损失就为"$P_{损} = I^2R = 500$ kW"，占输出功率的 10%，若全国的发电量有 10% 损失在导线上，这个数目是相当惊人的！

设置障碍，让学生思考：如何减少在输电过程中输电线上电能的损失呢？

该案例既顺理成章地引入了"电能的输送"这一节新课，又将尚未完善的知识框架摆在了学生面前，从而引起学生探索物理知识的愿望，同时也激发了他们学习此课题的积极性，效果很好！

案例 2-3

"探测射线的方法"一节新课引入复习

本节"探测射线的方法"的学习是在前两节知识基础之上展开的。对于肉眼看不见的微观原子核的世界，要想探知它的奥秘，既需要把人类对它的探索历程串接起来，形成清晰的框架，使其具有逻辑性、条理性，同时还要针对考纲要求，通过新课引入时的复习来加以凸显。

1. 复习提问

(1) 有什么事实和理由可以说明放射性元素放出的射线来自原子核内部？

(2) α、β射线是高速粒子流，原子核中没有α粒子、电子，为什么有些放射性元素的原子核会放射出α、β粒子？

2. 练习提问

原子核在发生α、β衰变时有怎样的规律？（从衰变方程，半衰期，α、β粒子在磁场中的运动形式等方面以练习题形式呈现）

3. 新课引入

射线来自原子核内部，可以通过什么样的现代仪器对它们进行探测呢？本节课将就此问题展开了解。

通过在复习时引入新课，能对在上节课中存在的一些瑕疵和遗留的问题做出及时补救，而且还可以对考纲要求的内容进行强化理解，进一步突出重点。

案例2-4

"洛伦兹力"一节引入新课时的复习

教师先以知识回顾的形式（PPT投影）复习安培力的方向和大小，让学生进一步巩固学过的知识，然后提问："电流是由电荷的定向移动形成的，既然磁场对电流有力的作用，那么磁场对电荷有没有力的作用呢？如果有，这个力的方向和大小会是怎样呢？"无论是洛伦兹力的方向还是大小，都和安培力联系紧密。通过对比分析，洛伦兹力的方向和大小计算式就推导出来了。

案例2-5

"库仑定律"一节引入新课时的复习

先以复习提问的方式复习万有引力定律的公式及含义，尤其强调复习引力与距离平方成反比的关系、万有引力常量的意义和测量原理、与万有引力相关的科学家，然后教师提问："既然物体与物体间存在万有引力，那么电荷与电荷之间是否有相互作用呢？这个相互作用的大小与什么有关？构成怎样的关系呢？"

由于库仑定律与万有引力定律在形式上非常相似，引力常量与静电力常量的测量思想也几乎是一致的，所以学生理解了万有引力定律及引力常量的测量原理，再来学习库仑定律及静电力常量的测量方法就会变得比较容易，学习起来会觉得不陌生而更易于接受与理解，也更能感受到自然界定律的惊人相似。

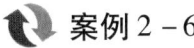

案例 2-6

"电势能和电势"一节引入新课时的复习

先以例题的方式（PPT 展示例题）复习重力做功与路径无关的特点，以及重力做功与重力势能之间的联系。尤其强调重力势能的引入是基于重力做功与路径无关的前提。然后教师提问："电场力做功有着什么样的特点呢？电场力做功又会带来什么能量的转化呢？"即可顺利引入本节课的内容。

由于电场力与重力都是保守力，做功都与路径无关，均可以引入势能的概念，而且做功与相应势能变化的关系也是完全一致的，学习本节使用这种类比复习的方法会事半功倍。通过复习重力做功与重力势能的相关知识点再来学习电场力做功与电势能的相关内容会显得自然而更易于理解。

第二节　新授课后的复习教学方法策略及案例研究

一、新授课后复习的意义

新授课后的复习课是物理教学中常见的课型，是把学生新学的物理知识进行巩固、提高，帮助学生进一步理解和巩固已学过的物理基础知识和提高物理学习与运用能力的重要途径。

二、新授课后复习的注意事项

（一）明确课堂目标

要明确本节课的复习任务是概念复习还是规律复习。概念复习重在梳理，重在相关概念的对比；规律复习则侧重于规律的应用条件，方法的分类。

（二）注意再现知识阶段

新授课后的复习主体是知识的再现，教师通过合理的方法、优化的练习、典型的分类，使用对比、讨论等手段，唤起学生的课堂记忆。复习的例题要针对学生的易错点，以引导学生消除模糊的或者错误的认识，正确理解物理概念和应用物理规律。

（三）在复习中充分调动学生的积极性

在新授课后的复习中，教师可采用作业互评、观点辨析、题型互讲等形式，多让学生讨论交流，互相借鉴，取长补短，以达到查找自己学习中的问题和发现更好的解题方法的目的。

三、新授课后学生常用的复习方法

新授课后的复习要求学生做好以下四件事：尝试回忆、看教科书、整理笔记和看参考书。

（一）尝试回忆

独立地把老师上课讲的内容回想（重现）一遍，这是学生自己考自己，"逼着"自己专心致志地去动脑筋的方法。有人把这叫作"过电影"，因为在头脑里"重映"着上课时一个又一个关键问题；也有人把这比喻为"反刍"，就像老黄牛那样，在休息时让食物再回到口腔里，细细地加以咀嚼。尝试回忆有4点好处：

1. 可以检查当天听讲的效果

如果自己能回忆起全部或大部分内容，那就证明自己的预习和听讲效果是好的。如果不能，就应当及时寻找原因，在预习和听讲的过程中进行改进。例如，在听了高一物理的第二章"力物体的平衡"的第一部分"力"以后，在课后回忆时，有的学生可以顺利地回忆出力的定义、力作用效果的体现、测量力大小的单位、矢量和标量的区别、力的表示法和力的分类，这说明听讲的效果不错。而有的只能回忆出其中的一部分，那么就应当分析一下原因了。回忆时，可以边回忆边对照书，也可以回忆完后再看书。为了使回忆专心，可以在草稿纸上把回忆的主要内容（如公式等）写下来。

2. 可以提高自己的记忆能力

尝试回忆是一种积极主动的活动，需要积极开动脑筋，需要注意力的高度集中。学过的知识在头脑中每"重现"一遍就会巩固强化一次。

3. 能提高看书和整理笔记的积极性

有一个学生说："通过回忆，把老师课上讲的在脑子里过一遍，记住的往往是自己已经懂得的部分，没记住的就证明自己还没有掌握好。"这话是有道理的。实际上回忆是学习成果的无声表达。如果有些内容想不起来，自然会很着急地去看书翻笔记，这样就提高了看书和整理笔记的积极性。学生自觉地把忘记的部分作为重点来看，这样看书整理笔记才有明确的目的。

4. 能培养爱动脑筋的习惯

课后直接看书要比尝试回忆"省事，省脑筋"，但不能留下深刻的印象，效果往往不好。而尝试回忆，要追寻思索的过程，要概括上课的主要内容，一旦想不起来，还要千方百计地寻找回忆的线索，很费脑筋。一个经常回忆的学生，不仅记忆力大增，而且还养成了好动脑筋的习惯。有的学生，课后复习的方法是：拿起书像看小说似的从头到尾看一遍。看书时，好像挺明白，也好像全记得。一放下书，到要用的时候却又忘了。为什么会这样呢？就是因为这种方法没有充分开动脑筋。不少学生常常一面看书一面打瞌睡，其原因也在于此。

（二）看教科书

尝试回忆后，应该从头至尾、逐字逐句地去看书。因为看的是教科书，里面是最基本的概念和最基础的知识，绝对不能马虎，要一边看一边思考，低头看书，抬头思考。这时已不是初次看书，而是在预习、听讲和回忆的基础上全面过目，有重点地看和思考。对于上课时已经理解和记住的部分，不必再花很多时间，而要把时间花在回忆时想不起来、记不清楚、印象模糊的部分。

看书时，可用彩色笔把书上的重点部分、新的概念、容易忽略的部分勾画一下。在书的四周空白处，可以记上一些自己的简要体会，高度概括课文内容的语言以及有利于记忆的、带提示性的语句，以便今后再看书时从这些批注中迅速得到启示，回忆起书中的关键内容。在物理教材中新名词很多，为了方便查找，可在空白处的相应部位把这些新名词写下来，如电动势、电势、磁感应强度、磁通量、平均结合能等。

这样，教科书从某种意义上来说，就成了"字典"，可方便随时查找。有的学生平时不仔细看教科书，也不注意对教科书进行"加工"，考前翻遍全书查找不到某个名词或概念，心急如焚。而他的教科书像本新书一样"干净"。也有的学生，看书时勾画得太过分，反而重点不突出了。

（三）整理笔记

笔记本不应当仅仅作为上课的记录本，"录音带"似的笔记本不见得是一份好笔记。应当把笔记本变成一份经过提炼加工的复习材料。先把笔记本分成三部分。正页部分记上课笔记；正页右侧留出的空白部分记上课时发现的问题，以便下课思考（也可记下高度概括的词语）；副页主要在预习和课后复习时用。

整理笔记时，首先把上课未记下的部分补充上，把记得不太准确的更正过来。在正页的右上角最好用简明的几个字概括一下这页笔记的中心内容，如"矢量""牛顿第二定律""动能定理""法拉第电磁感应定律"等，以便查阅。因此，每一页笔记最好只记一个中心内容。

下面重点说一下副页的使用方法。例如，学习高一物理"牛顿第二定律的应用"一节，在预习时可以把与这节有关的旧概念复习一下，然后把自己认为掌握得不太好的概念从课本上摘录下来，把它们放在副页上，作为预备知识。如"合外力""加速度""受力分析"等。又如，上课时，教师讲到牛顿第二定律的应用的两种情况时，提到了"运动""力"的概念，而自己搞不太清楚，或者记不住常用的运动学公式。怎样才能记住呢？有的同学在课后复习时，发现某本参考书上总结得不错，他就把这部分也抄在副页上。

总之，副页主要可用来记以下的内容：①预习时发现的自己掌握得不太好或已忘记了的旧概念、定理、公式等；②预习时发现的问题或体会；③听讲、看书时自己悟出的重要体会；④易出现的错误或易混淆的概念；⑤从参考书上摘录下来的、针对性很强的精彩部分；⑥补充书上或老师讲课中的不足等。只要平时下功夫把笔记整理好，进入阶段复习时，打开笔记本心中就有数了。因为笔记的索引清楚、中心突出、内容精练，并记有相关的旧知识和易错的问题等，大大省去了考前突击查旧书、查材料、重新思考、临时归纳总结的时间。只要看看笔记，看看自己用劳动换来的成果，就可以迅速地把有关的学习内容回忆起来，取得事半功倍的效果。

整理笔记是把知识深化、简化和系统化的过程，带有浓厚的个人风格和特点。经过整理的笔记是未来的一份很有用的复习材料，需要妥善保存。

（四）看参考书

对学生而言，看参考书一般是在课后复习或阶段复习时进行。方法是围绕教师讲的中心内容去看参考书中的有关内容，具体怎么看呢？有一位考上了重点大学的学生说："晚上，我至少要找出五、六本书来看老师讲的这个内容，此时看书可以说是一目十行。看到和老师讲得一样的，一扫而过。凡是看到从不同角度加以解释的，我就仔细阅读，争取学会从不同的角度、用多种方法对同一个问题加以理解。这样不仅加深了对原来概念的理解，而且又学到了许多知识，扩大了知识面，更重要的是掌握了看书的方法，养成了看书的习惯。"另一位优秀学生说："我觉得应该以课本为中心，在把课本弄懂弄通的基础上，再去看课外书，以便加深对课内知识的理解。"看参考书时，要注意以下几点：首先，要选好参考书。这可由教师或有经验的同学介绍。每门课程可以有一本主要参考书，而其他的作为一般参考书。其次，要先看教科书。在对知识基本理解后，再去看参考书。但有时教科书或老师讲的有关内容，理解起来相当困难，在这种情况下可以针对自己的问题，先看参考书。再次，围绕中心去看参考书。教师当天讲授的内容，或自己发现的疑问，都可以作为看参考书的中心。先看主要参考书中的有关部分，至于其他参考书中的有关部分，一般都是大同小异，只要抓住每本书的长处即可。最后，要做好笔记。要把参考书中精彩的部分和题目，摘录进笔记本的相应部分。看参考书一般在做完作业后进行。根据剩下时间的多少，决定看参考书的量，这样在时间的分配上就有较大的伸缩性。

四、新授课后的教师常用的复习教学方法

对教师而言，在进行新授课后的复习教学过程中，具体的方法有：

（一）对应法

此方法常用于概念复习课，将本节所学知识点一一对应，有针对性地复习，比如讲完"功率"这节课，针对功率、平均功率、瞬时功率这些概念逐一对应复习。

（二）对比法

此方法常用于概念教学的复习，比如讲完"加速度"这节课后的复习，可以通过选择题对比复习"速度""速度的变化""速度变化的快慢""加速度"的区别，也可以通过实际的运动模型对比这几个物理概念的不同。

（三）分类法

此方法常用于规律复习课，比如讲完"物体的平衡"这节课的复习，可以通过解法归类：三角形法（解三力平衡问题）、图解法（解动态平衡问题）、正交分解法（解三力以上的平衡问题）、正弦定理法等；再如，学习完"动量守恒定律"后，三种守恒条件的分类应用；等等。

（四）归纳法

此方法常用于规律复习课，比如讲完"功"以后，归纳总结"摩擦力"做功的规律、"作用力与反作用力"做功的规律；动力学讲完后，归纳总结"力学三大观点的应用"等。

(五) 网络法

此方法常用于规律复习课，比如讲完"平抛运动"以后，按照平抛运动的等时性、等效性、矢量性把知识结构化、网络化。让学生对知识的理解由模糊到清晰、由粗略到精确，对分析和解决问题的能力从无到有、从低到高，逐步达到教学大纲和高考的要求。

五、"新授课后的复习"案例展示

案例 2-7

运用"对应法"进行"功率"新授课后的复习

"对应法"常用于对基本概念新授课后的复习，即将本节课所学知识点一一对应地讲解、整理、归纳，进行有针对性的复习教学。下面以"功率"一节作为新授课后的复习案例说明。

一、知识目标

1. 进一步理解功率的概念。
2. 熟练掌握平均功率、瞬时功率的计算。
3. 运用公式 $P=Fv$ 的物理意义，解决机车起动问题。

二、重点、难点分析

重点：功率的物理意义。

难点：瞬时功率、平均功率的理解及应用。

三、主要教学过程

(一) 引入课题

首先以提问方式复习上一节所学习的主要内容，重点是功、功率的概念和物理意义。

(二) 教学过程设计

1. 功、功率基本概念的进一步理解。

下面一起讨论：

力 F_1 对甲物体做功为 W_1，所用时间为 t_1；力 F_2 对乙物体做功为 W_2，所用时间为 t_2，在下列条件下，哪个力做功快？（　　）

A. $W_1=W_2$，$t_1>t_2$ 　　　　B. $W_1=W_2$，$t_1<t_2$

C. $W_1>W_2$，$t_1=t_2$ 　　　　D. $W_1<W_2$，$t_1=t_2$

上述条件下，哪个力做功快的问题学生都能做出判断，其实都是根据 $\dfrac{W}{t}$

这一比值进行分析判断的。

至此,再将功的定义式与速度 v 的定义式做类比,使学生理解,虽然研究的是不同性质的问题,但是研究方法是相同的(同时也为后面瞬时功率的理解做了些准备)。

上一节我们讲了功的概念、功的公式,相信大家经过分析和讨论之后,对功的物理意义已有所了解。谁能复述一下?

在学生说出做功过程是能量转化过程之后,教师继续提问:那么做功快慢恰能表明能量转化的快慢吗?学生通过思考,更容易将功率理解为是描述做功过程中能量转化快慢的物理量,教师随即将学生的这一认识进行板书。

2. 平均功率与瞬时功率。

一个质量是 1.0 kg 的物体,从地面上方 20 m 高处开始做自由落体运动,第 1 s 时间内下落的位移是多少?(与学生一块算出是 5 m,g 取 10 m/s^2)这 1 s 内重力对物体做多少功?(与学生一起算出 $W_1 = 50$ J)第 2 s 时间内物体下落的位移是多少?(15 m)这 1 s 内重力对物体做多少功?($W_2 = 150$ J)前 1 s 和后 1 s 重力对物体做功的功率各是多大?($P_1 = 50$ W,$P_2 = 150$ W)这 2 s 时间内重力对物体做功的功率是多大?($P = 100$ W)

教师指出,即使是同一个力对物体做功,在不同时间内做功的功率也可能是有变化的。因此,用 $P = \dfrac{W}{t}$ 求得的功率只能反映 t 时间内做功的快慢,只具有平均的意义。板书如下:

(1)平均功率。

$P = \dfrac{W}{t}$ 为平均功率的定义式。

(2)瞬时功率。

为比较细致地表示出每时每刻做功的快慢,引入了瞬时功率的概念,即瞬时功率是表示某个瞬时做功快慢的物理量。

提出瞬时功率如何计算的问题后,做如下推导:

一段较短时间内的平均功率可以写成如下公式:

$P = \dfrac{\Delta W}{\Delta t}$,而 $\Delta W = F \cdot \Delta s$,$P = \dfrac{\Delta s}{\Delta t} = \bar{v}$

所以 $P = \dfrac{\Delta W}{\Delta t} = \dfrac{F \cdot \Delta s}{\Delta t} = F \cdot \bar{v}$ 仍为平均功率,当 $t \to 0$ 时,$\dfrac{\Delta s}{\Delta t}$ 即为瞬时速度,因而有下式:

$P = F \cdot v$

此为瞬时功率计算公式。

讨论:

①如果作用于物体上的力 F 为恒力，且物体以速度 v 匀速运动，则力对物体做功的功率保持不变。在此情况下，任意一段时间内的平均功率与任一瞬时的瞬时功率都是相同的。

②很多动力机器通常有一个额定功率，且通常使其在额定功率状态工作（如汽车），根据 $P=Fv$ 可知：当路面阻力较小时，牵引力 F 也小，v 可以大，即汽车可以跑得快些；当路面阻力较大，或爬坡时，需要比较大的牵引力，v 必须小。这就是爬坡时汽车换低速挡的原因。

③如果动力机器原来在远小于额定功率的条件下工作，例如汽车刚刚起动后的一段时间内，速度逐渐增大过程中，牵引力仍可增大，即 F 和 v 可以同时增大，但是这一情况应以二者乘积等于额定功率为限度，即当 $Fv=P_{额}$。

应用公式 $P=Fv$ 计算 $m=1$ kg 的物体做自由落体运动中下落 1 s 末和 2 s 末的瞬时功率。

由 $v_1=10$ m/s 按公式求得 $P_1=100$ J；由 $v_2=20$ m/s 按公式求得 $P_2=200$ J。

根据上述结果启发学生思考瞬时功率的物理意义。最后指出，此题中是重力对物体做功，使重力势能逐渐向动能转化。随着时间的延续，重力势能向动能转化加快。

3. 应用举例。

【例1】如图 2-2 所示，位于水平面上的物体 A 的质量 $m=5$ kg，在 $F=10$ N 的水平拉力作用下从静止开始向右运动，位移为 $s=36$ m 时撤去拉力 F。求：在下述两种条件下，力 F 对物体做功的平均功率各是多大？（取 $g=10$ m/s^2）

（1）设水平面光滑；

（2）设物体与水平面间的动摩擦因数 $\mu=0.15$。

解答过程可分为三个阶段：①让学生计算力 F 在 36 m 位移中所做的功，强调功只由 F 和 s 这两个要素决定，与其他因素无关，因而两种情况下力 F 做的功相同，均为 $W=360$ J。②由学生计算这两次做功所用的时间。

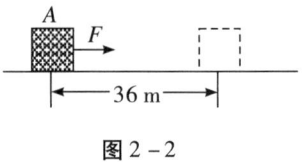

图 2-2

用牛顿第二定律求出：$a_1=2$ m/s^2，$a_2=0.5$ m/s^2。用 $s=\frac{1}{2}at^2$ 分别求出 $t_1=6$ s，$t_2=12$ s。③用功率的定义式即平均功率的计算公式求得 $P_1=60$ W，$P_2=30$ W。

学生用公式 $v_t^2=2as$ 分别求出每次的末速度，再用公式 $\bar{v}=\frac{v_t}{2}$ 求出每次的平均速度 $\bar{v}_1$ 和 $\bar{v}_2$，最后用 $P_1=F\bar{v}_1$ 和 $P_2=F\bar{v}_2$ 求得最后结果也可以，教师应及时指出这是解决问题的另一思路。

【例2】如图2-3所示，位于水平面上的物体A，在斜向上的恒定拉力作用下，正以 $v=2$ m/s的速度向右做匀速直线运动。已知拉力 F 的大小为100 N，方向与速度 v 的夹角为37°，求：

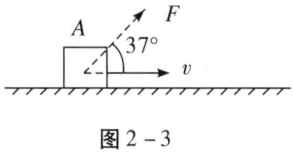

图2-3

（1）拉力 F 对物体做功的功率是多大？

（2）物体向右运动10 s的过程中，拉力 F 对它做多少功？（$\sin37°=0.6$，$\cos37°=0.8$）

通过对此例题的解答，让学生掌握功率的计算公式 $P=Fv\cos\alpha$。教师应提醒学生，不要认为 F 与 v 总是在同一直线上；在功率已知的条件下，可以用 $W=Pt$ 计算一段时间内力所做的功。第（1）问的结果为 $P=160$ W；第（2）问的结果为 $W=1\,600$ J。

4. 复习巩固（略）。

四、说明

课后复习题设计紧扣本节知识点，做到一一对应，便于学生对本节知识的理解与巩固，提高了课堂教学的效率。

案例2-8

运用"对比法"讲授"法拉第电磁感应定律"巩固课

对比是我们认识具有某些相同或相似点的不同现象、过程及其规律的一种方法。物理教学中常遇到一些现象、概念、规律等具有某些相似或相同点，学生容易混淆、不易掌握。搞清现象，掌握概念、定律和定理是学习物理知识的基础。通过对比，区分易混淆的现象、概念、定律和定理，这是物理复习教学中常用的方法之一。

对比可纵向对比也可横向对比，也可全面对比和部分对比，具体方法有列表法、图象法、习题法等。下面就运用"对比法"对"法拉第电磁感应定律"一课进行巩固复习。

【教学目标】

1. 知识与技能。

（1）能够区分 Φ、$\Delta\Phi$、$\dfrac{\Delta\Phi}{\Delta t}$，并清楚它们之间的关系，理解感应电动势正比于磁通量的变化率。

（2）能够理解 $E=n\dfrac{\Delta\Phi}{\Delta t}$ 与 $E=Blv\sin\theta$ 的区别和联系。

2. 过程与方法。

(1) 通过经典例题讲解，使学生学会区分相似的物理量。

(2) 通过课堂教师引导和学生活动，使学生逐步掌握两种求解感应电动势的方法。

3. 情感态度与价值观。

(1) 通过对典型例题的归纳总结，加深学生对知识间联系的理解。

(2) 培养学生运用基本知识解决相应问题的能力。

【教学重点】Φ、$\Delta\Phi$、$\dfrac{\Delta\Phi}{\Delta t}$ 的区别；$E=n\dfrac{\Delta\Phi}{\Delta t}$ 与 $E=Blv\sin\theta$ 的区别和联系。

【教学难点】$E=n\dfrac{\Delta\Phi}{\Delta t}$ 与 $E=Blv\sin\theta$ 的理解与应用。

【教学用具】多媒体教学课件、投影仪、讲义、导学案。

【教学方法】列表对比法、图象对比法、自主讨论交流展示法、习题巩固法。

【教学过程设计】

一、知识回顾

法拉第电磁感应定律表明：感应电动势 $E=n\dfrac{\Delta\Phi}{\Delta t}$；对于导体棒切割磁感线的情况，感应电动势也可表达为 $E=Blv\sin\theta$。

二、推进新课

1. 对比 Φ、$\Delta\Phi$、$\dfrac{\Delta\Phi}{\Delta t}$。

表 2-1　Φ、$\Delta\Phi$、$\dfrac{\Delta\Phi}{\Delta t}$ 的对比

物理量	物理意义	与电磁感应关系
磁通量 Φ	穿过回路磁感线的条数多少	无直接关系
磁通量的变化 $\Delta\Phi$	穿过回路磁通量变化了多少	产生感应电动势的条件
磁通量的变化率 $\dfrac{\Delta\Phi}{\Delta t}$	穿过回路磁通量变化的快慢	决定感应电动势的大小

【例】将一磁铁缓慢或者迅速地插到闭合线圈中的同一位置，不会发生变化的物理量是（　　）

A. 磁通量的变化量　　　　　B. 磁通量的变化率
C. 感应电流的大小　　　　　D. 通过导体横截面的电量

解析：A 正确。磁通量表示通过某一线圈平面的磁感线条数。以不同的速度将磁铁插到闭合线圈的同一位置，始末位置的磁通量相同，说明磁通量的变化量相同。

B 错误。插入的速度不同，所用时间也就不同，使得磁通量的变化率不同。

C 错误。线圈中的感应电流 $I = \dfrac{E}{R} = \dfrac{\Delta \Phi}{\Delta t \cdot R}$，感应电流的大小与磁通量的变化率成正比，大小也不同。

D 正确。流过线圈横截面的电荷量为 $q = I \cdot \Delta t = \dfrac{E}{R} \cdot \Delta t = \dfrac{\Delta \Phi}{R \cdot \Delta t} \cdot \Delta t = \dfrac{\Delta \Phi}{R}$，两次磁通量的变化量相同，电阻不变，所以 q 与磁铁插入线圈的快慢无关。

[课堂练习] 单匝矩形线圈在匀强磁场中匀速转动，转轴垂直于磁场，若线圈所围面积里磁通量随时间变化的规律如图 2－4 所示，以下说法正确的是（　　）

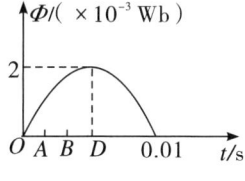

图 2－4

A. 线圈中 O 时刻感应电动势最大
B. 线圈中 D 时刻感应电动势为零
C. 线圈中 D 时刻感应电动势最大
D. 线圈中 O 至 D 时间内平均感电动势为 0.4 V

解析：在 $\Phi - t$ 图象中，$\dfrac{\Delta \Phi}{\Delta t}$ 为某点的斜率，O 时刻斜率最大，表明电动势值最大，D 时刻斜率为零，则电动势为零；由法拉第电磁感应定律 $E = \dfrac{\Delta \Phi}{\Delta t}$ 可知，O 至 D 时间内平均电动势 $E = \dfrac{\Delta \Phi}{\Delta t} = \dfrac{(2-0) \times 10^{-3}}{0.005} = 0.4$（V），因此选 BD。

2. 对比 $E = n\dfrac{\Delta \Phi}{\Delta t}$ 与 $E = Blv\sin\theta$。

表 2-2 $E = n\dfrac{\Delta \Phi}{\Delta t}$ 与 $E = Blv\sin\theta$ 的区别与联系

项目	$E = n\dfrac{\Delta \Phi}{\Delta t}$	$E = Blv\sin\theta$
区别	求的是 Δt 时间内的平均感应电动势，E 与某段时间或某个过程相对应	求的是瞬时感应电动势，E 与某个时刻或某个位置相对应
区别	求的是整个电路的感应电动势，整个电路的感应电动势为零时，其电路中某段导体的感应电动势不一定为零	求的是电路中一部分导体切割磁感线时产生的感应电动势
区别	由于是整个电路的感应电动势，因此电源部分不容易确定	是由一部分导体切割磁感线的运动产生的，该部分就相当于电源
联系	公式 $E = n\dfrac{\Delta \Phi}{\Delta t}$ 和 $E = Blv\sin\theta$ 是统一的，当 $\Delta t \to 0$ 时，E 为瞬时感应电动势，只是由于高中数学知识所限，现在还不能这样求解瞬时感应电动势，而公式 $E = Blv\sin\theta$ 中的 v 若代入 $\bar{v}$，则求出的 E 为平均感应电动势	

【例1】如图 2-5 所示，匀强磁场的磁感应强度 $B = 0.1$ T，矩形线圈的匝数 $n = 100$，边长 $l_{ab} = 0.2$ m，$l_{bc} = 0.5$ m，以角速度 $\omega = 100\pi$ rad/s 绕 OO' 轴匀速转动，当线圈平面从图示位置（与中性面垂直）转过 90°的过程中，试求：

(1) 线圈中的平均感应电动势；
(2) 图示位置的瞬时电动势；
(3) 从图示位置转过 90°时的瞬时电动势。

解：(1) 用 $E = n\dfrac{\Delta \Phi}{\Delta t}$ 计算 $t = 0$ 至 $t = \dfrac{T}{4}$ 过程中的平均电动势：

$$E = n\dfrac{|\Phi_{\frac{\pi}{2}} - \Phi_0|}{\dfrac{T}{4} - 0} = n\dfrac{|0 - BS|}{\dfrac{T}{4}} = \dfrac{4nBS}{\dfrac{2\pi}{\omega}} = \dfrac{2nBS\omega}{\pi}$$

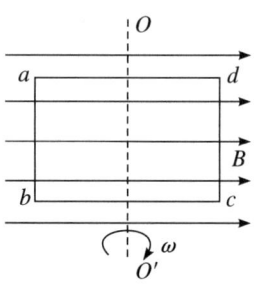

图 2-5

代入数据得 $E = 200$ V。

(2) 线圈经过时间 t 转过角度 $\theta = \omega t$，bc 边和 da 边不切割磁感线，ab 边和 cd 边切割磁感线产生感应电动势，则 $E_{ab} = E_{cd} = nBl_{ab}v\sin(\pi/2 + \omega t)$，其中 $v = \dfrac{\omega l_{ad}}{2} = \dfrac{\omega l_{bc}}{2}$。

依题意有 $E = E_{ab} + E_{cd} = 2E_{ab} = 2nBl_{ab}\dfrac{\omega l_{bc}}{2} = nBS\omega\sin\left(\dfrac{\pi}{2} + \omega t\right)$

图示位置 $t=0$,$E=nBS\omega=100\times0.1\times0.2\times0.5\times100\pi$ V $=314$ V

(3) 从图示位置转过 $90°$ 时,$t=\dfrac{\pi}{2\omega}$,$E=nBS\omega\sin\pi=0$

引申与拓展:对比(2)(3)两问中的 Φ 与 E 图示位置:$\Phi_1=0$;而 E 为最大值,$E_m=nBS\omega$;转过 $90°$ 时:Φ 为最大值,$\Phi_2=BS$;而 $E=0$。

进而可以画出 $\Phi-t$ 图象:$\Phi=BS\sin\omega t$,如图 2-6 甲所示;$E-t$ 图象:$E=nBS\omega\sin(\pi/2+\omega t)$,如图 2-6 乙所示。

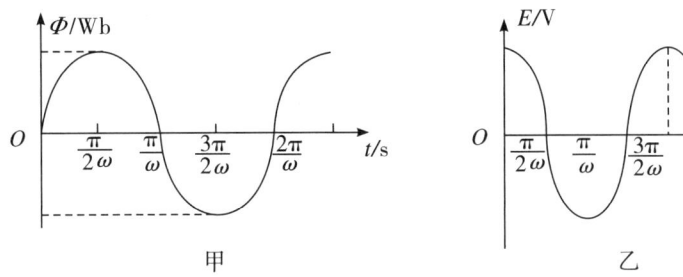

图 2-6

【**例2**】如图 2-7 所示,一导线弯成半径为 a 的半圆形闭合回路,虚线 MN 右侧有磁感应强度为 B 的匀强磁场,方向垂直于回路所在的平面,回路以速度 v 向右匀速进入磁场,直径 CD 始终与 MN 垂直,从 D 点到达边界开始到 C 点进入磁场为止,下列结论正确的是( )

A. 感应电流方向不变

B. CD 段直线始终不受安培力

C. 感应电动势最大值 $E=Bav$

D. 感应电动势平均值 $E=\dfrac{1}{4}\pi Bav$

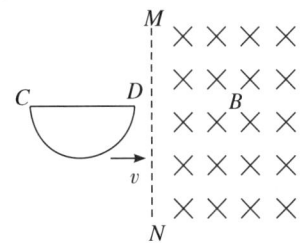

图 2-7

解析:由楞次定律可知,原磁场垂直纸面向里,在线圈进入磁场的过程中,磁通量总是增大,感应电流的磁场方向总与原磁场方向相反,由此知:感应电流始终沿逆时针方向,A 正确。

CD 段有从 D 到 C 的感应电流,在磁场中会受到安培力的作用,由左手定则知:所受安培力竖直向下,B 错误。

感应电动势的瞬时值 $E=Blv$,感应电动势最大值即切割磁感线的有效长度最大时的电动势,故 $E_m=Bav$,C 正确。

感应电动势的平均值 $\bar{E}=\dfrac{\Delta\Phi}{\Delta t}=\dfrac{\Phi_2-\Phi_1}{\Delta t}=\dfrac{B\cdot\dfrac{\pi a^2}{2}-0}{\Delta t}$ 其中 $\Delta t=\dfrac{2a}{v}$ 带入可

得：$E = \frac{1}{4}\pi Bav$，D 正确。

借助本案例对磁通量 Φ、磁通量的变化 $\Delta\Phi$、磁通量的变化率 $\frac{\Delta\Phi}{\Delta t}$ 的对比分析，学生对这几个概念的理解更加清晰透彻，借助 $E = n\frac{\Delta\Phi}{\Delta t}$ 与 $E = Blv\sin\theta$ 的对比分析，学生对平均电动势和瞬时电动势，感生电动势和动生电动势有了清晰的认识与理解，达到准确应用的目的。

"对比法"在学习具有某些相似或相同点的物理知识时很有效，尤其在复习时更能显出它的优越性。在复习教学中，利用对比，求同或求异，帮助学生掌握物理概念的内涵和外延，认识现象的本质，掌握规律的实质、适用范围、使用方法都很有用，同时也可培养学生的思维能力。恰当选用对比方法，定能增强教学效果，起到事半功倍的作用。

案例 2-9

用"分类复习法"对"共点力的平衡"进行新授课后的复习

所谓"分类复习法"，就是根据归纳出的若干类型中的每一种题型，设计若干个题目并对这些题目进行具体分析，找出最佳的解题方法，然后设计出相应的习题供学生练习。

分类复习法的意义：分类复习法有利于培养学生的各种能力，通过对每个知识点的内涵和外延的理解，从不同的方向上分析不同的题型可提高学生的分析能力；通过对不同类型习题的分析，总结出对同一类型习题的解题方法，可培养学生的综合能力；通过对题目的分析和解答可培养学生解决实际问题的能力；通过各种能力的培养，让学生掌握各种物理思想方法，从而提升学生的思维能力，培养思维能力是培养一切能力的核心。

分类复习法应建立在对知识系统复习的基础上，没有系统地掌握知识也就不能归纳出具有代表性的题型，所以分类复习应安排在新授课后进行。

进行分类复习之前，首先教师应充分把握好教学大纲的要求，掌握教材体系，告诉学生即将要复习的知识是哪一部分，这样教师和学生都进行题型分类，或者教师根据学生存在的问题部分分类，最后由老师归纳出若干题型。

分类复习法的注意点：

(1) 归纳出的题型要注意符合高考大纲的要求，切忌研究超纲题型，切忌命制超纲的习题，以免加重学生的负担；

(2) 题型设计要注意从易到难，使学生的分析思维能力逐步提高；

（3）题型要具有代表性，切忌多而杂，把学生思维搞混乱。

总之，通过分类复习，使学生在新授课后的复习中受益匪浅，改变了传统的复习模式，提高了学生的学习兴趣，可以使复习收到事半功倍的效果。

"共点力的平衡"新授课后的复习教育价值：物体的平衡类问题是整个静力学部分的重点，同时也是难点。共点力作用下物体的平衡自然也就是质点力学的重点。多力平衡又是以三力共点平衡为基础的，如果彻底解决了三力共点平衡问题，会为学习动力学奠定扎实的基础，更能为学生将来学习普通物理力学奠定基础，由此可见三力共点平衡问题在高中物理教学中的重要性。

知识目标：

（1）知道什么是共点力作用下物体的平衡状态；掌握共点力的平衡条件。

（2）掌握常用的平衡问题的解法。

一、力的合成法

1. 特别适合三力共点平衡时，运用其中两力之和等于第三个力来列方程求解。

【例】如图 2-8 所示，在倾角为 α 的斜面上，放一质量为 m 的小球，小球被竖直的木板挡住，不计摩擦，则球对挡板的压力是（ ）

A. $mg\cos\alpha$ B. $mg\tan\alpha$ C. $\dfrac{mg}{\cos\alpha}$ D. mg

图 2-8

解析：如图 2-9 所示，小球处于平衡状态，合力为零。F_{N_1} 与 F_{N_2} 的合力一定与 mg 平衡，即等大反向。解三角形可得 $F_{N_1} = mg\tan\alpha$，所以，球对挡板的压力 $F_{N_1}' = F_{N_1} = mg\tan\alpha$，故 B 正确。

2. 图解法求解动态平衡问题。

命题规律：两个力的合力不变，其中一个力的方向不变，讨论另一个力的大小和方向的变化情况，有时也在讨论三力共点平衡的问题时寻找力的变化情况或求极值问题。

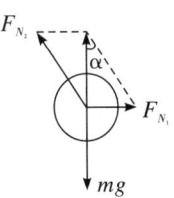

图 2-9

【例1】半圆柱体 P 放在粗糙的水平地面上，其右端有固定放置的竖直挡板 MN。在 P 和 MN 之间放有一个光滑均匀的小圆柱体 Q，整个装置处于静止状态。图 2-10 显示的是这个装置的纵截面图。若用外力使 MN 保持竖直，缓慢地向右移动，在 Q 落到地面以前，发现 P 始终保持静止。在此过程中，下列说法中正确的是（ ）

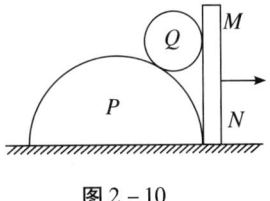

图 2-10

A. MN 对 Q 的弹力逐渐减小
B. 地面对 P 的摩擦力逐渐增大
C. P、Q 间的弹力先减小后增大
D. Q 所受的合力逐渐增大

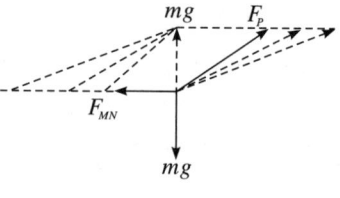

图 2-11

解析：取 Q 为研究对象，Q 受到 mg、F_{MN}、F_P 三个力的作用，若 MN 缓慢向右移动，则 F_{MN} 方向不变，F_P 与竖直方向的夹角增大，动态变化情况如图 2-11 所示，可以判断 F_{MN}、F_P 都变大，所以选项 A、C 错误。由于 Q 受力平衡，合力始终为零，所以选项 D 错误。取 P、Q 整体为研究对象，地面对 P 的摩擦力应与 F_{MN} 平衡，所以地面对 P 的摩擦力逐渐增大，选项 B 正确。

【例2】 如图 2-12 所示，两根等长的绳子 AB 和 BC 吊一重物静止，两根绳子与水平方向夹角均为 $60°$。现保持绳子 AB 与水平方向的夹角不变，将绳子 BC 逐渐缓慢地变化到沿水平方向，在这一过程中，绳子 BC 的拉力变化情况是（　　）

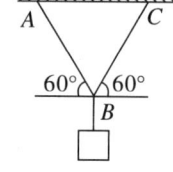

图 2-12

A. 增大　　　　　B. 先减小后增大
C. 减小　　　　　D. 先增大后减小

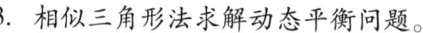

解析：对力的处理（求合力）采用合成法，应用合力为零求解时采用图解法（画动态平行四边形法）。做出力的平行四边形，如图 2-13 所示。由图可看出，F_{BC} 先减小后增大。

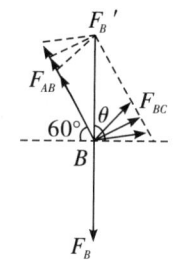

图 2-13

3. 相似三角形法求解动态平衡问题。

命题规律：物体所受三力共点平衡，三力构成的封闭三角形是斜三角形，并且力的三角形与几何三角形相似。本问题常用于考查学生分析问题和观察问题的能力，常以选择题形式出现。

【例1】 一轻杆 BO，其 O 端用光滑铰链铰于固定竖直杆 AO 上，B 端挂一重物，且系一细绳，细绳跨过杆顶 A 处的光滑小滑轮，用力 F 拉住，如图 2-14 所示。现将细绳缓慢往左拉，使杆 BO 与杆 AO 间的夹角 θ 逐渐减小，则在此过程中，拉力 F 及杆 BO 所受压力 F_N 的大小变化情况是（　　）

A. F_N 先减小，后增大
B. F_N 始终不变
C. F 先减小，后增大

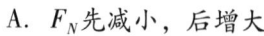

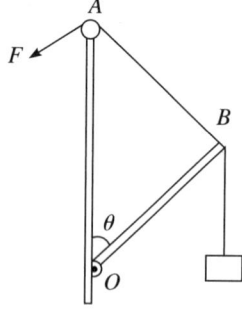

图 2-14

D. F 始终不变

解析：取 BO 杆的 B 端为研究对象，受到绳子拉力（大小为 F）、BO 杆的支持力 F_N 和悬挂重物的绳子的拉力（大小为 G）的作用，将 F_N 与 G 合成，其合力与 F 等值反向，如图 2-15 所示，得到一个力三角形（如图中画斜线部分），此力三角形与几何三角形 OBA 相似，可利用相似三角形对应边成比例这一定律来解。如图 2-15 所示，力三角形与几何三角形 OBA 相似，设 AO 高为 H，BO 长为 L，绳长 AB 为 l，则由对应边成比例可得：$\dfrac{G}{H}=\dfrac{F_N}{L}=\dfrac{F}{l}$，式中 G、H、L 均不变，l 逐渐变小，所以可知 F_N 不变，F 逐渐变小。

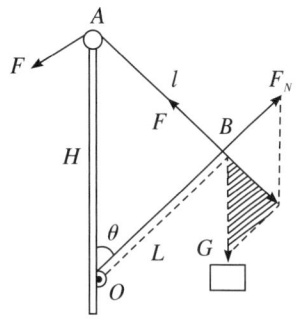

图 2-15

[总结评述] 处理该类动态问题的方法，就是在原来处理平衡问题的基础上，注意分析由于某一个物理量的变化而带来的其他变化，可用图解法，也可以用数学函数讨论法，审题时注意抓住"缓慢"等关键词语。

【例2】如图 2-16 所示，固定在水平面上的光滑半球，球心 O 的正上方固定一个小定滑轮，细绳的一端拴一个小球，小球置于半球面上的 A 点，另一端绕过定滑轮。现缓慢拉绳使小球从 A 点滑向半球顶点（未到顶点），则此过程中，小球对半球的压力 F_N 大小及细绳的拉力 F_T 大小的变化情况是（　　）

A. F_N 变大 B. F_T 变大
C. F_N 不变 D. F_T 变小

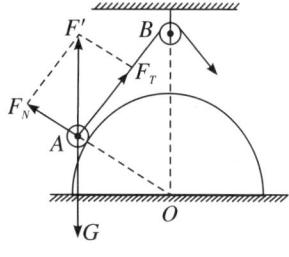

图 2-16

解析：对 A 进行受力分析，力三角形 $AF'F_N$ 与几何三角形 OBA 相似，由相似三角形对应边成比例，解得 F_N 不变，F_T 变小。应选 CD。

二、正交分解法

正交分解法是解决共点力平衡问题的一般方法，应用正交分解法一般应注意以下几点：

该方法不受研究对象、所受外力多少的限制。

关于坐标轴的选取，原则上是任意的，也就是说选择不同的坐标轴并不影响运算的结果。但具体应用时又以解题方便的坐标系为最佳选择，例如在静力学问题中一般选含外力多的方向为一个坐标轴的方向，而在动力学问题中一般选加速度或初速度方向为一个坐标轴的方向。

【例1】如图2-17所示，在倾角为α的斜面上，放一质量为m的小球，小球被竖直的木板挡住，不计摩擦，则球对挡板的压力是（　　）

A. $mg\cos \alpha$　　　　　　B. $mg\tan \alpha$

C. $\dfrac{mg}{\cos \alpha}$　　　　　　D. $mg\sin \alpha$

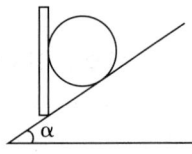

图2-17

解析：正交分解法对小球受力分析如图2-18所示，小球静止，处于平衡状态，沿水平和竖直方向建立坐标系，将F_{N_2}正交分解，列平衡方程为$F_{N_1} = F_{N_2}\sin \alpha$，$mg = F_{N_2}\cos \alpha$。

因此，球对挡板的压力$F_{N_1}' = F_{N_1} = mg\tan \alpha$，所以B正确。

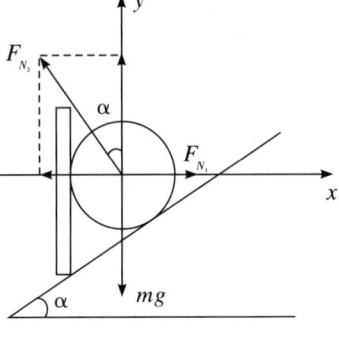

图2-18

【例2】如图2-19所示，物体质量为m，靠在粗糙的竖直墙上，物体与墙间的动摩擦因数为μ，要使物体沿墙匀速滑动，则外力F的大小可能是（　　）

A. $\dfrac{mg}{\sin \theta}$　　　　　　B. $\dfrac{mg}{\sin \theta - \cos \theta}$

C. $\dfrac{mg}{\cos \theta - \sin \theta}$　　　　D. $\dfrac{mg}{\cos \theta - \sin \theta}$

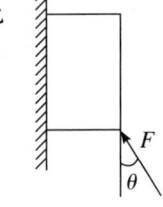

图2-19

解析：当物体向上匀速滑动时，对m进行受力分析并正交分解，则有$F\cos \theta = mg + f$，$F\sin \theta = F_N$，$f = \mu F_N$，解之得$F = \dfrac{mg}{\cos \theta - \sin \theta}$，故选项C正确。当物体$m$向下匀速滑动时，摩擦力$f$向上，同理可得$F = \dfrac{mg}{\cos \theta - \sin \theta}$，故选项D正确。

三、整体法和隔离法

分析两个或两个以上物体的受力情况或系统内部分物体间的相互作用时，常采用整体法或隔离法分析，这两种方法解题灵活准确，一般适用于解选择题或力学综合题。

【例1】如图2-20所示，质量为M的直角三棱柱A放在水平地面上，三棱柱的斜面是光滑的，且斜面倾角为θ。质量为m的光滑球放在三棱柱和光滑竖直墙壁之间，A和B都处于静止状态，求地面对三棱柱的支持力和摩

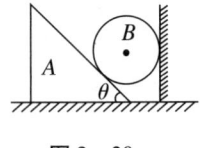

图2-20

擦力。

解析：选取 A 和 B 整体为研究对象，它受到重力 $(M+m)g$、地面支持力 F_N、墙壁的弹力 F 和地面的摩擦力 F_f 的作用，如图 2-21 所示，处于平衡状态。根据平衡条件有：

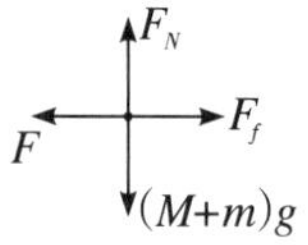

$$F_N-(M+m)g=0,\quad F=F_f$$

可得 $F_N=(M+m)g$

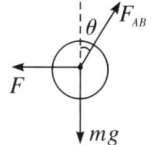

图 2-21

再以 B 为研究对象，它受到重力 mg，三棱柱对它的支持力 F_{AB}，墙壁对它的弹力 F 的作用，如图 2-22 所示，处于平衡状态。根据平衡条件有：

竖直方向上：$F_{AB}\cos\theta=mg$

水平方向上：$F_{AB}\sin\theta=F$

解得 $F=mg\tan\theta$，所以 $F_f=F=mg\tan\theta$。

图 2-22

[总结评述] 解答此题时应注意把握以下三点：

（1）整体分析受力，利用竖直方向平衡条件分析地面对三棱柱的支持力。

（2）利用水平方向平衡条件分析地面对三棱柱的摩擦力与墙对球 B 的弹力关系。

（3）隔离 B 球进行受力分析，利用平衡条件求出墙对球 B 的弹力。

【例2】如图 2-23 所示，桌面上固定一个光滑的竖直挡板，现将一个质量一定的重球 A 与截面为三角形的垫块 B 叠放在一起，用水平外力 F 可以缓缓向左推动 B，使球缓慢升高，假设各接触面均光滑，则该过程中（　　）

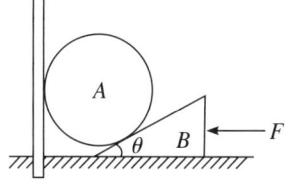

A. A 和 B 均受三个力作用而平衡

B. B 对桌面的压力越来越大

C. A 对 B 的压力越来越小

D. 推力 F 的大小恒定不变

图 2-23

解析：分析 A、B 整体受力如图 2-24 甲所示，由平衡条件可得：$F_{N_B}=(m_A+m_B)g$ 不随球的升高而改变，故 B 错误；分析球 A 受力如图 2-24 乙所示，由平衡条件可得，$F_{N_{AB}}=mg/\cos\theta$，$F_{N_A}=mg\tan\theta$，并不随球的升高而改变，故缓慢推动 B 的过程中 F 也不变，C 错误，D 正确；垫块 B 受支持力、压力、重力、推力 F 四个力作用，A 错误。

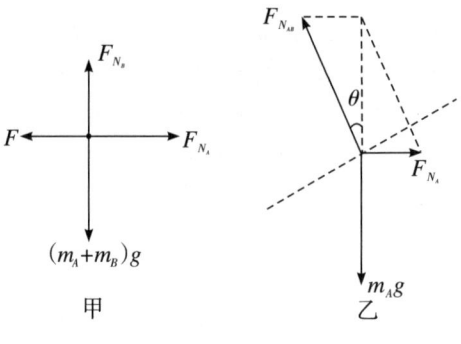

图 2-24

答案：D

本案例是分类法的典型应用，通过对力的平衡方法的分类列举和三力平衡问题的分析解答，使学生掌握常用的解决平衡问题的方法，对某种平衡问题对应的解法清楚明白，进一步认清相关物理概念和规律，从而达到熟练应用的效果。让学生在分类思考、对比方法的同时进一步培养抽象思维、体会严密的逻辑推理过程。

案例 2-10

运用"归纳法"对"功"的课后复习——摩擦力的功和一对相互作用力的功

物理概念和物理规律大都是从客观事实和物理实验中总结出来的。我们在认识物理事物时，往往是从具体的、个别的物理事实开始，然后从中概括出物理概念。对于一些物理表象总是先见到一个个的物理现象的变化，从这些个别物理现象的变化中，去总结其中存在的普遍规律，进而得到物理科学规律。有了一些个别的物理事实、特殊的物理现象，也就有了一些具体的感性认识，从中去获得一般概念、普遍规律，而这需要人脑进行思维加工过程，在这一思维加工过程中，"归纳法"起到了重要作用。

归纳法，广义地说，是从许多同类的个别事物中找出它们共同点的方法。它既包括从个别判断、特殊判断推出全面判断的推理方法；也包括从实验观察的经验材料、实验记录出发，从而得到理论原理的方法。狭义地说，归纳法就是归纳推理的简称。一般来说，凡属于从个别到一般的思维方法和研究方法，均称为归纳法。在物理教材中，大部分物理概念和物理规律都是应用归纳法得到的。下面是运用归纳法对"功"的课后复习教学案例的展示。

【教学目标】

1. 知识与技能。

(1) 复习巩固某一个力所做功的求解方法，正功、负功以及不做功的物理含义，形成知识网络。

(2) 通过习题演练，使学生学会复习，进而熟练掌握求功的有关计算。

(3) 在大量实例的基础上，总结归纳出摩擦力做功和一对相互作用力做功的特点。

2. 过程与方法。

(1) 通过自主总结，使学生学会构建知识网络的方法。

(2) 通过课堂教师引导和学生活动，使学生逐步形成自主学习的习惯和具备一定的自主学习能力。

3. 情感态度与价值观。

(1) 总结归纳，加深学生对知识间联系的理解，培养知识的运用能力及发散性思维。

(2) 培养学生运用基本知识解决实际问题的能力。

(3) 通过对个别实例的分析，培养学生总结归纳问题的能力。

【教学重点】

力做功的求解方法。

【教学难点】

摩擦力做功的特点、一对相互作用力做功的特点。

【教学策略设计】

本节新授课后的习题课，更注重知识的广度与延伸。通过教师有效的教法，设问引导学生，让学生亲历物理知识点的归纳过程。

在教学方法和手段上，综合应用讲授、总结归纳和讨论等多种方法，并辅以多媒体等手段，把教学过程设计成以学生对问题的习惯性理解为切入点、以实例说明和已有知识为基础、以问题为主线的师生对话交流的过程。

在学法上，让学生尝试自己通过习题演练、分析概括，得出结论；学生在复习已学知识的基础上，熟练某一个力做功的求解方法，进而总结归纳，上升为结论，并从中领会物理学的研究方法。

【教学用具】

多媒体教学课件、投影仪、讲义、导学案、大小木块各一个，两个绑上磁体的小车。

【教学方法】

自主学习法、讨论交流展示法、习题巩固法。

【教学过程设计】
一、知识回顾，引入课题

复习引入：上节课我们学习了功的公式和求解某一个力做功的思路和方法。

1. 请学生回答。

(1) 功的公式：$W = Fs\cos\alpha$。

(2) 求解功的思路和方法，即：

①求力：必须明确求解哪一个力对物体做功。

②找位移：位移的确定必须事先定好参考系，在高中物理中我们往往以地面为参考系，所以说，位移一定是物体相对于地面的位移。

③定夹角：确定力 F 和位移 s 之间的夹角 α 后（力向位移方向旋转所转过的角度），求功就很容易了。

2. 教师活动。

帮助学生梳理知识点，并提问引出复习课题：

(1) 摩擦力一定做负功吗？

(2) 一对相互作用力对物体做的功一定相等吗？

3. 学生活动。

思考并举例说明你所认为的摩擦力做功和一对相互作用力做功时关于上述问题的情况。

设计意图：通过回顾知识点，帮助学生梳理求功的具体方法和思路，进而以提问的形式来引出复习巩固课的目标。

二、新课进行

1. 摩擦力做功特点探讨。

【例1】如图 2-25 所示，B 物体在拉力 F 的作用下向左运动，在运动过程中，A、B 之间有相互作用的摩擦力，则对摩擦力做功的情况，下列说法中正确的是（　　）

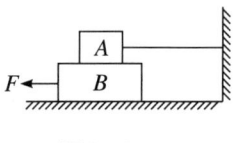

图 2-25

A. A、B 都克服摩擦力做功

B. 摩擦力对 A 不做功

C. 摩擦力对 B 做负功

D. 摩擦力对 A、B 都不做功

教师活动：引导学生回顾。

(1) 求解某一个力所做功的方法：$W = Fs\cos\alpha$。

(2) 求功三要素：求力、找位移、定夹角。

学生活动：回顾→思考→回答。

设计意图：启发学生思维，让学生大胆说出自己的想法。

①先进行受力分析（如图2-26所示）。

②物体A在F_{f_2}作用下没有位移，所以摩擦力对A不做功，对物体B，F_{f_1}与位移夹角为$180°$，做负功。

答案：BC

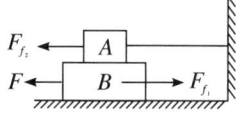

图2-26

【归纳总结，引出问题】

可见，摩擦力不仅可以做负功，还可以不做功。那么，摩擦力会不会做正功呢？我们再来看一道题。

【例2】质量为M的木板放在光滑的水平面上，一个质量为m的滑块以某一速度沿木板表面从A点滑至B点，在木板上前进了L，而木板前进l，如图2-27所示。若滑块与木板间的动摩擦因数为μ，则摩擦力对滑块、对木板做功各为多少？摩擦力做的总功为多少？

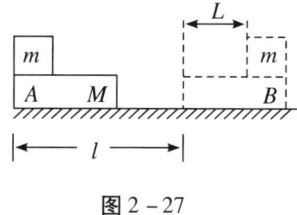

图2-27

教师活动：引导学生熟练应用公式$W=Fs\cos\alpha$来求解摩擦力所做的功。

（1）求摩擦力→找对应位移→定力与位移间的夹角→用公式求功。

（2）利用公式求解：$W_总=W_1+W_2$。

学生活动：理解→记忆→思考→分析→回答。

设计意图：由浅入深，层层递进。引导学生动脑思考：滑块所受摩擦力$F_f=\mu mg$，位移为$l+L$，且摩擦力与位移方向相反，故摩擦力对滑块做的功为：$W_1=-\mu mg(l+L)$，木板受的摩擦力$F_{f'}=\mu mg$，方向与其位移l方向相同，故摩擦力对木板做的功：$W_2=\mu mgl$，摩擦力做的总功$W=W_1+W_2=-\mu mgL$。

【总结规律】

教师：由例2可知，摩擦力还可以做正功！

知识延伸应用：请同学们讨论图2-28所示装置中下列情况下静摩擦力的做功情况。

（1）在F的作用下，A、B一起加速向左运动，B对A的静摩擦力对A做什么功？同时，A对B的静摩擦力对B做什么功？这一对摩擦力做功之和为多少？

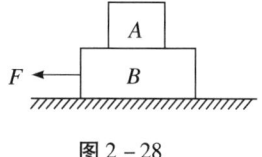

图2-28

（2）若F作用在A上，且A、B都静止，A、B间静摩擦力做什么功？这一对摩擦力做功之和为多少？

答案：（1）正、负、零。（2）零、零、零。

结论：物体之间的静摩擦力可以对其中一个物体做正功，也可以做负功,甚至不做功。关键看物体受到的静摩擦力与它运动方向的关系。与滑动摩擦力做功所不同的是,一对静摩擦力对两物体所做的总功为零。这是因为物体间的静摩擦力总是大小相等、方向相反,而它们运动时相对于地面的位移是相同的,所以,它们之间的静摩擦力若做功时,必定对一个做正功,对另一个做等量的负功又或者静摩擦力对两物体都不做功。

总结摩擦力做功的特点:
①滑动摩擦力和静摩擦力都可以对物体不做功。
②滑动摩擦力和静摩擦力都可以对物体做负功。
③滑动摩擦力和静摩擦力都可以对物体做正功。

引导学生概括总结,并板书结论。

设计意图:让学生通过类比应用,形成自己的归纳能力。

引入下一个问题的研究:由例1、例2,我们还可得出一对相互作用力做功的特点。

例1:一个力做负功,其反作用力不做功。

例2:一个力做正功(负功),其反作用力做负功(正功),且大小并不一定相等。

那么,一对相互作用力做功还有没有其他可能的情形呢?

2. 作用力与反作用力做功的特点探究。

教师活动:提示学生作用力、反作用力做功的特点。

(1) 作用力与反作用力特点:大小相等、方向相反,但作用在不同物体上。

(2) 作用力、反作用力作用下的物体的运动特点:可能向相反方向运动,也可能向相同方向运动,也可能一个运动而另一个静止,还可能两物体都静止。

(3) 由 $W = Fl\cos\alpha$ 可以判断,作用力与反作用力的功的特点是:没有必然关系,即不一定是一正一负,绝对值也不一定相等。

学生活动:互相讨论,交流想法。

【应用举例】一个力做正功,其反作用力不做功。

【例1】如图2-29所示,冰场上的一名运动员站在竖直的墙壁前,用手推一下墙壁,运动员会向后滑去。在运动员手推墙壁这一过程中,墙对人的作用力使人由静止变为运动。

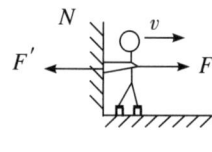

图2-29

提问:
(1) 墙对人的力 F 做什么功?
(2) 人对墙的作用力 F' 做什么功?

学生活动：思考→回答。

由动能定理 $W_F = \Delta E_k$ 知，F 对人做了正功，使人的动能增加。但是人对墙的作用力 F' 却没有使墙运动，所以 F' 没有对墙做功，即 $W_F' = 0$。

教师活动：归纳总结。

设计意图：进一步厘清思路，作用力与反作用力做的功没有一定的关系。根据做功的两个因素可知，虽然作用力与反作用力大小相等，但这两个力作用在两个物体上，而这两个物体在相同时间内运动的情况是由这两个物体所受的合力、物体的质量以及物体的初始条件这三个因素决定的。

【实验探究，分组讨论】一个力做正功（负功），其反作用力做负功（正功）。

【例2】如图2-30所示，将一个质量为 m 的物体放在质量为 M 的粗糙的长木板上，用外力 F 拉动小物体，使小物体 m 在长木板上滑动，M 在 m 的作用下也向前运动。

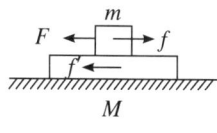

图 2-30

教师活动：利用相关的实验辅助教学，引导学生思维，做到形象具体。同时要注意做到点到即止，留有思考空间。

学生活动：思考，先分组讨论，再分析解答。

在此过程中，m 对 M 的滑动摩擦力 f 的方向与长木板的运动方向相同，所以 f 对 M 做正功。f 的反作用力 f' 是 M 对 m 的水平向后的滑动摩擦力，方向与 m 的运动方向相反，所以 f' 对 m 做负功。

【实验探究，分组讨论】作用力和反作用力都做正功。

【例3】如图2-31所示，在两个小车上固定两块强力的磁铁，让磁铁的N极（S极）相对靠近放在光滑的水平桌面上。撤去外力后我们会发现两辆小车迅速向两边分开。

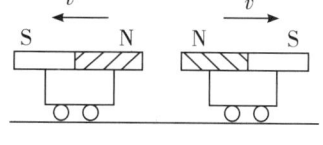

图 2-31

教师活动：教师启发，引导学生分析，激发学生兴趣。

学生总结：在小车分开的过程中，由于磁极间磁力的相互作用使两个小车都获得了动能，此过程中磁力对两个小车都做了正功。

【实验探究，分组讨论】作用力和反作用力都做负功。

【例4】如图2-32所示，将一个质量为 m 的物体放在质量为 M 的粗糙的长木板上，同时用两个相同的外力 F 拉动两物体，使小物体 m 在长木板上相对滑动，M 和 m 分别向两边运动。

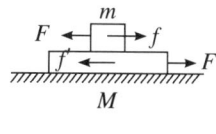

图 2-32

教师活动：利用相关的实验辅助教学，引导学生思维，做到形象具体，激发学生再思考。

学生总结：在此过程中，m 对 M 的滑动摩擦力 f 的方向与长木板的运动方向相反，所以 f 对 M 做负功。f 的反作用力 f' 是 M 对 m 的水平向后的滑动摩擦力，方向与 m 的运动方向相反，所以 f' 对 m 做负功。

教师活动：教师从一对相互作用力做功的本质上来解释说明：两个物体在相互作用力方向上的位移没有必然联系，当相互作用的两个物体的位移大小相等时，作用力与反作用力做功的绝对值相等；当相互作用的两个物体的位移大小不等时，作用力与反作用力做功的绝对值就不相等，因此作用力与反作用力所做功的数值就没有一定的联系。

【学生自主总结】

作用力、反作用力做功的特点：

(1) 作用力与反作用力可以同时对物体不做功。

(2) 作用力与反作用力可以一个对物体做正功，另一个对物体做负功。

(2) 作用力与反作用力可以同时对物体做负功。

(3) 作用力与反作用力可以同时对物体做正功。

(4) 作用力与反作用力甚至可以一个对物体做正功，另一个对物体不做功；或者一个对物体做负功，另一个对物体不做功。

【教师板书总结】略。

设计意图：让学生在演练习题的过程中，构建一定的知识网络，同时掌握归纳总结的学习方法。

三、课堂小结

1. 摩擦力做功的特点。

(1) 滑动摩擦力和静摩擦力都可以对物体不做功。

(2) 滑动摩擦力和静摩擦力都可以对物体做负功。

(3) 滑动摩擦力和静摩擦力都可以对物体做正功。

2. 作用力、反作用力做功的特点。

(1) 作用力与反作用力可以同时对物体不做功。

(2) 作用力与反作用力可以一个对物体做正功，另一个对物体做负功。

(2) 作用力与反作用力可以同时对物体做负功。

(3) 作用力与反作用力可以同时对物体做正功。

(4) 作用力与反作用力甚至可以一个对物体做正功，另一个对物体不做功；或者一个对物体做负功，另一个对物体不做功。

四、作业（略）

总的说来，本案例是归纳法的应用，通过对功的复习，使用有一定阶梯性的例题和习题，注意启发性和典型性，层层深入，逐渐归纳出一对相互作用力的功以及摩擦力做功的特点，努力使学生从"题海"中摆脱出来，使复习效率最大化。

案例 2-11

运用"归纳法"复习"用牛顿运动定律解决问题（一）"

【本案例复习教学设计理念】

本节课是学习牛顿运动定律后解决动力学问题的实际应用，这对于刚进入高中阶段的学生来说存在一定的思维障碍，通常按照从受力情况确定运动情况和从运动情况确定受力情况两条主线展开教学。教学的重点在于让学生认识到牛顿运动定律处理动力学问题的桥梁作用；教学的难点在于让学生在分析问题的过程中学习一些具体有效的方法，例如如何建立恰当的坐标系等。

在新的课程理念提倡"以学生为本""倡导学习的自主性、探究性、合作性，让学生主动参与学习"的背景下，本节课通过自主研习、合作交流、点评提升、反馈评价 4 个环节，将课堂变为学堂，让学生主动参与学习，体会科学的思维方法、科学的解题思路，从而将新课程理念落到实处，使课堂真正成为有效教学的场所。

本案例针对"牛顿运动定律解决问题（一）"复习课型而编写，在编写过程中着重基本知识和基本技能的训练；图形和表达式的结合；规范解题的训练，以学生自主学习为主体，通过教师答疑点拨引导和课堂检测练习等实现高效课堂。

【案例亮点】

（1）设置复习导读，有利于学生自主学习。

（2）在复习导读中绘制知识框图，能够明确应用牛顿定律解决两类基本问题的基本思路。

（3）每道例题后设置巩固联系，及时应用所学内容；例题、巩固训练采取同题异构，在保证容量的同时降低难度，有利于构建高效课堂。

（4）在例题后设置相应问题，引导学生高效思考。

【背景介绍】

有效教学是新课程的基本理念，其核心是讲求教学效益，教会学生如何高效地学习。课堂是学生学习的主阵地，有效教学的关键是实现高效课堂。为此，在教学实践中应用了"四步一法"教学模式。"四步"即：明确目标，自主研习，点拨引导，检测反馈；"一法"即反思纠错学习法。每课以"学案"为先导，以学生自主学习为主体，通过教师答疑点拨引导和课堂检测练习等实现高效课堂。

【教学目标定位】

1. 知识与技能。

(1) 理解并应用牛顿运动定律解答两类动力学问题的基本思路和方法。

(2) 会应用牛顿运动定律并能结合运动学知识求解比较复杂的两类问题。

2. 过程与方法。

培养学生的分析推理能力。

3. 情感、态度与价值观。

培养学生形成积极思维、规范解题的良好习惯。

【学习重点】应用牛顿定律解题的一般步骤。

【学习难点】两类动力学问题的解题思路。

【教学过程设计】

一、复习导读

本节的主要内容是在对物体进行受力分析的基础上，应用牛顿运动定律和运动学的知识来分析解决物体在几个力作用下的运动问题。

(1) 根据物体的受力情况（已知或分析得出）确定物体的运动情况（求任意时刻的速度、位移等）。其解题的基本思路是：利用牛顿第二定律 $F = ma$ 求出物体的加速度 a；再利用运动学的有关公式（$v = v_0 + at$，$x = v_0 t + \frac{1}{2} at^2$，$v^2 - v_0^2 = 2ax$ 等）求出速度 v 和位移 x 等物理量。

(2) 根据物体的运动情况（已知）确定物体的受力情况。其解题基本思路是：分析清楚物体的运动情况（性质、已知条件等），选用运动学公式求出物体的加速度，再利用牛顿第二定律求力。

(3) 无论哪类问题，正确理解题意、把握条件、分清过程是解题的前提，正确分析物体受力情况和运动情况是解题的关键，加速度始终是联系运动和力的桥梁。可画方框图如图 2-33：

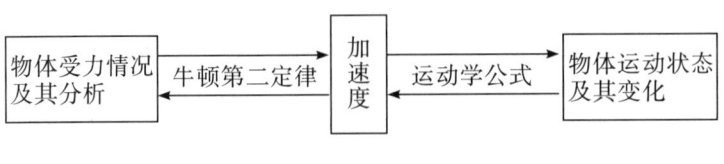

图 2-33

（4）把动力学问题分成上述两类基本问题有重要的实际意义。已知物体受力情况，就可以根据牛顿运动定律来确定其运动情况，从而对物体的运动做出明确预见。如指挥宇宙飞船飞行的科技工作者可以根据飞船的受力情况确定飞船在任意时刻的速度和位置。而已知物体运动情况确定物体受力情况则包含探索性的应用。如牛顿根据天文观测积累的月球运动资料，发现了万有引力定律就属于这种探索。

二、课前自主复习

1. 牛顿第一定律说明的问题：力不是_____；力是_____。

2. 惯性。

（1）惯性是物体的固有属性，与物体的运动状态、所处位置无关。

（2）_____是描述物体惯性大小的唯一量度。

3. 牛顿第二定律表达式：_____；公式中各物理量的含义？（五个关系：因果，瞬时，矢量，同体，数值）

4. 牛顿第三定律：作用力与反作用力的关系及两者与平衡力的异同？

三、典型例题分析、练习

（一）已知物体的受力情况，求解物体的运动情况

【例】质量 $m = 2$ kg 的物体静止在光滑的水平地面上，现对物体施加大小 $F = 10$ N 与水平方向夹角 $\theta = 37°$ 的斜向上的拉力，使物体向右做匀加速直线运动。已知 $\sin 37° = 0.6$，$\cos 37° = 0.8$，取 $g = 10$ m/s^2，求物体 5 s 末的速度及 5 s 内的位移。

思考：（1）本题属于哪一类动力学问题？

已知物体的受力情况，求解物体的运动情况。

（2）物体受到那些力的作用？这些力关系如何？

引导学生正确分析物体的受力情况，并画出物体受力示意图。

（3）判定物体做什么运动。

物体原来是静止的，初速度 $v_0 = 0$，在恒定的合力作用下产生恒定的加速度，所以物体做初速度为零的匀加速直线运动。

1. 引导学生正确写出本题的解题过程。

解：设向右为正方向，以物体为研究对象，物体受3个力，受力示意图如图 2-34 所示。其中 F_1 是力 F 沿水平方向的分力，$F_1 = F\cos\theta = 10 \times \cos 37°$ N $= 8$ N。

小车由静止开始加速度前进，在此过程中：

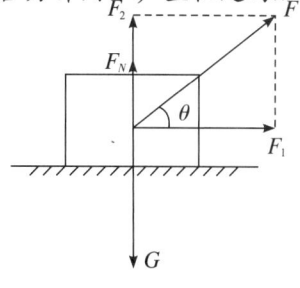

图 2-34

水平方向：$F_合 = F_1 = 8$ N

由牛顿第二定律：$F_合 = ma$ 得

$$a = \frac{F_合}{m} = \frac{8}{2} \text{ m/s}^2 = 4 \text{ m/s}^2$$

第 5 s 末的速度由运动学公式有：$v_t = v_0 + at = 4 \times 5$ m/s $= 20$ m/s。

5 s 内的位移由运动学公式有：$s = v_0 t + \frac{1}{2} at^2 = \frac{1}{2} \times 4 \times 5^2$ m $= 50$ m。

第 5 s 末的速度为 20 m/s，5 s 内的位移为 50 m。

2. 归纳处理第一类问题的基本方法（先由学生归纳，然后再进行总结）。

(1) 对物体进行受力分析并画出示意图。

(2) 求出合力，利用牛顿第二定律求出物体的加速度。

(3) 利用运动学公式确定物体的运动情况。

[巩固练习 1] 如图 2 - 35 所示，质量 $m = 2$ kg 的物体静止在水平地面上，物体与水平面的滑动摩擦因数 $\mu = 0.25$。现对物体施加大小 $F = 10$ N 与水平方向夹角 $\theta = 37°$ 的斜向上的拉力，使物体向右做匀加速直线运动。已知 $\sin 37° = 0.6$，$\cos 37° = 0.8$，取 $g = 10$ m/s²，求物体第 5 s 末的速度及 5 s 内的位移。

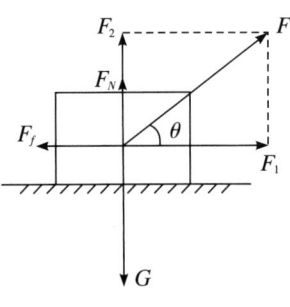

图 2 - 35

解：略。

总之，根据牛顿第二定律从物体的受力情况确定运动情况，在实际中有重要的应用。指挥宇宙飞船飞行的科学工作者，根据飞船的受力情况可以确定飞船在任意时刻的速度和位置。他们解决问题的思路和我们在前面讲的一样，只是计算很复杂，要用电子计算机进行计算。

(二) 已知物体的运动情况，确定物体的受力情况

【例】如图 2 - 36 所示，质量 $m = 2$ kg 的物体静止在光滑的水平地面上，现对物体施加与水平方向夹角 $\theta = 37°$ 的斜向上的拉力 F 作用，使物体向右做匀加速直线运动。已知 $\sin 37° = 0.6$，$\cos 37° = 0.8$，取 $g = 10$ m/s²，第 5 s 末的速度为 20 m/s，求拉力 F 的大小。

思考：(1) 本题属于哪一类动力学问题？（已知物体的运动情况，求解物体的受力情况）

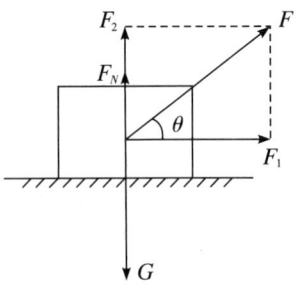

图 2 - 36

(2) 判定物体应做什么运动。(物体原来是静止的,初速度 $v_0 = 0$,在恒定的合力作用下产生恒定的加速度,所以物体做初速度为零的匀加速直线运动)

(1) 引导学生正确写出本题的解题过程。解:略。

(2) 归纳处理第二类问题的基本方法:(先由学生归纳,然后再进行总结)

①根据物体的运动情况对物体运用运动学公式求出加速度。

②对物体进行受力分析并画出力的示意图。

③根据牛顿第二定律求出合力。

④结合物体受力分析求出所求受力情况。

[巩固练习 2] 如图 2-37 所示,质量 $m = 2$ kg 的物体静止在水平地面上,物体与水平面的滑动摩擦因数 $\mu = 0.25$。现对物体施加与水平方向夹角 $\theta = 37°$ 的斜向上的拉力 F 的作用,使物体向右做匀加速直线运动。已知 $\sin 37° = 0.6$,$\cos 37° = 0.8$,取 $g = 10 \text{ m/s}^2$,5 s 内的位移为 28.125 m,求力 F 的大小。

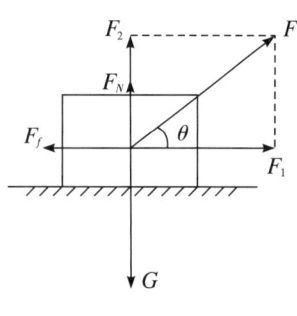

图 2-37

解:略。

在实际问题中,常常需要从物体的运动情况来确定未知力,例如,知道了列车的运动情况,根据牛顿运动定律可以确定机车的牵引力。又如,根据天文观测知道了月球的运动情况,就可以求出地球对月球的引力。再如,牛顿从苹果落地联想到物体间相互作用的引力并进而发现了万有引力。

本案例是归纳法的具体应用,通过对已知条件的分析,逐步归纳出牛顿第二定律的应用的两类基本问题——已知运动求力和已知力求运动,并且通过对比整理,归纳出运用牛顿运动定律解题的方法步骤。

案例 2-12

运用多媒体演示进行"平抛运动"的课后复习

【"平抛运动"课后复习的教育价值】

"平抛运动"是人教版《物理(必修 2)》"抛体运动"的核心内容,也是整个曲线运动知识的重要内容之一。研究平抛运动的方法是曲线运动中典型的解决问题的方法,对类平抛运动也同样适用,如解决"带电粒子在电场中的偏转运动"。"平抛运动"在《普通高中物理课程标准》中的内容为

"会用运动合成与分解的方法分析抛体运动"。平抛运动是运动合成与分解方法的实例应用,是学习直线运动到学习曲线运动的一个转折点。教科书中设置了多种形式的科学探究活动,旨在让学生用科学探究的方法尝试来研究物理问题,验证物理规律,从而培养学生的动手能力、逻辑思维能力,以及与同学交流、合作的学习态度,同时也能激发学生的创新意识,有利于学生科学素养的培养。

作为学生接触的第一种曲线运动,平抛运动过程中物体的受力分析、运动方向的变化以及运动轨迹都极容易使学生产生困惑。虽然教师讲解时可以辅以演示实验帮助说明平抛物体运动的特点和原理,但是演示实验的瞬时性和不可再现性,往往不利于演示目标的实现。因而,平抛运动成为高中物理教学中的一个难点。

为解决以上问题,我们设计开发了"平抛物体运动"多媒体CAI课件系统。该课件能够克服传统演示实验中初速度、位移等物理量不易确定,实验现象稍纵即逝的缺点,把抽象的内容直观化、复杂的原理具体化、短暂的现象再现化,从而帮助教师提高教学的效率和效果。

【教学目标】

1. 知识与技能。

(1) 平抛运动的分解(等效性)。

(2) 平抛运动的位移(矢量性)。

(3) 平抛运动的速度(矢量性)。

(4) 平抛运动的时间(等时性)。

2. 过程与方法。

(1) 通过教师设问,学生自主总结,把平抛运动的知识结构化、网络化。

(2) 通过知识迁移,把处理曲线运动的常用方法(合成与分解)运用到平抛运动,体会化繁为简、化曲为直的物理研究方法。

3. 情感态度与价值观。

(1) 结合生活实际,培养学生爱生活、爱科学的态度和世界观。

(2) 通过实例分析,培养学生总结归纳、解决物理问题的能力。

【教学重点】

用两个分运动来求解平抛运动的方法。

【教学难点】

平抛运动的合运动与分运动的速度关系和位移关系。

【教学策略设计】

复习课不同于新授课,教学目标有所不同,不在于知识的形成过程和解析，而在于对该知识的归纳、方法的总结及能力的提高。

教师的关键在于精选例题，做到题目有针对性和典型性，达到巩固和提高的双重效果。

学生的重点在于体会和参与。通过复习课，让学生对知识的理解由模糊到清晰、由粗略到精确，对分析和解决问题的能力从无到有、从低到高，逐步达到教学大纲和高考的要求。

常言道："功夫在课外。"作为教师应把课备得详细，把课上得简单。

【教学用具】

多媒体教学课件、导学案讲义。

【教学方法】

自主归纳法、讨论交流法、习题讲练法。

【教学过程设计】

一、引入课题（略）

二、课堂授课

（一）平抛运动的分解

平抛运动可以看成是水平方向的_____运动和竖直方向的_____运动的合成。

教师活动：提出问题，引导分析。

学生活动：回顾填空，思考讨论，回答习题。

【例】如图 2-38 所示，一轰炸机沿水平方向做匀速直线运动，从飞机上每隔一秒钟释放一个炸弹，则下列说法正确的是（　　）

A. 任意时刻炸弹在空中均排列成抛物线

B. 两炸弹在空中之间的距离随时间的增加而增大

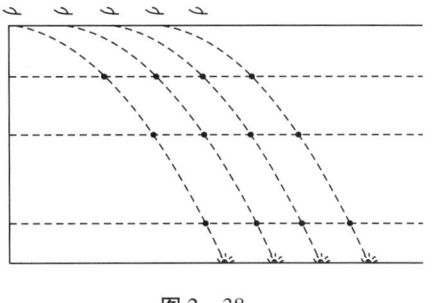

图 2-38

C. 各炸弹落地的时间间隔相等

D. 炸弹落地（地面水平）时形成的弹坑间距相等

请同学们讨论后发言，并阐述做出判断的依据。

答案：BCD

演示 CAI 课件：

①飞机水平飞行投下 1 个炸弹：显示平抛轨迹（注意观察铁球落地前总在飞机正下方）。

②飞机每隔 1 s 投下 1 个炸弹：显示各自的平抛轨迹。

［巩固练习1］为了研究平抛物体的运动，我们做如下实验：如图2-39所示，A、B两球处于同一高度处静止。用锤打击弹性金属片，A球就沿水平方向飞出，同时B球被松开做自由落体运动，观察到两球同时落地。这个实验现象说明（　　）

A. 小球在水平方向做匀速运动

B. 小球在竖直方向做自由落体运动

C. 能同时说明上述两条规律

D. 不能说明上述规律中的任何一条

先让学生作答，再分析原因。

答案：B

在探究平抛运动的规律的实验中，同时让A球做平抛运动、B球做自由落体运动，若两小球同时落地，则说明平抛运动竖直方向是自由落体运动，而不能说明A球水平方向的运动性质。

继续思考问题：如果要说明A球在水平方向的运动性质，应通过怎样的实验对比？

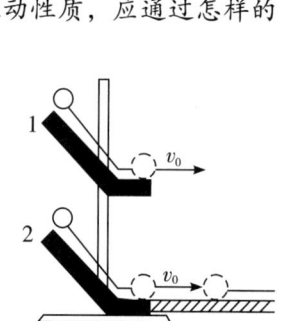

图2-40

如图2-40所示的实验：将两个完全相同的小钢球，从斜面的同一高度由静止同时释放，滑道2与光滑水平地板吻接，当观察到球1落到光滑水平板上并击中球2的现象时，说明平抛运动在水平方向上做匀速直线运动。

［思考练习1］如图2-41甲所示，一个猎人用枪水平射击同一高度的树上的松鼠，这个时候松鼠发现了猎人，在子弹从枪口水平射出的瞬间，它从静止开始做自由落体运动，不计阻力，问松鼠的这一行动能否成功避开子弹？

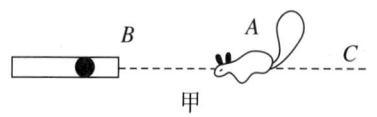
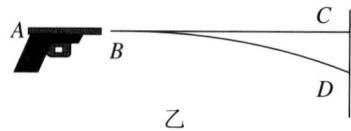

图2-41

答案：不能（轨迹分析见图 2-41 乙）。

设计意图：通过实例分析，让学生明确，对于平抛运动的研究，均是通过它的两个分运动来进行的。其实对于一切抛体运动，还有一种分解方法，就是将抛体运动看成是沿初速方向的匀速运动和自由落体运动的合成。

（二）平抛运动的位移

画出位移分解图（图 2-42）。

写出位移公式：$x = \underline{\hspace{1cm}}$；$y = \underline{\hspace{1cm}}$；$s = \underline{\hspace{1cm}}$。

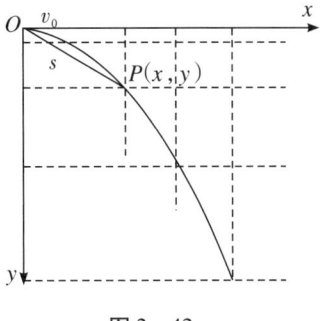

先让学生画图和填写公式，再结合学生的作答情况，用电脑多媒体展示板书做出修正。

水平位移：$x = v_0 t$

竖直位移：$y = \dfrac{1}{2}at^2$

合位移：$s = \overline{OP}\sqrt{x^2+y^2} = \sqrt{(v_0 t)^2 + (\dfrac{1}{2}gt^2)^2}$

图 2-42

位移 s 的方向与 x 轴正方向的夹角 α：$\tan\alpha = \dfrac{y}{x} = \dfrac{gt}{2v_0}$。

【例】跳台滑雪是勇敢者的运动。进行这项运动时需要利用依山势特别建造的跳台，运动员穿着专用滑雪板，不带雪杖在助滑路上获得高速后水平飞出，在空中飞行一段距离后着陆，极为壮观。设一位运动员由山坡顶的 A 点沿水平方向飞出，经

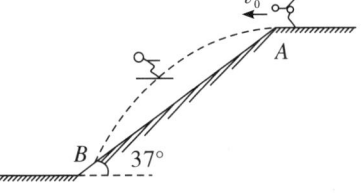

图 2-43

3 s 落到山坡上的 B 点。如图 2-43 所示，山坡面倾角为 $\theta = 37°$，山坡可以看成一个斜面，不计空气阻力。（$g = 10$ m/s^2，sin 37° = 0.6，cos 37° = 0.8）求：

（1）运动员离开 A 点时水平飞出的速度 v_0 的大小；

（2）AB 间的距离 s。

答案：20 m/s；75 m

设计意图：斜面上的平抛运动是一类很重要的出题内容，与这一内容相关的题型也很容易做变式延伸，学生必须掌握。

[巩固练习 2] 如图 2-44 所示，遥控赛车比赛中一个规定项目是"飞跃壕沟"，比赛要求：赛车从起点 A 出发，沿水平直轨道运动，在 B 点飞出后跃过"壕沟"，落在平台 EF 段。已知 AB 段长 $L = 4.0$ m，BE 的高度差 $h = 1.25$ m，BE 的水平距离 $x = 1.5$ m。若赛车车长不计，空气阻力不计，g 取

10 m/s^2。求：

(1) 要跃过壕沟，求赛车在 B 点最小速度 v 的大小。

(2) 若赛车从 A 点由静止出发，至少要以多大的加速度运动才能跃过壕沟？

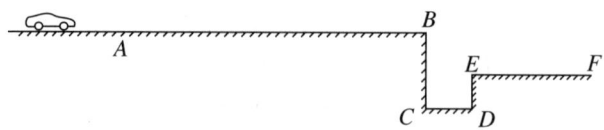

图 2-44

答案：3 m/s；9.8 m/s²。

设计意图：该题结合了匀变速运动规律，同时也容易做变式延伸，学过功率后可以改为汽车做恒功率起动，学过动能定理后还可以计算 AB 段变加速运动的位移。

[思考练习2] 推导平抛运动的轨迹方程，并说明其轨迹为抛物线。

（三）平抛运动的速度

画出速度分解图（图2-45）。

填写速度公式：$v_x = $ _____；$v_y = $ _____；$v = $ _____。

先让学生画图和填写公式，再结合学生的作答情况，用电脑多媒体展示板书做出修正。

水平分速度：$v_x = v_0$

竖直分速度：$v_y = gt$

合速度 v_t 的大小 $v_t = \sqrt{v_x^2 + v_y^2} = \sqrt{v_0^2 + (gt)^2}$

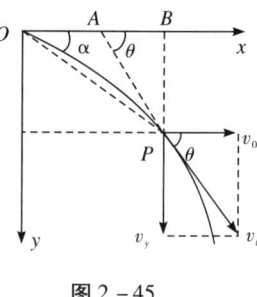

图 2-45

v_t 的方向与 x 轴正方向夹角 θ：$\tan\theta = \dfrac{v_y}{v_x} = \dfrac{gt}{v_0}$。

【例】如图2-46所示，一小球自平台上水平抛出，恰好落在临近平台的一倾角为 $\alpha = 53°$ 的光滑斜面顶端，且速度方向与斜面平行，小球沿斜面下滑，已知斜面的顶点与平台的高度差 $h = 0.80$ m（取 $g = 10$ m/s²，$\sin 53° = 0.60$，$\cos 53° = 0.80$），求：

(1) 小球水平抛出的初速度 v_0；

(2) 斜面顶端与平台边缘的水平距离 s。

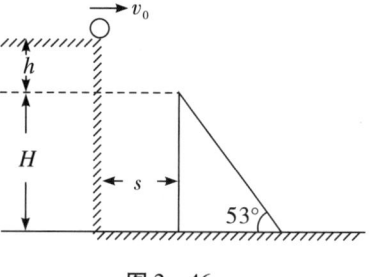

图 2-46

答案：3 m/s；1.2 m。

[巩固练习3] 一水平抛出的小球落到一倾角为 θ 的斜面上时,其速度方向与斜面垂直,运动轨迹如图 2-47 中虚线所示,小球在竖直方向下落的距离与在水平方向通过的距离之比为（ ）

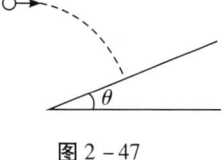

图 2-47

A. $\dfrac{1}{\tan\theta}$ B. $\dfrac{1}{2\tan\theta}$

C. $\tan\theta$ D. $2\tan\theta$

答案：B

设计意图：速度分解是平抛运动规律的重点和难点,能否正确画出其速度分解图是解决问题的关键,对此在教学中要引起足够重视。

[思考练习3] 做平抛运动的物体,其位移与水平方向的夹角 α 和速度与水平方向的夹角 θ 之间有何关系？

答案：关系式为 $2\tan\alpha=\tan\theta$。注意方向角不同,α 和 θ 不是 2 倍关系。

设计意图：设计本思考题目的在于让学生区别位移角和速度角是不同的,防止在解题中犯错。同时也为高二学习带电粒子在电场中偏转时的重要推论（粒子射出电场时就像从极板中点 $L/2$ 处射出一样）做好铺垫。

（四）平抛运动的时间

【例】如图 2-48 所示,在同一竖直平面内,距地面不同高度的地方,以不同的水平速度同时抛出两个小球。则两球（ ）

A. 一定不能在空中相遇

B. 落地时间可能相等

C. 抛出到落地的水平距离有可能相等

D. 抛出到落地的水平距离一定不相等

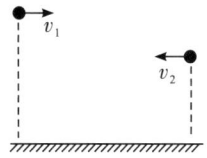

图 2-48

答案：AC

[巩固练习4] 对于平抛运动（不计空气阻力,g 为已知）,下列条件中可确定物体飞行时间的是（ ）

A. 已知水平位移 B. 已知下落高度

C. 已知末速度的大小和方向 D. 已知位移的大小

答案：BC

[思考练习4] 说出决定平抛运动时间的因素及计算时间的方法。

设计意图：平抛运动的时间是这类习题中最常见也是最关键的一个物理量,通过复习让学生理解合运动与分运动的等时性,知道平抛运动时间一般通过分运动来计算。求时间的方法很多,如利用 h、g（力学题常用）,或 L、v_0（电学题常用）,或 v_y、g（画速度分解图）等,以此来训练培养学生的发散性思维。

三、课堂小结

(1) 平抛运动的分解（等效性）：水平方向匀速运动和竖直方向自由落体运动。

(2) 平抛运动的位移（矢量性）：分位移与合位移公式。

(3) 平抛运动的速度（矢量性）：分速度与和速度公式。

(4) 平抛运动的时间（等时性）：时间公式。

四、课外作业

1. 某景观喷泉的喷射装置截面如图 2-49 所示，它由竖直进水管和均匀分布在同一水平面上的喷嘴组成。喷嘴与进水管中心的距离为 r，离水面的高度为 h。水泵启动后，水从水池压到喷嘴并沿径向水平喷出，在水面上的落点与进水管中心的水平距离为 R。已知重力加速度为 g，求水从喷嘴喷出时的速率 v。

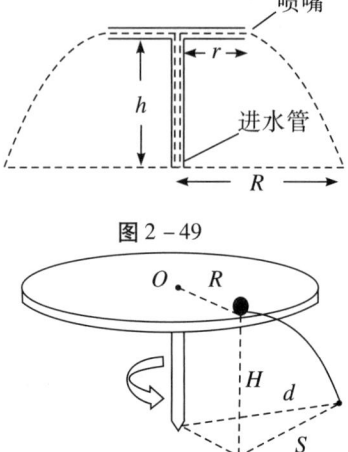

图 2-49

答案：$v = (R-r)\sqrt{\dfrac{g}{2h}}$

2. 如图 2-50 所示，置于圆形水平转台边缘的小物块随转台加速转动，当转速达到某一数值时，物块恰好滑离转台做平抛运动。现测得转台半径 $R = 0.3$ m，离水平地面的高度 $H = 0.8$ m，物体落地点到转轴的水平距离为 $d = 0.5$ m，取重力加速度 $g = 10$ m/s^2。求物块做平抛运动的初速度 v_0。

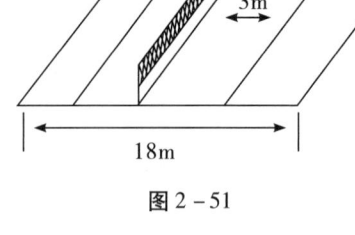

图 2-50

答案：1 m/s

3. 如图 2-51 所示，排球场总长 18 m，设球网高度为 2 m，运动员站在离网 3 m 的线上正对网前跳起将球水平击出。（球飞行中阻力不计）设击球点在 3 m 线正上方，高度为 2.5 m，取 $g = 10$ m/s^2，试问击球的速度在什么范围内才能使球既不触网也不出界。

图 2-51

答案：$3\sqrt{10}$ m/s $< v_0 < 12\sqrt{2}$ m/s

本案例是网络多媒体方法的应用，通过对平抛运动的特点进行分析，根据平抛运动的等时性、等效性、独立性、矢量性的特征，把平抛运动结构化、网络化，使学生达到熟练解决平抛运动问题的目的。

第三章
阶段复习教学方法策略与案例研究

高中阶段的复习教学分为两种：一是本书第二章讲的平时复习教学，二是本章要论述的阶段复习教学。阶段复习教学的开展是为了对先前所学知识进行梳理，使学生对自己在前一个阶段的学习中还存在的盲点和遗漏的知识点有一个清晰的认识。此外，阶段性复习的开展也将有效地为总复习的开展奠定良好的基础。

第一节 如何开展阶段性复习教学

一、树立正确的复习意识

很多学生都知道复习教学，尤其是总复习是整个教学的重要组成部分，但并不是所有学生都注意到了"阶段性复习"的重要性，甚至有不少学生认为开展阶段性复习教学的意义不大，觉得是在浪费时间。这种错误认识导致不少学生在复习的过程中忽视了阶段性复习的重要性，导致最终的复习效果不佳。

教师一定要重视这种现状，并且要注意引导学生认识到阶段性复习教学的重要性。因为对前一段时间所学的知识进行阶段性的复习不仅可以及时地唤起学生的知识记忆，还令学生在这个过程中不断地巩固所学知识，及时地发现自己的知识结构缺陷，继而在最短的时间内进行弥补。这样一个讲究时效性的复习措施能够在最短的时间内引起学生的重视，继而引导学生更好地开展阶段性复习和下一阶段新知识的学习。

树立正确的复习意识是阶段性复习教学取得成功的重要思想基础，也是阶段性复习教学有效实施的第一步。

二、突出重点知识，抓住关键规律

按知识内在联系重新组织，使学生掌握知识的基本结构。复习的内容多、范围广，必须突出重点，抓住关键，明确指出哪些是必须掌握的重点知识，哪些是关键性知识。在重点和关键的地方针对学生的模糊认识进行讲解或讨论，使学生准确掌握基本知识，获得深刻印象。要尽可能用新的体系、方法，把学生学过的知识重新科学地安排和组织起来，进行分析和比较，揭示知识的内在联系，使学生能够得到新的收获和体会，达到融会贯通的目的。例如在复习牛顿定律时，可以用设问的方式提出"牛顿第一、二、三定律的联系与区别是什么"来引起学生的兴趣。有部分学生从来没有想过牛顿三大定律的联系和区别，于是从牛顿第一定律开始设问：牛顿第一定律指出了什么物理本质。这一问题可以从三个方面进行阐述：①牛顿第一定律说明了物体不受力时的运动状态是匀速直线运动和静止状态；②牛顿第一定律说明了物体具有惯性；③牛顿第一定律指出力是改变物体运动状态的原因。需注意的是，牛顿第一定律有一个关键的地方没有说清楚——运动状态改变的快慢是用什么物理量来描述的，学生可能很快就想到状态改变的快慢是用加速度来描述的，很自然就想到了牛顿第二定律。牛顿第二定律是对第一定律第三点内容的进一步描述，即惯性大小是用质量来量度的。为了引出牛顿第三定律的内容，指出前两个定律的研究对象都是单个物体，而对于那些相互作用的物体的受力情况，前两个定律却无法进行解答，学生由此自然而然地想到牛顿第三定律的内容及其在物理学中的使命，其中的具体内容则要求学生自己去总结。

三、依节开展详细复习

阶段性复习是对所学知识的一个梳理归纳，一般安排 1~2 个课时为宜。在对知识的复习中，教师要采取依节开展复习教学的方式来实施教学，因为依照课本所列举的章节来开展复习可以在最短的时间内唤起学生的记忆，并且依循这样的顺序可以将所有的知识点进行回顾性的温习，继而构建学生的知识结构体系。此外，这样依序开展阶段性复习可以更好地实现该章节内知识点之间的连接，确保知识结构体系的连贯性不被打断。

例如在"曲线运动"这一章中包含了五个小节的内容，分别为"曲线运动""运动的合成与分解""抛体的运动""匀速圆周运动""圆周运动中的临界问题"。依序分别对五节中的知识点分别进行复习归纳，如"曲线运动的速度是时刻改变着的""运动物体所受的合外力的方向与它的速度方向不在一条直线上，这种情况下物体就会做曲线运动"。通过这样的方式就可以有效地将"曲线运动"这一章的所有内容以及所有知识点进行一个有条理、有顺序的总结，在最短的时间内将所有知识点进行归纳并且达到复习的目的。

四、注意新旧知识之间的联系

注意新旧知识之间的联系是指在教学实施的过程中，教师应该积极地将前后知识联系起来开展复习。

联系前后知识并不需要太多的篇幅和时间，关键要让学生找到进行复习的这一章与之前所学的章节中存在的关联点。这样能迅速将知识之间的联系建立起来，继而更好地帮助学生去理解该知识，才可以有效地提升学生的认识，从而提高阶段性复习的有效性。例如在"曲线运动"的这部分阶段性复习中，教师可以将曲线运动与直线运动联系起来，从而更好地研究曲线运动的条件和规律。

五、开展测试训练

阶段性的复习教学实施需要知识的归纳、梳理、分析，也需要借助训练的加强来提升学生运用知识和解决问题的能力。

教师在阶段性的复习教学中可以借助测试训练的开展来有效地提升教学的效率和实现学生的进步。此外，在训练完成后，教师还要注意将一些学生易错的题目提炼出来进行详细的讲解，这样才可以达到训练的目的，让学生在错误中吸取教训，从而牢固掌握有关的知识点。例如，在"曲线运动"这部分复习中，下面习题是错误率较高的。

习题：关于曲线运动以下说法正确的是（　　）

A．做曲线运动的物体所受合外力不一定为零

B．曲线运动的速度大小一定是改变的

C．曲线运动的速度方向一定是变化的

D．合外力不为零的运动一定是曲线运动

教师解析：首先，物体做曲线运动的条件是物理所受到的合外力不为零，并且速度方向与加速度方向不在同一条直线上，所以合外力为零的物体可以是静止的，也可以是匀速直线运动的，因此 D 选项不正确；其次，曲线运动要求速度与加速度方向不在一条直线上，但是速度的大小可以变化也可以不变化，因此 B 选项不正确；再次，曲线运动上某点的速度方向是轨迹上该点的切线方向，所以曲线运动的速度方向肯定在变化，由此可以得出正确答案为 AC。

通过测试训练的方式能很好地将知识点与实际的训练联系起来，同时教师将每一个选项的答案进行了分析，这样就可以让学生在教师的引导下学会

自己分析问题，学会如何运用知识解决具体的问题。借助这种方式，阶段性复习教学得以顺利实施，并且也将获得良好复习效果。

下面就阶段复习教学中的章后复习教学、期中和期末复习教学辅以相关教学案例展开具体论述。

第二节　章后复习教学方法策略及案例研究

章后复习在物理课程教学中具有很重要的地位，是物理教学中必不可少的环节。章后复习的目的是帮助学生把本章中的知识联系起来，构建系统的知识体系，帮助学生找到本章中的重点，解决难点，在巩固的基础上发展学生的综合思维能力。

章后复习的方法有很多，教师经常会根据自己对本章知识的理解进行归纳和总结，然后给学生罗列出来。教师总结得固然很全面，也很细致，但那些都是教师自己的东西，很难被学生接受。在这样一个过程中，学生没有主动参与，再好的总结也容易忘记。章后复习课的归纳总结必须要充分发挥学生的主体性，学生一开始总结的内容肯定有很多不完善之处，教师只要适当地加以指导即可。总结归纳的过程一定要有学生的参与才会切实有效，这对教师来说能达到事半功倍的效果。

基于这样的思考，章后复习要包含如下三个过程：自主建构、交流讨论、精题巩固。下面笔者以"电磁感应"的章后复习来说明这一复习方式的具体操作。

案例 3 - 1

"电磁感应"的章后复习微课案例

电磁感应是物理学中比较重要，同时也比较难学的一章内容，磁通量、楞次定律比较难理解，电磁感应的综合题复杂多变。下面就这一章内容的章后复习进行说明。

一、自主建构

自主建构这一过程的落实非常重要，因为这会影响整个复习计划的进度。考虑到学生的层次不同，将学生分成不同的学习小组，归纳总结时以小组为单位。这样可以让他们在相互督促和帮助中，更好地完善知识结构。总结归纳需要学生在课后自己完成，教师提前告诉学生本章上完后就要展示自己小组对本章内容的思考和总结，也要找到本章中所涉及的核心内容和物方法。

二、交流讨论

在学生完成好自主建构的基础上,要立即开展交流讨论。学生展示小组总结的内容,通过师生交流讨论,提出修改意见,加深对本章知识的再认识。学生在课前通过回顾,能够初步掌握基础知识。由于要在课堂开展交流和讨论的需要,学生会更加主动地进行归纳总结,深入发掘核心知识,厘清知识点之间的关联。课堂上的交流讨论更能激发学生的兴趣,既能达到复习知识的目的,也能培养学生合作学习的意识,提高学习效率。教师在这一过程中提供给学生交流讨论的机会,在学生忽略的地方给予提醒,引导学生进行交流,共同总结好本章的知识体系。具体如下:

知识一 划时代的发现
(1) 奥斯特:电流的磁效应。
(2) 法拉第:电磁感应现象。

知识二 产生感应电流的条件
穿过闭合导体回路的磁通量发生变化。

知识三 感应电流方向的判断
(1) 楞次定律的应用。
(2) 右手定则。

知识四 感应电动势大小的计算
(1) $E = n\dfrac{\Delta \Phi}{\Delta t}$ 的应用。
(2) $E = Blv$ 的应用。

知识五 自感
(1) 断电自感。
(2) 通电自感。

知识六 涡流的应用

知识七 电磁感应中的电路问题分析方法
(1) 确定感应电动势的大小和方向。
(2) 确定内电路和外电路,画等效电路图。
(3) 运用闭合电路欧姆定律,串并联电路性质求解。
(4) $E = n\dfrac{\Delta \Phi}{\Delta t}$ 或 $E = Blv$。
(5) 闭合电路欧姆定律 $I = \dfrac{E}{rR}$。
(6) 通过导体的电荷量 $q = I\Delta t = \dfrac{n\Delta \Phi}{R}$。

知识八　电磁感应中的力学问题分析方法

（1）求感应电动势的大小和方向。

（2）求回路的电流。

（3）分析导体受力情况。

（4）列动力学方程或平衡方程并求解。

（5）动态分析：感应电动势→感应电流→通电导体受安培力→合外力变化→加速度变化→速度变化。

知识九　电磁感应中的动量守恒和能量转化分析方法

（1）分析回路，分析电源和外电路。

（2）分析哪些力做功，明确哪些形式的能量发生了转化。

（3）根据能量守恒列方程求解。

这些不是知识点的简单罗列，而是师生讨论交流的结果。学生在交流中改正和完善自己的理解，在教师的指导下总结出知识的体系，归纳好本章的知识，找到了解决问题的方法。

三、精题巩固

讲练结合，将本章的知识点融入精选的例题中。知识归纳和练习结合到一起，既做到了章节知识归纳，让学生形成系统知识结构，把握本章重点，又让学生在练习中应用发挥，加深理解。相比单一的知识点罗列效果要好，内容也更实用。

1. 产生感应电流的条件：穿过闭合导体回路的磁通量发生变化

【例】如图 3-1 所示，直导线中通以电流 I，矩形线圈与通电直导线共面，下列情况中能产生感应电流的是（　　）

A．电流 I 增大时　　　　B．线圈向右平动

C．线圈向下平动　　　　D．线圈绕 ab 边转动

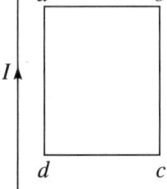

图 3-1

解析：I 增大引起直导线周围磁场增强，使回路中磁通量增加，产生感应电流，故 A 对；因远离导线，线圈所在处磁场减弱，磁通量变小，回路中产生感应电流，故 B 对；线框向下平动，穿过回路的磁通量不变，无感应电流产生，故 C 错；线圈绕 ab 边转动时，由于线圈与磁感线夹角变化引起磁通量变化，产生感应电流，故 D 错。

2. 感应电流方向的判断

（1）楞次定律的应用。

【例】如图 3-2 所示，一个有界匀强磁场区域，其磁场方向垂直纸面向外。一个矩形闭合导线框 $abcd$

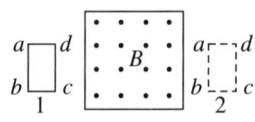

图 3-2

沿纸面由位置1（左）匀速运动到位置2。则（　　）

　　A. 导线框进入磁场时，感应电流方向为$a→b→c→d→a$

　　B. 导线框离开磁场时，感应电流方向为$a→d→c→b→a$

　　C. 导线框离开磁场时，受到的安培力方向水平向右

　　D. 导线框进入磁场时，受到的安培力方向水平向左

　　解析：导线框进入磁场时，cd边切割磁感线，由右手定则可知，电流方向沿$a→d→c→b→a$，这时cd边受到的安培力由左手定则可判断其受力方向水平向左，故A错，D对；在导线框离开磁场时，ab边处于磁场中且在做切割磁感线运动，同样用右手定则和左手定则可以判断电流方向为$a→b→c→d→a$，这时安培力的方向仍然水平向左，故B、C错。

　　答案：D

　　（2）右手定则的应用。

　　【例】如图3-3所示，导体AB、CD可在水平轨道上自由滑动，且两水平轨道在中央交叉处互不相通。当导体棒AB向左移动时（　　）

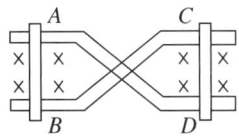

图3-3

　　A. AB中感应电流的方向为A到B

　　B. AB中感应电流的方向为B到A

　　C. CD向左移动

　　D. CD向右移动

　　解析：由右手定则可判断AB中感应电流方向为$A→B$，由左手定则可判断CD受到向右的安培力作用而向右运动。

　　答案：AD

　　3. 感应电动势大小的计算

　　（1）$E = n\dfrac{\Delta \Phi}{\Delta t}$的应用。

　　【例】如图3-4所示，两端开口半径为r的裸导体圆环，右端与固定电阻相连，左端上架一长度大于$2r$的裸导线MN，电路的固定电阻为R，其余电阻忽略不计，圆内有垂直于平面的匀强磁场。如果环内匀强磁场的磁感应强度为B，MN从圆环的左端滑到右端所经过的时间为t，试求这一过程中电阻R上通过的电荷量。

　　解析：首先由法拉第电磁感应定律求出电路中感应电动势的平均值，求出平均电流，然后由电流的定义式$\bar{I} = \dfrac{Q}{t}$求得通过R上的电荷量。

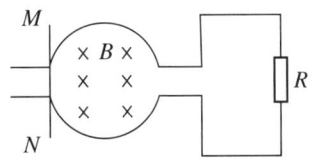

图3-4

因为 $\bar{E} = \dfrac{\Delta \Phi}{\Delta t}$,而 $\bar{I} = \dfrac{\bar{E}}{R}$ 且 $\bar{I} = \dfrac{Q}{\Delta t}$

所以 $Q = \dfrac{\bar{E}\Delta t}{R} = \dfrac{\Delta \Phi}{R} = B\dfrac{\pi r^2}{R}$

(2) $E = Blv$ 的应用。

【例】如图 3-5 所示,水平放置的平行金属导轨相距 $l = 0.50$ m,左端接一电阻 $R = 0.20\ \Omega$,磁感应强度 $B = 0.40$ T 的匀强磁场方向垂直于导轨平面。导体棒 ab 垂直放在导轨上,并能无摩擦地沿导轨滑动,导轨和导体棒的电阻均可忽略不计,当 ab 以 $v = 4.0$ m/s 的速度水平向右匀速滑动时,求:

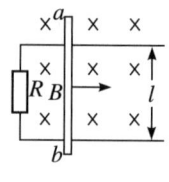

图 3-5

(1) ab 棒中感应电动势的大小;

(2) 回路中感应电流的大小;

(3) ab 棒中哪端电势高;

(4) 维持 ab 棒做匀速运动的水平外力 F 的大小。

解析:(1) ab 棒中的感应电动势为:

$E = Blv = 0.40 \times 0.50 \times 4.0$ V $= 0.80$ V。

(2) 感应电流的大小为:$I = \dfrac{E}{R} = \dfrac{0.80}{0.20}$ A $= 4.0$ A。

(3) ab 相当于电源,根据右手定则知,a 端电势高。

(4) ab 棒受安培力 $F = BIl = 0.4 \times 4.0 \times 0.50$ N $= 0.80$ N。

由于 ab 以 $v = 4.0$ m/s 的速度水平向右匀速滑动,故外力的大小也为 0.8 N。

答案:(1) 0.80 V (2) 4.0 A (3) a 端 (4) 0.8 N

例题的选取强调针对性,这样才能起到巩固知识的作用。刚才总结的知识马上就能够用到,那么学生会很受鼓舞,也会树立自信。

复习的方法有很多,对于不同的章节要针对其知识特点来设定方法。但是不管用什么样的方法,都必须要突出学生的主体作用,让学生充分参与进去,发挥学生的主观能动性,使复习省时、有效。下面是两个具体的复习案例供参考。

例如在学完牛顿运动定律之后,学生已经对牛顿三大定律有了一定的理解和掌握,但由于掌握物理知识需要有一个消化、理解的过程,他们还不能全面系统地分析物体运动的情境,因此需要对学生灌输物理学研究方法。本节复习课的目的就是帮助学生正确分析物体运动过程,掌握解决一般力学问题的程序。复习的难点在于精选例题，重视研究对象和运动过程的灵活选择，运用中学的数学方法，解决实际问题。此案例以"问题解决教学"为模式，把每一个例题都化成几个递进式问题。采用启发式、讨论式教学方法，引导学生主动参与探究活动；强化学习方法指导，提高学生的自学能力，加强科学思维训练，促使学生实现由知识向能力的升华。力求展现先进的教育思想、灵活多样的教学方法，突出复习课的特点，即归纳知识、揭示规律、点拨思路、突出重点，体现系统性、深刻性、启发性、层次性。

案例 3-2

"牛顿运动定律"复习微课案例〔人教版《高中物理（必修1）》第4章〕

【教学目标】

1. 知识与技能。

（1）掌握牛顿第一、第二、第三定律的文字内容和数学表达式；

（2）掌握牛顿第二定律的矢量性、瞬时性、独立性；

（3）掌握牛顿第二定律解决动力学问题的一般方法和步骤。

2. 过程与方法。

（1）培养学生正确的解题思路和分析解决动力学问题的能力；

（2）使学生掌握合理选择研究对象的技巧。

3. 情感态度与价值观。

渗透物理学思想，使学生能够做到具体问题具体分析，灵活选择研究对象，建立合理的物理模型来解决物理问题。

【教学重点】

帮助学生正确分析物体运动过程，掌握解决力学问题的一般步骤。

【教学难点】

正确合理地选择研究对象，灵活运用中学的数学方法解决实际问题。突破在于精选例题，重视运动过程分析，掌握整体—隔离法。

【教学过程】

（一）复习导入

在必修一的第一章、第二章，我们只研究物体做什么运动，这部分知识属于运动学内容。在第三章我们只研究物体的受力，这部分知识属于静力学内容。在第四章我们研究的是物体受力与运动之间的关系，这部分知识属于动力学内容，动力学的支柱就是牛顿运动定律。牛顿运动定律总共有三条，其中牛顿第二定律用来解决动力学问题，也是高中物理的一条重要主线。本节课我们就来共同复习牛顿三大定律。

(二) 教学过程

1. 复习牛顿第一定律。

[教师活动]

提问：叙述牛顿第一定律的内容，惯性是否与运动状态有关？

[学生活动]

回忆、思考、回答：一切物体总保持匀速直线运动状态或静止状态，直到有外力迫使它改变这种状态为止。

[教师活动]

概括：牛顿第一定律有两个内涵：第一，它指明了任何物体都具有惯性——保持原有运动状态不变的特性；第二，它阐述了运动与力的关系，即力是改变物体运动状态的原因。

强调：(1) 力不是维持物体运动的原因；(2) 惯性是物体的固有性质。惯性大小与外部条件无关，仅取决于物体本身的质量。无论物体受力还是不受力，无论是运动还是静止，也无论是做匀速运动还是变速运动，只要物体质量一定，它的惯性都不会改变，更不会消失，惯性是物体的固有属性。

播放课件：

【例】某人用力推静止在水平面上的小车，使小车开始运动。此后改用较小的力就可以维持小车做匀速直线运动，可见（　　）

A. 力是使物体产生运动的原因　　B. 力是维持物体运动速度的原因

C. 力是使速度改变的原因　　D. 力是使物体惯性改变的原因

[学生活动]

思考：经思考得出正确答案为 C。

2. 复习牛顿第二定律。

[教师活动]

问题1：牛顿第二定律的内容及数学表达式是什么？

[学生活动]

学生回忆、回答：物体受到外力作用时，所获得的加速度的大小跟外力大小成正比，跟物体的质量成反比，加速度的方向与合外力方向相同。表达式为 $F_合 = ma$。

[教师活动]

问题2：牛顿第二定律阐述了 a 和 F 怎样的关系？

引导学生定性分析得出：(1) 揭示了力、质量、加速度的因果关系。(2) 说明了加速度与合外力的瞬时对应关系。

问题3：怎样应用牛顿第二定律？应用牛顿第二定律解题的基本步骤是什么？接下来我们通过几道例题来领悟。

播放课件：

【例1】小球 A、B 的质量分别 m 和 2m，用轻弹簧相连，然后用细线悬挂而静止，如图 3-6（a）所示，在烧断细线的瞬间，A、B 的加速度分别是多少？

[教师活动]

提出阶梯式问题引导学生思考：

（1）烧断细线的瞬间，绳子还提不提供拉力？弹簧形变是否发生改变？

（2）弹簧形变恢复需要时间，瞬间弹簧弹力不变，则 B 所受的力分别是什么？合力是多少？

（3）同理，A 所受的力是什么？合力是多少？

[学生活动]

通过思考讨论递进式问题，独立解决。教师提问、学生回答：

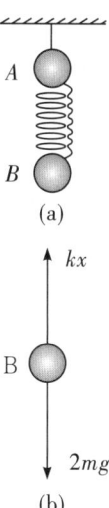

图 3-6

烧断细绳瞬间，绳子拉力立即消失，而弹簧弹力不能突变，则 B 受力如图 3-6（b）所示，由于仍然二力平衡，即：$kx = 2mg$。则 B 所受合力为 0，根据牛顿第二定律：

$F_合 = ma_B \qquad a_B = 0$

同理，对 A 受力分析如图 3-7 所示，由牛顿第二定律得：

$mg + kx = ma_A \qquad a_A = 3g$

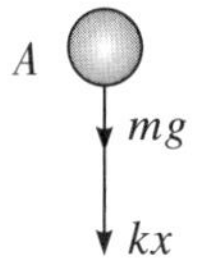

[教师活动]

总结：这道题要注意绳子的拉力和弹簧弹力的区别，以及合力改变则加速度瞬间改变，体现了牛顿第二定律的瞬时性。

图 3-7

【例2】地面上放着一个木箱，质量为 40 kg，用 100 N 的力与水平方向成 37°角推木箱，如图 3-8 所示，恰好使木箱匀速前进。若仍用大小为 100 N 的力与水平方向成 37°角向斜上方拉木箱，木箱的加速度多大？

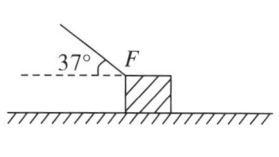

图 3-8

提出阶梯式问题引导学生思考：

（1）水平方向成 37°角推木箱时，物体受哪些力的作用？

（2）由于物体做匀速运动，则这些力的合力是多少？能得到什么关系？

（3）力与水平方向成 37°角向斜上方拉木箱，合力是多少？

（4）则物体的加速度为多大？

[学生活动]

通过回答问题，逐步解析：

(1) 与水平方向成 37°角推木箱的受力分析如图 3-9 所示：

由平衡条件得

水平方向：$F\cos 37° = f$

竖直方向：$N = G + F\sin 37°$

又 $f = \mu N$

以上三式联立得 $F\cos 37° = \mu(Mg + F\sin 37°)$

解得 $\mu = 0.17$

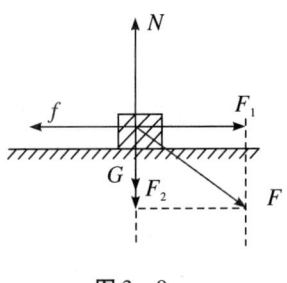

图 3-9

(2) 与水平方向成 37°角向斜上方拉木箱的受力分析如图 3-10 所示：

竖直方向：$N + F\sin 37° = G$

水平方向：$F\cos 37° - \mu N = ma$

解得 $a = 0.56 \text{ m/s}^2$

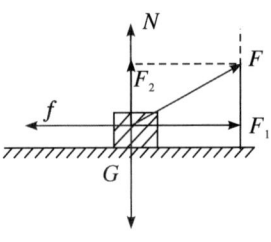

图 3-10

过渡：在上面两道例题中我们的研究对象是一个物体，那么如果我们研究对象是两个或两个以上的物体，又要如何求解呢？

播放课件：

【例3】两个质量相同的物体 1 和 2 紧靠在一起放在光滑水平桌面上，如图 3-11 所示。如果它们分别受到水平推力 F_1 和 F_2，且 $F_1 > F_2$，则 1 施于 2 的作用力的大小为（ ）

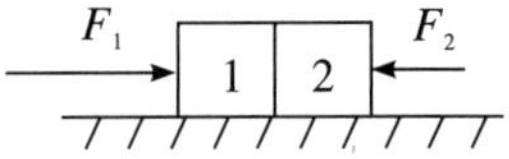

A. F_1　　B. F_2　　C. $(F_1 + F_2)/2$　　D. $(F_1 - F_2)/2$

图 3-11

[教师活动]

讲解：两个或两个以上相互作用的物体我们称之为连接体，我们可以把全部物体看成一个整体，对这个整体受力分析时只考虑整体受到的外力，而不考虑整体内部的作用力。

提出问题：

(1) 两个物体在 F_1、F_2 作用下做什么运动？

(2) 两个物体的加速度是多大？以谁为研究对象来求容易？

(3) 为了求出 1 对 2 的作用力，再以谁为研究对象？受力如何？加速度是多大？

[学生活动]

解析：因为两个物体具有共同向右的加速度，所以把它们视为一个整体。根据牛顿第二定律可由公式 $F_1 - F_2 = 2ma$ 求得 $a = (F_1 - F_2)/2m$。

因为要求出物体 1 施于物体 2 的作用力，所以要把物体 1 和 2 隔离开来，选择其一为研究对象。若选择物体 2 为研究对象，对其受力分析如图 3-12 所示。由牛顿第二定律得：

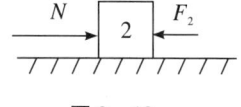

$N - F_2 = ma$

解得 $N = (F_1 + F_2)/2$，故 C 正确。

图 3-12

同类拓展：

【例4】如图 3-13 所示，在光滑的水平地面上有两个质量相等的物体，中间用劲度系数为 k 的轻质弹簧相连，使物体 A 和物体 B 在外力 F_1、F_2 的作用下运动。已知 $F_1 > F_2$，当运动达到稳定时，弹簧的伸长量为（　　）

A. $\dfrac{F_1 F_2}{k}$ 　　　　B. $\dfrac{F_1 F_2}{2k}$

C. $\dfrac{F_1 F_2}{2k}$ 　　　　D. $\dfrac{F_1 F_2}{k}$

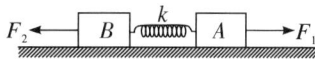

图 3-13

［学生活动］

学生分组讨论，教师到讲台下指导。

［教师活动］

在上述四道例题中，我们都应用牛顿第二定律来解决问题。同学们分组讨论总结一下，应用牛顿第二定律解题的步骤是什么？

［学生活动］

学生分组讨论，归纳成具体步骤。应用牛顿第二定律解题的基本步骤是：

（1）依题意，正确选取并隔离研究对象。

（2）对研究对象的受力情况和运动情况进行分析，画出受力分析图。

（3）根据牛顿第二定律和运动学公式建立方程。

3. 复习牛顿第三定律。

［教师活动］

提问：叙述牛顿第三定律的内容？

［学生活动］

回忆，思考，回答：两个物体之间的作用力和反作用力总是大小相等，方向相反，作用在一条直线上。

放投影片：

（1）牛顿第三定律肯定了物体间的作用力具有相互作用的本质：力总是成对出现，有施力物体，必有受力物体，受力物体同时也是施力物体。

（2）作用力和反作用力的关系：等大、反向、分别作用于两个不同的物体上。同时产生，同时消失，且具有相同的性质。

（3）作用力反作用力与平衡力的区别：①平衡力作用在同一物体上，而作用力和反作用力作用在不同物体上。②平衡力的性质可同可不同，而作用力和反作用力的性质一定相同。③平衡力中的一个力消失，另一力不受影响，相互作用力一定同生同灭。④平衡力作用效果可以抵消，相互作用力效果无法抵消。

播放课件：

【例】重物 A 用一根轻弹簧悬于天花板下，画出重物和弹簧的受力图，如图 3-14 所示。关于这四个力的以下说法正确的是（　　）

A. F_1 的反作用力是 F_4
B. F_2 的反作用力是 F_3
C. F_1 的施力者是弹簧
D. F_3 的施力者是物体 A

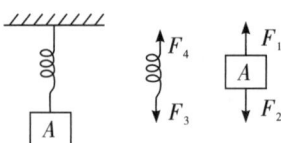

图 3-14

［学生活动］

独立思考，选出答案：D。

（三）课堂小结

［教师活动］

提问：本节课我们复习了牛顿三大定律，其中重点复习了牛顿第二定律。请同学们共同思考，该如何运用牛顿运动定律来解决动力学问题？组织学生结合笔记讨论并进行小结。由牛顿第二定律的数学表达式 $F_合=ma$，可以看出凡是求瞬时及作用效果的问题，判断质点的运动性质的问题，都可用牛顿运动定律解决。解决动力学问题的基本步骤如下：

（1）根据题意选定研究对象，确定 m。

（2）分析物体受力情况，画受力图，确定 $F_合$。

（3）分析物体运动情况，确定 a。

（4）根据牛顿定律，力的概念、规律、运动学公式等建立有关方程。

（5）解方程。

（6）验算、讨论。

（四）结语

（1）阶段复习涉及的概念和规律很多。因此复习重点在于理解概念、规律的实质，总结规律应用的方法和技巧。

（2）复习课不同于新课，必须强调引导学生归纳、总结。注意知识的连贯性和知识点的横向对比，比如对比一对作用力和反作用力与一对平衡力。

（3）复习课可以上得活跃些，有些综合题可以由学生互相启发，通过互相讨论去解决，这样既可以激发学生的学习兴趣，又可以提高学生分析问题的能力。

此案例强调引导学生自主归纳和总结，充分发挥学生的主体作用和教师的引导作用。在课堂实施过程中，重视师生之间的互动，形成了有效的交流讨论。例题的选取针对性强，有助于学生及时巩固所学的知识，帮助学生理解和提升。本案例有效地把自主建构、交流讨论、精题巩固这三个过程融为了一体。

高中物理知识的逻辑性、连贯性较强，有的章节难度较高，内容较复杂。有时，学生在学完一整章的知识后，竟然不知道自己学了什么，觉得公式太多，对一些概念、公式不熟练，不能做到灵活理解和应用。例如，学生刚学完"万有引力与航天"这一章就感觉公式太多，一头雾水。如果任由学生处于这种状态，那么教学效果不会好。其实，学习物理并不困难，物理的基本公式并不多。学生之所以感觉公式多，是因为推导公式较多。推导公式只是推论和应用而已，都是可以由基本公式推导出来的。只要学生掌握了基本公式，理解了物理情境，就有能力运用基本公式推导出一系列的结论。

推导的过程很重要，因为只有通过推导才能理解这些公式和结论，并学会运用。症结就在于：学生不知道要去理解物理情境，不愿意主动推导，导致对一些推导的结论、公式不熟，不能理解和灵活运用，从而产生畏惧心理。因此，在章末进行及时的复习，带领学生理解物理情境，将知识点和典型的物理思路、方法进行梳理和总结是十分必要的。教师应该帮助学生找到本章的重点、难点，完善和巩固学生的知识结构。最重要的是要让学生独立思考、亲自推导，只有这样，学生才能真正理解、学会运用，才能将所学知识联系起来，在大脑中形成一个知识系统。

案例 3-3

"万有引力与航天"章末复习

在复习"万有引力与航天"一章的过程中，先让学生积极回忆、讨论所学知识，然后教师再进行总结。总结如下：

一、什么情况下万有引力等于重力

1. 对于"静止"放置于星球表面的物体，忽略自转向心力时：

$G\dfrac{Mm}{R^2} = mg$ （式中 g 为地表重力加速度）

2. 空中悬浮的物体：

$G\dfrac{Mm}{(R+h)^2} = mg_h$ （式中 g_h 为空中某高度处的重力加速度）

3. 卫星做圆周运动时：

$$G\frac{Mm}{(R+h)^2}=mg_h$$

注：对卫星，重力等于万有引力，但全部提供向心力，即万有引力提供向心力。

$$G\frac{Mm}{(R+h)^2}=mg_h=ma_n$$

二、人造卫星运动公式

$$G\frac{Mm}{r^2}=mg_h=ma_n=m\frac{v^2}{r}=mr\omega^2=mr\frac{4\pi^2}{T^2}$$

此公式看似很长，其实只含有两条主要关系：

(1) 万有引力等于重力；

(2) 万有引力提供向心力。

向心加速度有三种表达，即线速度的表达、角速度的表达、周期的表达。

如果将此公式拆开分别介绍，初学的学生难免觉得公式太多。将此公式介绍给学生，有助于消除学生的这种感觉。

本章中，几乎所有问题都可以通过此公式求解，如求星球表面重力加速度，求星球质量（进而求密度），求卫星的向心加速度、线速度、角速度、周期等。

如果学生认识到上述人造卫星运动公式具有普适性，就可以认为其掌握了人造卫星的问题：卫星的轨道半径越大，线速度、角速度、向心加速度越小，周期越大；向心力还与卫星质量有关。

三、精题巩固

讲练结合，将本章涉及的知识点融入精选的习题中，把知识归纳和练习结合到一起，既做到了章节知识归纳，让学生形成系统知识结构，把握本章重点，又让学生在练习中得到应用发挥，加深理解。相比简单的知识点罗列，讲练结合的效果更好，内容更实用。将类似的习题归纳在一起讲解，更能加深学生对知识点的理解。

就 $G\dfrac{Mm}{r^2}=mg_h=ma_n=m\dfrac{v^2}{r}=mr\omega^2=mr\dfrac{4\pi^2}{T^2}$ 的应用，举以下几个例子：

1. 卫星的线速度。

[习题1] 同步卫星离地心的距离为 r，运行速度为 v_1，第一宇宙速度为 v_2，地球半径为 R，求 v_1 与 v_2 比值。

解析：本题考查卫星线速度的计算、宇宙第一速度。考查对公式 $G\dfrac{Mm}{r^2}=$

$m\dfrac{v^2}{r}$ 的运用。

$$v_1 = \sqrt{\dfrac{GM}{r}}, \quad v_2 = \sqrt{\dfrac{GM}{R}}, \quad \text{故} \dfrac{v_1}{v_2} = \sqrt{\dfrac{R}{r}}。$$

答案：$\dfrac{v_1}{v_2} = \sqrt{\dfrac{R}{r}}$

[习题2] 据观测，某行星外围有一圈模糊不清的环，为了判断该环是连续物还是卫星群，测出了各层线速度的大小 v 与该层到行星中心的距离 r，则以下判断中正确的是（　　）

A. 若 v 与 r 成正比，则环是连续物
B. 若 v 与 r 成反比，则环是连续物
C. 若 v^2 与 r 成反比，则环是卫星群
D. 若 v^2 与 r 成正比，则环是卫星群

解析：本题考查对公式 $G\dfrac{Mm}{r^2} = m\dfrac{v^2}{r}$ 和 $v = r\omega$ 的运用。若是卫星群，由 $G\dfrac{Mm}{r^2} = m\dfrac{v^2}{r}$ 得：$v = \sqrt{\dfrac{GM}{r}}$，C 正确；若是连续物，则角速度相同，运用公式 $v = r\omega$ 即可知 A 正确。

答案：AC

2. 卫星的角速度。

[习题] 某卫星在赤道上空飞行，轨道平面与赤道平面重合，轨道半径为 r，飞行方向与地球的自转方向相同。设地球的自转角速度为 ω_0，地球半径为 R，地球表面重力加速度为 g，在 $t=0$ 时，该卫星通过赤道上某建筑物的正上方，则到它下次通过该建筑物正上方所需的时间为（　　）

A. $2\pi\sqrt{\dfrac{r^3}{gR^2}}$　　　　　　　　B. $2\pi\sqrt{\dfrac{r^3}{gR^2}}$

C. $2\pi\sqrt{\dfrac{r^3}{gR^2}}$　　　　　　　　D. $G\dfrac{Mm}{r^2} = mr\omega^2$

解析：本题考查了学生对公式 $G\dfrac{Mm}{r^2} = mr\omega^2$ 的运用能力，由此公式可计算卫星的角速度 $\omega = \sqrt{\dfrac{GM}{r^3}}$；又考查了"黄金代换公式"，对地球上的物体 m，有 $G\dfrac{Mm}{r^2} = mg$，故 $\omega = \sqrt{\dfrac{GM}{r^3}}$。当卫星再次通过该建筑上方时，经历时间为 $\dfrac{2\pi}{(\sqrt{gR^2/r^3} - \omega_0)}$。

答案：A

3. 卫星的周期。

[习题1] A、B 两颗人造地球卫星质量之比为 $1:2$，轨道半径之比为 $2:1$，则它们的运行周期之比为（　　）

A. $1:2$ B. $1:4$ C. $2\sqrt{2}:1$ D. $4:1$

解析：本题考查了学生对公式 $G\dfrac{Mm}{r^2}=mr\dfrac{4\pi^2}{T^2}$ 的运用能力，由此公式得 $\dfrac{T_A}{T_B}=\left(\dfrac{r_A}{r_B}\right)^{\frac{3}{2}}=\dfrac{2\sqrt{2}}{1}$，只有 C 正确。

答案：C

[习题2] 据报道，2009 年 4 月 29 日，美国亚利桑那州一天文观测机构发现一颗与太阳系其他行星逆向运行的小行星，其代号为 2009HC82。该小行星绕太阳一周的时间为 3.39 年，直径 2～3 千米，其轨道平面与地球轨道平面呈 155°的倾斜。假定该小行星与地球均以太阳为中心做匀速圆周运动，则小行星和地球绕太阳运动的速度大小的比值为（　　）

A. $3.39^{-\frac{1}{3}}$ B. $3.39^{-\frac{1}{2}}$ C. $3.39^{\frac{3}{2}}$ D. $3.39^{\frac{2}{3}}$

解析：本题考查题 $G\dfrac{Mm}{r^2}=mr\dfrac{4\pi^2}{T^2}$ 的运用。题目给出了该行星的公转周期为 3.39 年，为地球公转周期的 3.39 倍，运用公式中的 $G\dfrac{Mm}{r^2}=mr\dfrac{4\pi^2}{T^2}$ 得 $\left[\left(\dfrac{r_1}{r_2}\right)^3=\left(\dfrac{T_1}{T_2}\right)^2\right]=3.39^2$，由 $\omega=\sqrt{\dfrac{GM}{r^2}}$ 知 $\dfrac{v_1}{v_2}=\sqrt{\dfrac{r_2}{r_1}}=3.39^{-\frac{1}{3}}$。

答案：A

4. 计算中央天体质量（密度）。

(1) 通过黄金公式。

由公式中的 $G\dfrac{Mm}{R^2}=mg$，得 $M=\dfrac{R^2g}{G}$。

[习题] 宇航员在地球表面以一定初速度竖直上抛一小球，经过时间 t 小球落回原处；若他在某星球表面以相同的初速度竖直上抛同一小球，需经过时间 $5t$ 小球落回原处。（取地球表面重力加速度 $g=10$ m/s^2，空气阻力不计）已知该星球的半径与地球半径之比为 $R_星:R_地=1:4$，求该星球的质量与地球质量之比 $M_星:M_地$。

解析：本题考查了对"黄金公式"的理解和运用。容易算出该星球表面重力加速度为 2 m/s^2，由 $G\dfrac{Mm}{R^2}=mg$ 得 $\dfrac{M_星}{M_地}=\dfrac{R_星^2 g_星}{R_地^2 g_地}=\dfrac{1}{80}$。

答案：$1:80$

（2）通过卫星的运动求出中央天体的质量。

由公式 $G\dfrac{Mm}{r^2}=mg_h=ma_n=m\dfrac{v^2}{r}=mr\omega^2=mr\dfrac{4\pi^2}{T^2}$ 知：若已知轨道半径 r，且已知 v、ω、T 中的任意一个，就可以求出中央天体的质量 M。

[习题]"嫦娥一号"奔月示意图如图 3-15 所示，卫星发射后通过自带的小型火箭多次变轨，进入地月转移轨道，最终被月球引力捕获，成为绕月卫星，并开展对月球的探测。据媒体报道，"嫦娥一号"卫星环月工作轨道为圆轨道，轨道高度 200 km，运行周期 127 分钟。若还知道引力常量和月球平均半径，仅利用以上条件能求出的物理量是（　　）

A．月球表面的重力加速度
B．月球对卫星的吸引力
C．卫星绕月球运行的速度
D．卫星绕月球运行的加速度

解析：本题考查了对公式 $G\dfrac{Mm}{r^2}=mr\dfrac{4\pi^2}{T^2}$ 的理解和运用。已知月球半径 R

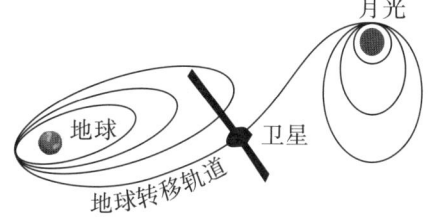

图 3-15

及卫星的轨道高度 h，即已知卫星的轨道半径为 $r=R+h$，又已知卫星的周期，由公式中的 $G\dfrac{Mm}{r^2}=mr\dfrac{4\pi^2}{T^2}$ 即可计算月球的质量，再由 $G\dfrac{Mm}{R^2}=mg$ 可计算月球表面的重力加速度。而卫星的线速度 $v=\dfrac{2\pi r}{T}$、向心加速度 $a=\left(\dfrac{2\pi}{T}\right)^2 r$ 均可求。

答案：ACD

　　此案例主要是对知识点的专题总结及对习题的归类处理。对于公式的复习，不要求死记硬背，而强调掌握公式的原理、特点和应用。在进行章末复习时，不是简单罗列知识点，也不是就题讲题，而是在专题归纳和总结知识点的基础上将同类的习题、同类分析方法的题放在一起讲解。复习过程中同样强调了学生的自主讨论归纳在先、教师的完善总结在后的复习策略。知识点与对应例题的有效结合，体现了精题巩固的作用。

　　章末复习在整个教学工作中是一个不可轻视的环节，它能够帮助学生解决在一个阶段的学习中遇到的困惑，同时也能及时地巩固一章中的重要知识和实际问题。章末复习的成功与否，直接影响到学生对知识理解和应用的提升高度。在复习过程中，只有把自主建构、交流讨论、精题巩固这三个环节有效地结合起来，才能让复习课起到画龙点睛的作用，才能使学习更有效。

第三节 期中复习教学方法策略及案例研究

期中复习通常是指在期中考试之前进行的一种阶段性复习，它建立在章后复习的基础之上，但又不是简单的章后复习累加，比章后复习更具有系统性。

一、期中复习的意义

学生经过半个学期的学习，可能已经遗忘了一些前面学过的知识，并开始混淆一些相似的概念，这时教师引导学生进行复习，具有两个方面的意义。

（一）期中复习是一个帮助学生回顾知识和巩固知识的过程

众所周知，记忆和理解是学习的两个最重要的元素，记忆是理解的基础，但是记忆又总是和遗忘相伴相随，一些知识如果长时间不去回顾就有被遗忘的危险，而期中复习可以唤起学生对旧知识点的回忆。根据遗忘的规律，遗忘的过程总是先快后慢，而经过期中复习以后就可以延长对知识点记忆的时间。

（二）期中复习也是一个对章节知识进行串联和加深的过程

通常期中考试前学生都学习了几章内容，而根据教材编写的顺序，通常前后两章之间都会有一定的联系，这样期中复习的时候就可以帮助学生把相关知识串联起来，加深学生对知识的理解。俗话说：温故而知新，就是这个道理。

二、期中复习的教学目的

面临期中考试，学生心里多少会有点紧张，因此他们对期中复习抱有很高的期望。这时教师要明确期中复习要达到的教学目的。

（一）梳理知识，把知识结构化、网络化

期中复习除了把整章整节的知识点进行梳理，让学生掌握每章知识中的重点、难点外，还应该帮学生把知识点串成一个系统，向学生揭示知识点与知识点之间的本质联系和区别，把相似的概念和知识点加以归纳和比较，把

知识点串成链，再把知识链织成网。比如两个相似的物理公式，它们的条件和适用范围不同，使用公式时需要注意的问题也不同，等等。

（二）帮助学生消化知识，查漏补缺

由于生活中错误概念的干扰、认知水平的局限，学生往往会对新概念、新知识、新规律产生理解上的偏差、认知上的遗漏，这是一种普遍现象。学生对概念的理解是一个逐步深化的过程，物理教学的设计同样是螺旋式上升的，例如运动和力学知识在初中就讲过了，到高中也讲，但讲的内容和深度都有所不同，初中以定性分析为主，高中以定量分析为主；初中讲匀速直线运动，高中讲匀变速直线运动和曲线运动。总之，循序渐进是自然的学习规律，任何人都不能违背。适时正确的复习方法可以帮助学生加快这个认知过程的完成，因此教师要摸清学生在这一阶段学习过程中的情况，因材施教，帮助学生克服学习过程中还没完全理解的概念、规律等，帮助他们进行查漏补缺。

（三）提高学生综合运用知识和举一反三的能力

新课教学的主要教学目标是让学生对知识有一个正确的认知和理解，而期中复习的一个重要教学目标是要求学生提高综合运用知识、灵活解决实际问题的能力，为日后高三的综合复习打好基础。新课教学主要是帮助学生建立正确的物理概念和物理模型，平时练习也以简单的、深化概念的题型为主，较少要求解决复杂的问题，这是因为初学阶段他们掌握的知识比较零散、比较简单、比较初级。经过一段时间的铺垫，所学的知识不断积累，学生要有能力处理一些复杂背景下的综合物理题，这就要求教师在期中复习的时候对学生进行综合能力的培养。复习教学是教学的进一步深化，是能力培养的重要环节和有效手段。

三、期中复习的教学模式和方法

期中复习通常是在期中考试之前进行，在时间上具有特殊性，所以教师可以根据时间的宽松程度来选择采用单纯的知识型复习课还是知识应用型复习课。

如果可供复习的时间比较少，一般采用如下复习方法：系统概括知识，构建知识体系，归纳重点难点，分析比较容易混淆和容易出错的物理规律，等等。

案例 3-4

画知识结构图的方式

比如在复习《普通高中课程标准实验教科书物理（必修2）》机械能和

功能关系这些知识点的时候，就可以采用两个知识结构图（如图 3－16、图 3－17 所示）：

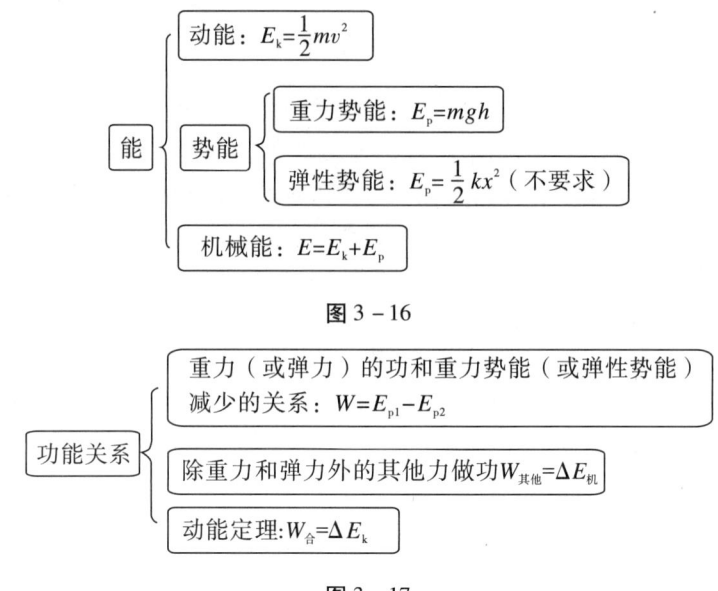

图 3－16

图 3－17

第一个知识结构图能够帮助学生理解动能、势能和机械能这三个概念之间的联系和区别，第二个结构图能够帮助学生有效地区别这三种能和功之间的关系，简洁明了。

案例 3－5

列表格的方式复习

在期中复习的过程中比较两个相似概念或知识点之间的区别时，我们也常采用列表格的方式来进行比较（如表 3－1 所示）。例如比较动能和势能：

表 3－1　动能和势能的区别与比较

动　能	势　能	
物体由于运动而具有的能叫作动能	相互作用的物体凭借其位置而具有的能叫作势能	
	重力势能	弹性势能
$E_k = \dfrac{1}{2}mv^2$	$E_p = mgh$	$E_p = \dfrac{1}{2}kx^2$
物体的动能和势能之和称为物体的机械能		

同样是复习动能和势能,对比上一种方式,这种列表格的形式重在比较两者之间的区别,能够帮助学生更好地区别一些容易混淆的概念。

案例 3-6

用方框流程图的方法复习

方框流程图能够比较清楚地反映出各知识点之间的相互联系,如在复习汽车启动问题时(加速度恒定启动)可以画流程图(如图 3-18 所示)。这种复习形式能够反映各个量之间的因果关系,帮助学生梳理思维过程。

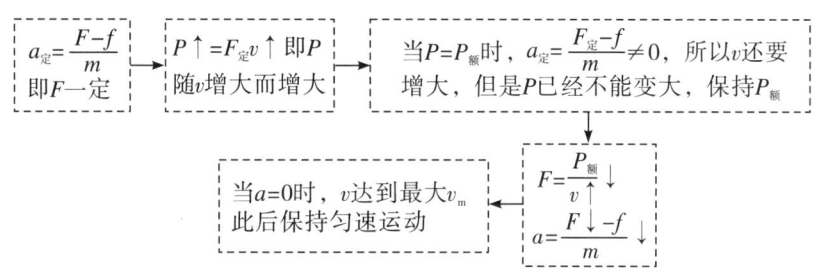

图 3-18

对于上述三种复习方式,教师可以根据自己复习过程中需要突出的重点目标进行选择,如果想快速地梳理知识点,则采用第一种方式;如果重在帮助学生区别一些易混淆的概念,则采用列表格的形式;如果想帮助学生复习某一物理思维过程,用第三种方式效果更好。但是不管什么样的方法,目的都是要发挥学生的主体作用,让学生充分参与进去,发挥学生的主观能动性,使复习省时、有效。下面举两个复习案例以供参考。

案例 3-7

《普通高中课程标准实验教科书物理》(选修 3-2)期中复习

由于高二下学期前半段主要学习的是"电磁感应"的内容,学生学完后容易将这些知识点与之前学过的磁场中的一些知识点混淆起来,所以复习的时候要加强对所学知识的应用,并注意与已学知识点进行区别,尝试以表格的形式进行总结、区别,比如左手定则、右手定则的使用规律等。由于复习时重在应用,所以本案例采用的是知识应用型复习课形式。应用型复习课通常需要更多的时间,因其以应用为主、以知识点的复习为辅,目的在于培养学生应用知识的能力,使学生在此过程中对知识点加以巩固和理解。这种复习方式通常要用相关知识点配合相应的练习进行复习。

本次复习需要达到以下几个目标：

（1）通过复习唤起学生对学过的知识点——电磁感应定律、交变电流的回忆。

（2）借助知识点之间的区别和联系，帮助学生逐渐建立一个相关知识点的网络框架。

（3）通过对相应知识点的练习，加强学生对知识点的理解，巩固所学知识。

一、电磁感应现象的条件

闭合电路的磁通量发生变化，此时也可产生感应电流。

1. 磁通量发生变化，由 $\varPhi = BS\cos\theta$ 可知磁通量变化有三种情形：

（1）B 变化而 S 不变。

（2）B 不变而 S 变，或 B 与 S 的夹角 θ 不变。

（3）B 和 S 都变。

2. 闭合回路，只有电路闭合才有电流。要说明：不闭合，没有感应电流，但是可能会有感应电动势。

二、感应电流方向的判断——楞次定律和右手定则

1. 楞次定律内容：感应电流的磁场总是阻碍原磁通量的变化（注意："阻碍"不等于"阻止"）。

运用楞次定律判断电流方向的四个步骤：一"原"二"变"三"感"四"螺旋"。即：

（1）明确穿过闭合回路的原磁场的方向。

（2）判断穿过闭合回路磁通量是增加还是减少。

（3）利用楞次定律确定感应电流的磁场方向。

（4）利用安培右手螺旋定则判定感应电流的方向。

从能的转化和守恒所产生的效果来理解，楞次定律还可以拓展到以下4个方面：

（1）阻碍原磁通量的变化（增反减同）。

（2）阻碍导体的相对运动（来拒去留）。

（3）通过改变线圈面积来"反抗"磁通量的变化（增缩减扩）。

（4）通过延缓电流变化而阻碍（"自感"现象）。

2. 右手定则——伸开右手，使拇指与其余四个手指垂直，让磁感线穿过掌心，并使拇指指向导线运动的方向，这时四指所指的方向就是感应电流的方向。

适用条件：导体在磁场中切割磁感线。

3. 两种方式的关系。

可以认为右手定则是楞次定律的一种特例,所以能用右手定则的地方用楞次定律也是可以解决的,只不过对于部分导体切割磁感线的情况用右手定则更简便。

【练习与应用】(略)

三、感应电动势的计算——法拉第电磁感应定律

1. 定律内容:闭合电路中感应电动势的大小,跟穿过这一电路的磁通量的变化率成正比。

2. 表达式1: $E = n\dfrac{\Delta \Phi}{\Delta t}$;

   表达式2: $E = Blv\sin\theta$。

3. 理解定律内容的注意事项:为了更好地理解电磁感应定律,学生需要区别磁通量、磁通量的变化量、磁通量的变化率之间的关系。

表 3-2

物理量	单位	物理意义	计算公式
磁通量 Φ	Wb	表示某时刻或某位置时穿过某一面积的磁感线条数的多少	$\Phi = B \cdot S_\perp$
磁通量的变化量 $\Delta \Phi$	Wb	表示在某一过程中穿过某一面积的磁通量变化的多少	$\Delta \Phi = \Phi_2 - \Phi_1$
磁通量的变化率	Wb/s	表示穿过某一面积的磁通量变化的快慢	$\dfrac{\Delta \Phi}{\Delta t} = \begin{cases} \dfrac{\Delta BS}{\Delta t} \\ B\dfrac{\Delta S}{\Delta t} \end{cases}$

穿过一个平面的磁通量大,磁通量的变化量不一定大,磁通量的变化率也不一定大;磁通量的变化率在图象上表现为 $\Phi - t$ 图象的斜率或者从 $B - t$ 图象的斜率上也能反映出来。

4. 两个计算公式的比较(见表3-3):

表 3-3

类别		$E = n\dfrac{\Delta \Phi}{\Delta t}$	$E = Blv\sin\theta$
区别	研究对象	整个闭合回路	回路中做切割磁感线运动的那部分导体
	适用范围	各种电磁感应现象	只适用于导体切割磁感线运动的情况
	计算结果	求得的是 Δt 内的平均感应电动势	求得的是某一时刻的瞬时感应电动势
	适用情境	用于磁感应强度 B 变化所产生的电磁感应现象（磁场变化型）	用于导体切割磁感线所产生的电磁感应现象（切割型）
联系		\multicolumn{2}{l	}{$E = Blv\sin\theta$ 是由 $E = n\dfrac{\Delta \Phi}{\Delta t}$ 在一定条件下推导出来的，该公式可看做法拉第电磁感应定律的一个推论}

【对点练习】（略）

四、电磁感应现象中综合问题的应用

1. 电磁感应中的电路问题。

（1）解决与电路相联系的电磁感应问题的基本方法：

①用法拉第电磁感应定律和楞次定律（右手定则）确定感应电动势的大小和方向。

②确定内电路和外电路，画等效电路图。

③运用闭合电路欧姆定律，串、并联电路的性质，电功率等公式求解。

（2）与上述问题相关的几个知识点：

①电源电动势 $E = n\dfrac{\Delta \Phi}{\Delta t}$ 或 $E = Blv$。

②闭合电路欧姆定律 $I = \dfrac{E}{rR}$。

③通过导体的电荷量 $q = I\Delta t = \dfrac{n\Delta \Phi}{R}$。

【对点练习】用均匀导线做成的正方形线框边长为 0.2 m，正方形的一半放在垂直纸面向里的匀强磁场中，如图 3-19 所示。当磁场以 10 T/s 的变化率增强时，线框中点 a、b 两点间的电势差是（　　）

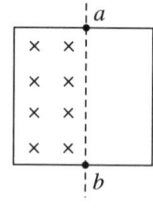

图 3-19

A. $U_{ab} = 0.1$ V　　　　　B. $U_{ab} = -0.1$ V
C. $U_{ab} = 0.2$ V　　　　　D. $U_{ab} = -0.2$ V

命题意图：本题旨在考查学生对法拉第电磁感应定律和闭合电路欧姆定律的应用。

答案：B

2．电磁感应中的力学问题。

由于通电导线在磁场中将受到安培力的作用，电磁感应问题往往和力学问题联系在一起，解决这类问题的基本方法是：

（1）用法拉第电磁感应定律和楞次定律求感应电动势的大小和方向。

（2）求回路中的电流。

（3）分析导体受力情况（包含安培力，用左手定则确定其方向）。

（4）列出动力学方程或平衡方程并求解。

注意事项：电磁感应中的力学问题，常常以导体棒在滑轨上运动的问题形式出现，要抓住受力情况、运动情况的动态分析。导体受力运动产生感应电动势→感应电流→通电导体受安培力→合外力变化→加速度变化→速度变化→感应电动势变化……周而复始地循环，循环结束时，加速度等于零，导体达稳定运动状态，抓住 $a=0$ 时，速度 v 达最大值特点。

【对点练习1】如图3－20甲所示，两根足够长的直金属导轨 MN、PQ 平行放置在倾角为 θ 的绝缘斜面上，两导轨间距为 L。M、P 两点间接有阻值为 R 的电阻。一根质量为 m 的均匀直金属杆 ab 放在两导轨上，并与导轨垂直，整套装置处于磁感应强度为 B 的匀强磁场中，磁场方向垂直斜面向下。导轨和金属杆的电阻可忽略。让 ab 杆沿导轨由静止开始下滑，导轨和金属杆接触良好，不计它们之间的摩擦。

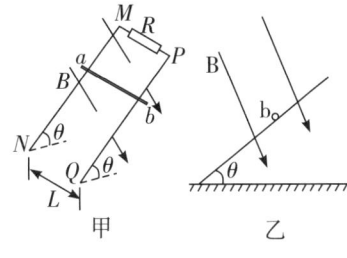

图3－20

（1）由 b 向 a 方向看到的装置如图3－20乙所示，请在图中画出 ab 杆下滑过程中某时刻的受力示意图；

（2）在加速下滑过程中，当 ab 杆的速度大小为 v 时，求此时 ab 杆中的电流及其加速度的大小；

（3）求在下滑过程中，ab 杆可以达到的最大速度。

命题意图：本题旨在指导学生处理电磁感应和力学的综合题。引导学生能正确地进行动态分析并总结受力情况、运动情况的动态分析及思考路线：导体受力运动产生电动势→感应电流→通电导体受安培力→合外力变化→加速度变化→速度变化→感应电动势变化……周而复始的循环，直至最终达到稳定状态，此时加速度为零，而速度 v 通过加速达到最大值做匀速直线运动或通过减速达到稳定值做匀速直线运动。

解析：ab 杆的受力分析如图 3-21 所示。（略）

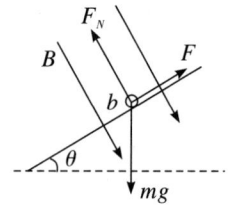

图 3-21

3. 电磁感应现象中的能量转化与守恒。

（1）知识点讲解：在电磁感应现象中，通过克服安培力做功，把机械能或其他形式的能转化为电能。克服安培力做多少功，就产生多少电能。若电路是纯电阻电路，转化过来的电能也将全部转化为电阻的内能。

（2）求解电磁感应现象中能量守恒问题的一般思路：

①分析回路，分清电源和外电路。

在电磁感应现象中，切割磁感线的导体或磁通量发生变化的回路将产生感应电动势，该导体或回路就相当于电源，其余部分相当于外电路。

②分析清楚有哪些力做功，明确有哪些形式的能量发生了转化。如表 3-4 所示：

表 3-4

做功情况	能量变化特点
滑动摩擦力做功	有内能产生
重力做功	重力势能必然发生变化
克服安培力做功	必然有其他形式的能转化为电能，并且克服安培力做多少功，就产生多少电能
安培力做正功	电能转化为其他形式的能

（3）根据能量守恒列方程求解（电能的三种求解思路）：

①利用克服安培力做功求解：电磁感应中产生的电能等于克服安培力所做的功。

②利用能量守恒求解：相应的其他能量的减少量等于产生的电能。

③利用电路特征求解：通过电路中所消耗的电能来计算。

【对点练习2】如图 3-22 所示，将两根光滑的金属导轨平行放置在倾角为 θ 的斜面上，导轨的左端接有电阻 R，导轨自身的电阻可忽略不计。斜面处在一匀强磁场中，磁场方向垂直于斜面向上。质量为 m、电阻可以不计的金属棒 ab，在沿着斜面与棒垂直的恒力 F 作用下沿导轨匀速上滑，并上升 h 高度，在这一

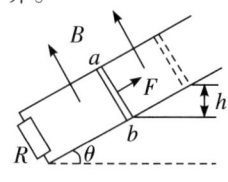

图 3-22

过程中（　　）

A. 作用于金属棒上的各个力的合力所做的功等于零

B. 作用于金属棒上的各个力的合力所做的功等于 mgh 与电阻 R 上产生的焦耳热之和

C. 恒力 F 与安培力的合力所做的功等于零

D. 恒力 F 与重力的合力所做的功等于电阻 R 上产生的焦耳热

命题意图：本题从基础层次考查学生安培力做功与电能之间的关系，并与动能定理、能量守恒定律相综合。

答案：AD

【对点练习3】如图3－23所示，质量 $m_1 = 0.1$ kg，电阻 $R_1 = 0.3$ Ω，长度 $l = 0.4$ m 的导体棒 ab 横放在 U 型金属框架上。框架质量 $m_2 = 0.2$ kg，放在绝缘水平面上，与水平面间的动摩擦因数 $\mu = 0.2$。相距 0.4 m 的 MM'、NN' 相互平行，电阻不计且足够长，电阻 $R_2 = 0.1$ Ω 的 MN 垂直于 MM'。整个装置处于竖直向上的匀强磁场中，磁感应强度 $B = 0.5$ T。垂直于 ab 施加 $F = 2$ N 的水平恒力，ab 从静止开始无摩擦地运动，始终与 MM'、NN' 保持良好接触。当 ab 运动到某处时，框架开始运动。设框架与水平面间最大静摩擦力等于滑动摩擦力，g 取 10 m/s²。

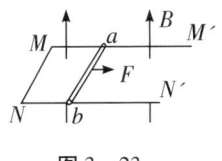

图 3－23

（1）求框架开始运动时 ab 速度 v 的大小；

（2）从 ab 在框架上运动的过程中，MN 上产生的热量 $Q = 0.1$ J，求该过程 ab 位移 x 的大小。

命题意图：电磁感应综合力学临界问题，结合动能定理求解电磁感应中的能量问题。

答案：(1) 6 m/s　(2) 1.1 m

本节复习课采用了提纲式和列表格的形式来帮助学生复习基本知识点，并通过习题的形式对一些比较重要的知识点进行巩固和加深理解。对于一些综合性比较强的训练，如对点练习第1、第3题，采用的是让学生课后完成的形式来达到深化训练的目的。

案例 3-8

按所给考试内容进行的期中复习教学

案例说明：此案例结合了笔者根据考试范围上的一堂期中复习课，并根据上课的效果进行的一次反思，其中既有复习案例，也有自己对复习案例的一些改进方案，可以说是一种递进而且比较完整的案例模式。因为期中考试考试范围广、准备时间又短，所以教师要在短时间里面把重要知识点简明扼要地讲授给学生。这就需要老师在课前做好大量的准备工作，如分析教材、分析考纲、分析学生的学习情况、总结自己的教学过程，从而在上复习课时查漏补缺，突出重点。此案例采用的是自编复习大纲和精选典型例题相结合的形式。

如果有人问："有新课、试验课和复习课三种物理课，供你选择其中一种作为调研公开课，你会偏向于上哪一种课？为什么？"这个问题不好回答，但是，不选择上复习课的可能性比较大。因为很多教师都感到复习课难上。首先，复习课没有一定的模式且教学内容缺少新鲜感，学生易产生厌学情绪；其次，许多教师认为复习时需要将知识系统化、条理化，故教师往往会面面俱到地梳理概念、规律，再加上对"熟能生巧"的确信，所以普遍使用"题海战术"，但效果并不理想。比如，有些已经反复复习过几遍的内容，学生在考试时仍然难免出错。

对此，笔者深有体会，因此以期中复习课为案例进行阐述。

这次期中复习课，因为考试范围涉及4本教材［《高中物理（必修1）》《高中物理（必修2）》《高中物理（选修3-1）》《高中物理（选修3-2）》］，所以学生将其戏称为"四章经"。本来笔者打算用三节课的时间来复习，后来考虑到课时比较紧张，就把复习课时压缩成一节课，教案以自编复习大纲和精选一些典型例题相结合为主。

一、案例重现

《高中物理（必修1）》复习大纲：

1. 运动的描述（两个基本概念、五个基本物理量、如何处理数据）。

2. 匀变速直线运动规律（速度图象的物理意义、四条基本运动学公式）。

3. 相互作用（重力、弹力、摩擦力的大小和方向，一个物体的受力如何分析和计算）。

4. 牛顿运动定律（三大定律内容和表达式）。

实验仪器：打点计时器的使用。

《高中物理（必修2）》复习大纲：

5. 曲线运动（平抛运动的特点和运动规律）。

6. 圆周运动（圆周运动的特点和运动规律）。

7. 万有引力定律（卫星绕行星运动原因和运动规律）。

8. 机械能守恒定律（功的计算方法、动能定理和机械能守恒定律的内容）。

《高中物理（选修3-1）》复习大纲：

1. 电场（电场的力和能的特点，带电粒子在电场中的运动规律）。

2. 电路（串、并联电路的特点、闭合电路的特点和基本规律，以及两种特性曲线的电路动态分析）。

3. 磁场（磁场的力和能的特点，带电粒子在磁场中的运动规律）。

实验仪器：游标卡尺、螺旋测微器和万用表的使用。

《高中物理（选修3-2）》复习大纲：

4. 电磁感应（电磁感应的特点和规律）。

5. 交变电流（描述交变电流的物理量和基本规律，以及变压器的运用）。

6. 传感器（了解）。

把每一本教材要复习的关键内容用一页课件展示出来，所以只用了4页课件。不用说，大家会有这样的疑问：内容如此多，一堂课能复习完吗？说实话，完全不能，尽管笔者已对复习内容划分重点和难点，次要和简单的就留给学生课后自行完成，但也解决不了学生思维跟不上的大问题。

除了复习大纲，还有典型例题穿插其中。如果只是根据复习大纲引导学生回忆对应的概念、规律和方法，而没有相应的例题，学生肯定会一头雾水。所以，笔者针对重要知识点选了6道题。

【例1】如图3-24所示，已知甲、乙两辆汽车在平直的公路上沿同一方向做直线运动，请根据图象描述甲、乙运动特点。

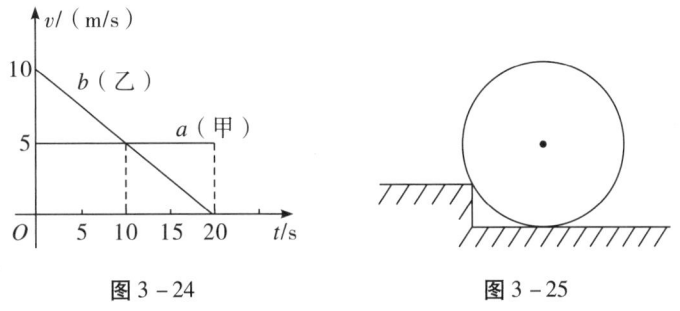

图3-24　　　　　　　　图3-25

【例2】如图3-25所示，放在光滑水平台阶上的小球受到哪几个力的作用？为什么？

【例3】如图3-26所示，放在水平面上的 A、B、C 三个物块在 F 拉力作用下保持静止，请分析三个物块所受摩擦力大小和方向。

【例4】图3-27是一个示波管工作原理的示意图，试用图中所标物理量写出偏移量 h 的表达式。

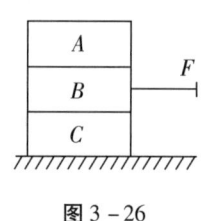

图 3-26

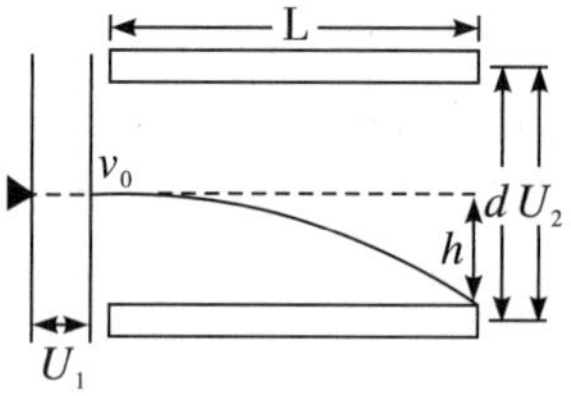

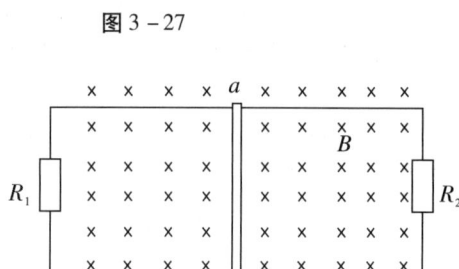

图 3-27

【例5】如图 3-28 所示,已知磁场磁感应强度为 B,导体棒 ab 长为 l,以速度 v 向右匀速运动,已知 $R_1 = R_2 = R_{ab} = R$。导轨光滑,忽略电阻。求:

(1) 通过导体棒的电流方向;

(2) 导体棒所受安培力的大小和方向;

(3) 导体棒两端电压。

图 3-28

【例6】如图 3-29 所示,已知磁场磁感应强度为 B,线圈面积为 S,转速为 ω,电阻为 r,外电阻为 R,求:

(1) 写出感应电动势的最大值和瞬时值表达式;

(2) 转过 90°时,通过 R 的发热量是多少;

(3) 转过 90°时,流经 R 的电量是多少。

二、案例解释

首先,本次期中考试的范围跟以前的考试范围不一样。以前考试范围,都是此学期学什么内容,就考什么知识,而这次期中考试的考试范围很大,包含了高中所学的所有物理内容。以前的期中考试也就两个章节的内容,最多就是一本书的内容,基本上是以复习大纲形式进行梳理,有点像我们的考试大纲,虽没有知识点的完整展示,但有一些关键字眼的提示,类似于"以点带线""以线带面""以面带体"地构建知识体系,这样方便教师与学生互动。在复习过程中,教师给学生创设一些问题,来检验学生对以往知识的遗忘程度,然后根据实际情况考虑是否要帮助学生举出相关物理现象,进而让学生再现相关物理规

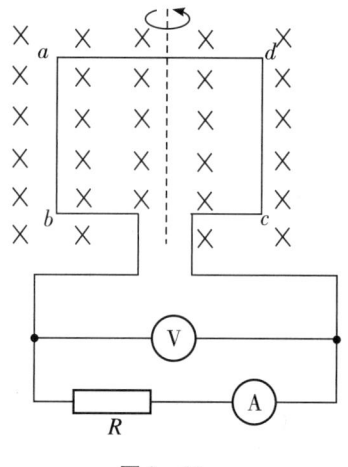

图 3-29

律和方法。笔者发现多次以这样的模式进行期中复习效果比较好。

其次，谈谈6道例题的选择。前3道例题主要考查必修1的重点内容，笔者认为这些题比较基础，所以可让学生自己先试分析，然后教师再分析和评讲这3道题。这些例题分析是为了让学生找到似曾相识的感觉，从而达到抛砖引玉的效果。后3道例题涉及选修中的重点内容及难点。比如，例4是本着学以致用的原则，使问题具有针对性，也可以使复习内容由动力学问题自然过渡到电磁学问题，重点考查带电粒子在电场中的运动特点和运动规律，也就是选修3-1第一章电场的知识点，同时，也融入了对牛顿第二定律和类平抛运动的特点的考查。当学生或者教师得出偏移量的表达式时，再创设一个问题：能否根据实际情况讨论示波器灵敏度跟哪些因素有关？通过这个创设性问题，强化学生对"学以致用"原则的体会。例5涉及的基本知识较多，包括楞次定律—右手定则（判断感应电流的方向）、法拉第电磁感应定律（单棒导体切割磁感线类问题）、闭合电路欧姆定律、安培力；涉及的物理分析方法有对物体进行受力分析、熟练应用左右手定则、根据实际电路图利用串并联知识计算电阻的大小等。问题的解决需要学生具有一定的综合能力，处在高二阶段的学生，只有极少部分的学生能完成全部问题。但是，在复习的过程中，很多同学都能完成前一问。教师适时给予学生鼓励，学生仍能体验到成就感。第（1）问是过渡与铺垫，成功地完成此问，可以给学生建立一定的自信。在第（1）问的基础上继续解第（2）问，这时，学生基础薄弱的环节就凸现出来了，估计大部分同学不能准确求出电流，因为让学生对电路进行等效变换是难度较大的要求，这样设置障碍是希望能激发学生的斗志。第（3）问只要教师适时地引导便可解决。容易出现意外的是第（2）问，第（2）问对了，第（3）问就会变得容易。例6考查的是刚刚学完的内容，主要考查基本概念的区别和简单应用，指向性非常明确，第（1）问直接考查交变电流的峰值，第（2）问中虽然问的是发热量，好像是考查能量转化问题，其实本意是考查有效值的理解，间接考查了"等效替代"的思想方法。第（3）问实际考查学生对法拉第电磁感应定律的原式的理解，启发学生思考问题、解决问题要从原意出发的意识。

最后，复习时间比较短。期末考试至少有一个星期的复习时间可供教师支配。而期中考试，前有知识要复习，后有新课要讲授，过多的复习容易影响学生对新课的掌握。所以，期中复习时教师会很纠结课堂复习时间是否可以缩减甚至省去。按照三维目标之"知识与技能"的要求归纳成条文或画图表概括进行知识点的罗列，梳理知识方法，有利于学生对知识结构有比较深入的了解，但同时容易使学生感到枯燥乏味，无法激发学生的兴趣。或是按照三维目标之"过程与方法"的要求通过出示一个或几个相应的例题或练习，让学生尝试去解决，但因为学生的尝试没有足够的时间支撑，所以并不能彻底激发大部分学生的逻辑思维能力，导致学生只能听老师的解释。这样，学生就失去了对"方法"的思考和揭示知识内涵过程即选择判断的过程的机会。长此以往，就形成了学生"上课听得懂，课后或考试不会思考、不会做题"的怪现象。

三、案例反思

事实证明，这节期中物理复习教学课案例中的一些教法违背了学生实际学情，忽视了学生的心理需求，犯了大多数教师最容易犯的错误——不信任学生的能力和对学生的引导不够恰当。因为时间紧张，复习课时压缩太多，出现了"填鸭式"的复习教学——满堂灌，学生很难接受和思考这些内容，更谈不上"温故而知新"。那么，如何提高期中物理复习的有效性呢？笔者从自己的案例中总结出以下几点原则。

1. 一定要及时照顾到学生的心理需求。

以"学生为本"为原则。在物理复习课中，笔者发现，当教师提出一些创设性的问题时，学生会为之振奋，就会集中精力去思考问题，这明显反映了学生需要通过问题的引导来激发学生复习"基础知识"的迫切需求的"求知"心理要求。因此，把握、顺应学生的心理对于保证复习效果很关键。

2. 高效利用有限时间进行查漏补缺。

复习是把书本读"薄"的过程，如果硬塞大量"死知识"给学生，就忽视了学生的心理需求，也失去了大量宝贵的时间，这样复习是低效的。倒不如根据心理学的"短板效应"，让学生进行查缺补漏高效得多。所谓的"查漏补缺"，其实就是找到学生以前学习中的"错误"，再把这些"典型"错误作为教学资源开展复习教学。在这一环节中，设置适当的问题情境是查出"漏洞"的关键，因为已经熟知的问题是查不出"漏洞"的。面对熟知的问题，即使学生回答正确也不代表他一定就懂了，有可能是记住了问题的答案。所以，应设置陌生情境来找出学生存在的错误。陌生情境的设置必须有以下特点：①情境新颖，有利于提高学生的学习兴趣；②问题较为发散，容易发现学生存在的错误；③以身边的问题为研究对象，有助于理论联系实际，提高学生透过现象看本质的能力。教学经验告诉我们，只有查出了知识"漏洞"，才能有效地"补缺"。

3. 所选题目要具有基础性、针对性、适当性、典型性和层次性。

要紧紧围绕课时复习目标，使基础知识、基本技能、基本方法、基本思想、解题规律等，重复出现，螺旋式递进。这符合学生的认知规律，有助于学生掌握问题的来龙去脉，加速从模仿到灵活运用的过程，形成深刻印象。首先，复习题应该具有基础性。复习题的选择应避免开始就是偏题、怪题和难题，这对巩固基础知识是非常不利的。其次，复习题应该具有针对性。一节课下来，一个章节或一部分知识复习过后，重点在哪我们的习题就要针对哪，不要让一些无用的"偏、难、怪"题冲淡了重点。再次，习题应该具有适当性。复习题要难度适中，太容易则不易增强学生对知识的把握深度，太难则会成为学生"不可能完成的任务"，达不到巩固知识的目的，让学生望而生畏，抹杀学生的自信心。要把握一个"度"，让学生"跳一跳，够得着"，题量也要适中，并不是做得越多效果越好。还有，习题应该具有典型性。习题要具有一定的代表性，保证"一题"涉及"一类问题"，而不是就题论题，所以课后要有选择性地布置作业加以巩固，当然，练习题也要经典。最后，习题还要具备层次性。知识的掌握是循序渐进的，习题也应该由易到难，要避免讲授完新知识后，立马把大量高三的复习题、针对该知识点的高考题搬过来一阵狂轰滥炸，好像难不住学生就显示不出老师的水平似的。

综上所述，即是笔者对自己的一个复习教学案例的几点总结，或者说是反思。

此案例展示了一个复习案例的全部过程，甚至包括教师的备课环节。在有很多知识点需要复习的情况下，如何来展开复习，首先教师自己得列一个知识点的提纲，并根据知识提纲精选习题，突出重点，提高学生的复习效率。另外，在案例反思中，再把复习课的要点进行完善：

（1）以学生为本，通过问题带动复习"基础知识"。

（2）利用学生常犯的"典型"错误，将这些错误作为教学资源开展复习教学从而提高查漏补缺的效率。

（3）精选题目的基本原则——所选题目应具有基础性、针对性、适当性、典型性和层次性。总之，把握好这些原则才可以帮助教师更轻松地备课，也能帮助学生更有效地复习！

第四节　期末复习教学方法策略及案例研究

俗话说："工欲善其事，必先利其器。"期末考试要想学生考取好成绩，除了平时让学生打好基础，提高其能力外，还要注意以下几点。

一、明确"期末复习"任务

期末总复习是教学的重要组成部分，是教学的重要一环。复习是温故而知新的教学过程，通过期末复习，使学生对所学知识加深理解，系统掌握，全面提高，综合运用。同时，期末总复习又是补缺补差的过程，从教师角度来讲，期末总复习可以弥补平时教学的不足，从学生角度来讲，可以弥补平时学习中的漏缺环节。总之，通过期末总复习，可以提高学生的整体知识水平，发展学生的智力和能力，大面积提高教学质量。上期末复习课，教师任务更重，要求更高；学生学习更紧张，节奏更快。

二、确定"期末复习"目标

复习目标对复习课起着导向、激励、调节和评价的作用。复习目标的确定，要依据以下两个方面。

（一）依据教材，抓住重点、难点和考点

期末总复习要从教材整体性出发，按知识体系或按章节单元，抓住重点、难点和考点，制定复习目标，使学生对知识形成整体性把握，再进一步对重点与难点知识进行加深与拓宽，从多层次、多角度认识重点与难点知识，以求解题时不会遇到大的障碍，紧扣住得分点。

（二）依据学生实际

对基础好的和基础差的学生要有不同的目标要求，要因材施教，使他们各有所得。实际教学活动中，就某一节课的目标而言应有所侧重，不要平均使用时间和精力，要有计划地将课堂复习目标重点定位在认知、能力的某一方面，从而保证学生整体素质的协调发展。

三、制订"期末复习"计划

复习时间、内容安排要适当。一定要在复习前就把整个复习时间的长短计划好，这样就可以自己把握好每节、每章是进行细致性复习，还是只进行重点难点的攻克。做好计划很关键，否则到考试前，很容易出现一节课讲多节内容的情况，很可能会使复习效果不佳。

四、组织"期末复习"课堂形式

（1）明确复习课的目标及重点、难点。
（2）系统归纳知识点：运用自主、合作的方法进行旧知识点的归纳。
（3）讲解对应的典型习题。
（4）对重点知识拓展延伸，形成学力。

把握期末复习课的特点，掌握科学合理的复习方法也很关键。复习方法多种多样，教师应该根据自己的实际情况，选取科学、高效的复习方法。那么该如何上好期末复习课，提高复习质量，最大限度地取得复习效果？

五、"期末复习"方法介绍

(一) 从知识内容方面出发

1. 知识点的复习

依据新课标,着重复习教材及重点、难点。

2. 专项复习

分类归纳集中,在大的知识体系中重新建构知识结构。

3. 综合复习

综合运用,形成能力,模拟答题,制订计划,惜时高效。

(二) 从学生角度出发

期末复习中,怎样才能既进一步理解、活用知识,又从新的角度融会贯通,而不是简单地重复阅读?教师应该给学生介绍消化、简化、序化、系统化"四化"复习法。

1. 消化

消化是知识有效存储的基础与前提。如果对所学的知识不理解,就谈不上真正的消化,而尚未消化的知识是进不了"信息库"的。如果只是让学生死记硬背,机械地重复记忆,即使背得滚瓜烂熟,所复习的内容在他们的头脑中,也只能像油一样浮在水面上,不能同头脑中已有的知识融合在一起,这就会出现"消化不良"。

要想让学生消化,就要从学生的实际出发,做到有所不为,才能有所为。复习时,讲到许多同学不会的、陌生的知识点时,如果只图快、图量大,什么都讲,结果只能贪多嚼不烂,复习跟没复习区别不大,所以应该稳扎稳打,步步为营,宁肯少些,也要好些。

2. 简化

简化是总复习的关键一环。所谓简化,就是要把厚书读薄。简化的关键是将知识浓缩概括,这也是教师最重要的一项技能。将繁杂的知识简单化,将零乱的知识条理化,使知识相互之间逻辑化。经过加工整理,就可以用简单明了的公式、符号和图表等多种形式,将知识纳入有机的体系之中。就能把知识变成自己的,既利于记忆储存,又便于提取使用,运用时就能做到思路纵横伸展,得心应手。

3. 序化

序化是从占有知识到牢固储存知识过程中的重要一步。从某种意义上讲、"序化"的过程，也是对知识进行"集装"的过程。如同轮船装货，同样多的货物，用"集装箱"装比起散装来，所占体积要小得多，装卸效率要高得多。有条不紊地将输入的信号分别装入大脑的各个有关功能区、进行编码和存储。如果复习中能按各学科知识的内在规律与联系，进行比较、分析、分类、综合和小结，就可以将各种知识按照规律存入存储系统之中。

4. 系统化

系统化就是经过查缺补漏，能全面系统地掌握知识。这跟前面说过的"简化""序化"有相同的地方。某些同学喜欢这样总结他的复习经验，尽管在逻辑上有经不住推敲的地方。但这样思考久了，运用时间长了，便也不失为一种有效的、特殊的复习方法。

(三) 教师要抓住五个"为主"

好的复习课就像一篇优美的散文，形散而神不散，使得学生在获取知识的同时也得到一种精神上的享受。要达到这样的效果，就必须优化复习方法。笔者认为，在期末总复习过程中要做到五个"为主"：

1. 以学生为主

复习过程是一个信息交流过程，在这个过程中，学生是主体，教材是客体，教师是媒体，教师起着沟通学生与教材的作用。复习中切忌喧宾夺主，不要以教师的讲代替学生的学，应该把学习的主动权交给学生，发挥学生的主体作用，使学生由被动变为主动，由配角变为主角，真正做学习的主人。教学要面向全体，狠抓中等生及学困生，不要搞一刀切。提高班级的成绩和及格率关键不在优等生，而中等生和学困生恰恰是关键所在。复习时要结合本班学生实际，采用可行的措施使优等生更优，中等生和学困生能及时消化所学的基础知识，做到计算准确，定义和简单应用题的理解思路清晰，力争消灭不及格现象。

2. 以课本为主

期末复习知识点多，覆盖面广，复习时既要牢固掌握基础知识，又要学会灵活运用基础知识去解决问题，既要全面掌握，又要突出重点。要重基础，不要出偏题、难题、怪题。在复习时要抓住每个章节中的基础知识，所有复习内容都要围绕基础知识去设计，坚决不用偏离基础知识的怪题去难为学生，使学生顾此失彼。学生基础知识没掌握，难题自然不会做。要重视知识间的联系，不要就题讲题。在复习时要把本章节的知识与以前所学知识灵活结合，统筹运用；复习一道题要联想到与其他知识间的联系，甚至可以展开到多种思路及解法。要抓住重点，而非面面俱到。在复习时重点一定要突出，代表性的定义、公式及典型应用题要侧重复习，采用各种有效方法使得每个学生都能真正掌握，运用自如，决不可眉毛胡子一起抓，弄得学生分不清轻重，掌握不住重点，仿佛什么都知道，实际什么都模糊。因此，我们要扎扎实实地抓好课本知识点，把课本与资料有机地结合起来，使之互为补充，相得益彰。

3. 以练为主

章节练习抓基础，单元练习抓重点，全面练习抓综合。复习课应充分体现"有讲有练，精讲多练，边讲边练，以练为主"的原则。在课堂上要给学生提供机会，练的内容要"全"，练的习题要"精"，练的方法要"活"，练的时间要"足"。训练应循序渐进，由浅入深，由简到繁。多练能训练学生的心理素质，使学生在考场上临阵不乱，沉着应战，克服非智力因素造成的不应有的失分情况。要精选练习题，不要搞题海战术。选择的复习题要有代表性，并且通过复习一题让学生掌握其解答方法，做到触类旁通，决不走过场，否则只能是事倍功半。

4. 以课内为主

要尽量在课堂上把问题解决，上课前要认真做好课前准备，了解学生掌握知识的情况，精心设计教学程序，合理安排讲练时间。总结出规律性的东西。做一题，学一法，会一类，通一片。学生通过教师讲，自己练，有常学常新之感，真正达到温故而知新之效。

5. 以能力为主

知识和能力二者是密切相连的。知识的存在和增长，是能力产生和发展的必要条件。对某种能力的培养，是在相应的训练中实现的。本着以学生为主的原则，应把能力培养练习放在课内。

六、如何提高"期末复习"效率

德国哲学家狄慈根说："重复是学习的母亲。"中外一切学有所成的人，无不重视复习。

目前中学生对复习的重视程度并不一样。据一份调查统计，重点中学优秀生课后能及时复习的有77.2%，而一般中学学生课后及时复习的仅有25.3%，"有时候复习"的学生占59.5%，还有15.2%的学生"临考前才复习"。这项调查还指出：优秀学生普遍重视复习，他们是"每天有复习，每周有小结，每章有总结"。一般中学生往往不注意复习，有的学生（尤其是初中生）连书都不看，就忙着做作业。这正是造成学优生和学困生学习差距与分化的重要原因，也是教师应该注重的重要方面之一。

怎样复习效率才高呢？要点有6个：

(一) 围绕中心，及时复习，巩固深化知识

复习的首要任务是巩固和加深对所学知识的理解和记忆。首先，要根据教材的知识体系确定好一个中心内容，把主要精力集中在这个中心上，可以让学生重复练习一个知识点两三遍，甚至通过更多的相似的练习让学生在重复中加强记忆。其次，要及时巩固所学知识，防止遗忘，选择合适本堂课复习内容的作业习题，是复习当中的主要任务。只有恰当选择习题，才能达到重复再重复的强化记忆方法。苏联教育家乌申斯基说："与其借助复习去恢复记忆，不如借助复习去防止遗忘。"复习最好在遗忘之前，倘在遗忘之后，效率就低了。要经常复习，不能一曝十寒。

(二) 查缺补漏，保证知识的完整性

教师在期末复习中，由于知识点较多，很有可能顾此失彼，而查漏补缺，就成了复习过程中不可缺少的环节。其实，这一环节在教师的出卷、找习题、批改作业的过程中都能体现，发现自己哪些知识点没有强调，并且是考试的考点，在下一节课的讲解过程中把它填补上，从而保证知识的完整性。

(三) 让学生课上先回忆，课后看书，增强复习效果

每次复习时，保证课本在桌面上，老师在复习过程中，发现学生对某个知识点出现分歧或者不确定之后，马上回归课本，一切从课本出发，并且通过重看课本加深二次记忆。针对存在的问题，再看书学习，必然会对知识印象深刻，经久不忘。这种回忆，既可检验课堂听课效果、增强记忆，又能让随后看书复习重点明确、有的放矢。

(四) 看参考书，适当拓宽知识面

教师在期末复习中，可以多查阅一些参考书，这样一方面可以了解别人复习的顺序、方法，还可以将很多参考书中的一些解题思路、方法融会贯通，从多个角度给学生讲解同一习题，让不同的学生找到适合自己的方法并把它应用；另一方面也是拓宽自己教学的一个很好的方法，参考书中的精彩部分，可取其精华，随手摘记。

(五) 给学生系统笔记，使知识条理化、系统化

边复习边整理笔记，可以采用"树"型模式或者典型例题配知识点的方法，使所学知识深化、简化和条理化。整理可以从三点入手：①综合归纳。概括各知识要点，写出内容摘要。②梳理知识。抓住知识之间的联系，厘清条理，编出纲目。③补充提示。提示复习知识点之间的联系，揭示教材的重点、关键，或正确思考的角度、方法等。

案例 3-9

<h2 style="text-align:center">高一上学期期末复习：知识网络复习微课案例</h2>

直线运动
├─ 运动的描述
│   ├─ 质点、参考系与坐标系、时刻和时间、位移和路程的概念
│   ├─ 矢量和标量
│   ├─ 描述运动快慢的物量——速度
│   │   ├─ 公式 $v = \dfrac{x}{t}$
│   │   ├─ 平均速度（与位移或时间对应）
│   │   └─ 瞬时速度（与位置或时刻对应）
│   ├─ 描述速度改变快慢的物理量——加速度
│   │   ├─ 公式 $a = \dfrac{v - v_0}{t}$
│   │   └─ 速度、速度的改变量及与加速度的区别
│   └─ 运动图象的描述
│   ├─ $x-t$ 图象
│   │   ├─ 图象的物理意义
│   │   └─ 图象斜率等于速度
│   └─ $v-t$ 图象
│   ├─ 图象的物理意义
│   ├─ 图象斜率等于加速度
│   └─ 图象与坐标轴所夹图形的"面积"等于位移
├─ 匀变速直线运动的规律
│   ├─ 规律
│   │   ├─ $v = v_0 + at$
│   │   ├─ $x = v_0 t + \dfrac{1}{2}at^2$
│   │   ├─ $v^2 - v_0^2 = 2ax$
│   │   └─ $\bar{v} = \dfrac{v + v_0}{2}$
│   └─ 几个推论
│   ├─ $\Delta x = aT^2$
│   ├─ $v_{t/2} = \dfrac{v + v_0}{2} = \bar{v} = \dfrac{x}{t}$
│   └─ 若 $v_0 = 0$，在连续相等时间内的位移比之为 $1:3:5:\cdots$
├─ 匀变速直线运动的特例：自由落体运动 （$v_0 = 0$，$a = g$）
│   ├─ $v = gt$
│   ├─ $h = \dfrac{1}{2}gt^2$
│   └─ $v^2 = 2gh$
└─ 实验：研究匀变速直线运动

知识网络框架是把课本简化的一种最直接、最直观的方式，它以直观呈现的形式，让学生清楚地知道，这本书中每个章节中有哪些知识点是必须记忆的。学生会很清晰地知道，我们这学期学了哪些东西，哪些知识看到后就感觉熟悉，而哪些知识又有种完全的陌生感，便于学生找到自己的不足和知识遗漏的地方。所以，知识框架是最有力的简化和知识回顾。但它也有自己的缺点，就是知识体系太简单，很多知识点无法讲解详细，不能给学生更加深入的了解。所以就需要知识的细化讲解和序化过程。

下面是知识细化、序化复习案例：

1. 质点

（1）没有形状、大小，而具有质量的点。

（2）质点是一个理想化的物理模型，实际并不存在。

（3）一个物体能否看成质点，并不取决于这个物体的大小，而是看在所研究的问题中物体的形状、大小和物体上各部分运动情况的差异是否为可以忽略的次要因素，要具体问题具体分析。

2. 参考系

（1）物体相对于其他物体的位置变化，叫作机械运动，简称运动。

（2）在描述一个物体运动时，选来作为标准的（即假定为不动的）另外的物体，叫作参考系。

对参考系应明确以下几点：

①对同一运动物体，选取不同的物体做参考系时，对物体的观察结果往往不同。

②在研究实际问题时，选取参考系的基本原则是能尽量简化对研究对象的运动情况的描述，能够使解题显得简捷。

③因为今后我们主要讨论地面上的物体的运动，所以通常取地面作为参照系。

3. 路程和位移

（1）位移是表示质点位置变化的物理量；路程是质点运动轨迹的长度。

（2）位移是矢量，可以用以初位置指向末位置的一条有向线段来表示。因此，位移的大小等于物体的初位置到末位置的直线距离。路程是标量，它是质点运动轨迹的长度。因此其大小与运动路径有关。

（3）一般情况下，运动物体的路程与位移大小是不同的。只有当质点做单一方向的直线运动时，路程与位移的大小才相等。图3-30中质点轨迹ACB的长度是路程，AB是位移。

（4）在研究机械运动时，位移才是能用来描述位置变化的物理量。路程不能用来描述物体的

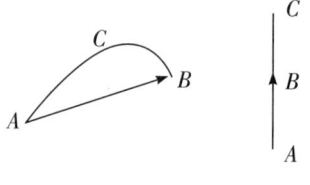

图3-30

确切位置。比如说某人从 O 点起走了 $50\,\text{m}$ 路程，我们就说不出其终了位置在何处。

4. 速度、平均速度和瞬时速度

（1）速度是表示物体运动快慢的物理量，它等于位移 s 跟发生这段位移所用时间 t 的比值。即 $v=s/t$。速度是矢量，既有大小也有方向，其方向就是物体运动的方向。在国际单位制中，速度的单位是米/秒（m/s）。

（2）平均速度是描述作变速运动物体运动快慢的物理量。一个作变速运动的物体，如果在一段时间 t 内的位移为 s，则我们定义 $v=s/t$ 为物体在这段时间（或这段位移）上的平均速度。平均速度也是矢量，其方向就是物体在这段时间内的位移的方向。

（3）瞬时速度是指运动物体在某一时刻（或某一位置）的速度。从物理含义上看，瞬时速度指某一时刻附近极短时间内的平均速度。瞬时速度的大小叫瞬时速率，简称速率。

知识点细化和序化法，是对网络框架知识点的一个补充和详细解释。借助此法，学生可以对整个章节的所有知识点复习并加深理解，可以充分发现自己哪里的知识是有缺口的，这样再次看网络框架时，就能有所侧重，捡重避轻，既达到知识简化，又使学生的知识网络形成顺序化，形成完美的结合。但这样还是不够，因为知识点的复习只是知识层面的一个回顾记忆，而学物理最重要的就是理解，所以，必须配合相应的典型习题让知识点不仅序化，而且更重系统化、连贯化，以增强知识点的理解。也使课程内容更加丰实，更加有血有肉，使学生在学习过程中，更快地掌握知识点。

下面是思维扩展复习案例：

【例1】如图 3-31 所示，一个质量为 m 的物块放在摩擦系数为 μ 的粗糙水平地面上，在一与水平面成 $30°$ 的 F 力作用下向右运动，问物体的摩擦力为多大？

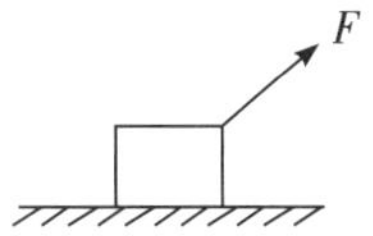

选题意图：通过本题让学生学会正确计算滑动摩擦力，计算滑动摩擦力关键是如何求正压力。此例是一个求滑动摩擦力的典型例题。

图 3-31

解析：选对物体进行受力分析，作用受力示意图，如图 3-32 所示。

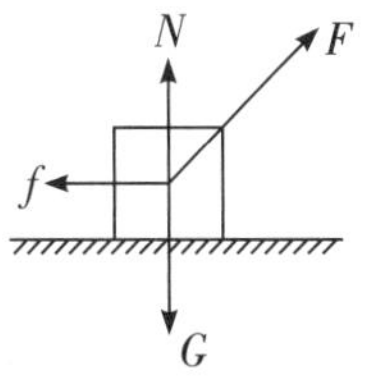

根据竖直方向上合外力为零可得，物体和地面间的正压力为：

$N = mg - F\sin 30°$

测物体受地面的滑动摩擦力为：

$f = \mu N = \mu(mg - F\sin 30°)$

答案：$\mu(mg - F\sin 30°)$

图 3-32

[例1变式题] 在例1的情境下，求物体的加速度。

这样就把必修1第三章和第四章内容一并复习，让学生思考并说出自己的想法和结果。

答案： $a = \dfrac{F\cos\theta - f}{m} = \dfrac{F\cos\theta - \mu(mg - F\sin\theta)}{m} = \dfrac{F}{m}(\cos\theta + \mu\sin\theta) - \mu g$

【例2】如图3-33所示，一质量为 m 的物块在 F 力作用下，沿一倾角为30°的粗糙斜面向上匀速运动，求物块所受的摩擦力。

选题意图：分析斜面上的滑动摩擦力是学生在这一章中的一个重点和难点内容，通过复习并深化加强理解。

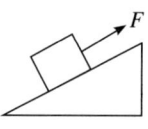

图3-33

解析：先进行物体的受力分析，如图3-34所示，这是解题的关键步骤。

因为物体向上匀速运动，物体沿斜面方向受力平衡，可得：

$f = F - mg\sin\theta$

还可以用和例1中的方法一样求得滑动摩擦力的另一表达式：

$f = \mu mg\cos 30°$

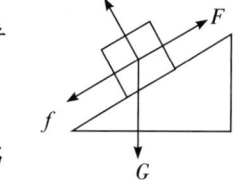

图3-34

答案： $F - mg\sin 30°$ 或者 $\mu mg\cos 30°$

[例2变式1] 斜面与物体之间的摩擦因数为 μ，物体在 F 力作用下加速运动，求其加速度大小。

解析：$a = \dfrac{F - \mu mg\cos\theta}{m} = \dfrac{F}{m} - \mu g\cos\theta$

[例2变式2] 在例2的情境下，物体从斜面底端由静止开始运动，斜面长度为 L，求物体到达顶端时的速度。

答案： $\sqrt{2\dfrac{FL}{m} - 2(\sin\theta + \mu\cos\theta)gL}$

【例3】斜面固定在水平地面上，倾角 $\theta = 53°$，斜面足够长，物体与斜面间的动摩擦因数 $\mu = 0.8$，如图3-25所示。一物体以 $v_0 = 6.4$ m/s 的初速度从斜面底端向上滑行，$\sin 53° = 0.8$，$\cos 53° = 0.6$，g 取 10 m/s²，求：

(1) 物体上滑的最大距离；

(2) 物体返回斜面底端的时间；

(3) 物体运动到最大高度一半时的速度。

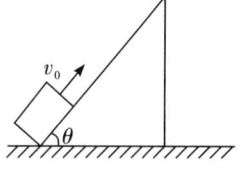

图3-35

选题意图：通过前面两题的训练和理解，本题进一步培养学生的综合分析能力，也使学生看到复杂题是几个简单题的综合，每一个过程都是自己有能力解决的问题，关键是如何把它们综合起来求解，这是一种能力的体现。

解析：略

答案：(1) 1.6 m　　(2) 1 s　　(3) 2.26 m

期末复习课不是知识的简单重现，应通过教师的精心设计，使复习课的模式多样化，最终目的是使学生在对知识进行记忆、整合、理解、迁移，构建知识框架的同时，培养终身学习的能力。本案例揭示的复习模式仅是其中的一种，它除了上面所说的优点外，还突出了与新课程理念相吻合的特点。教学过程的设计要注意以下几点：

(1) 紧紧围绕教学目标，特别是知识目标，要引导学生自主整理知识和总结规律。

(2) 设计的问题要符合学生的实际，使绝大多数学生能参与；实际问题的选取要在学生熟悉的范围内。

(3) 对学生得出的一些结论，设计的实验方法特别是一些不成熟的方案给予充分的肯定，让他们感受成功的喜悦，激发学生参与的积极性。

(4) 让学生有充足的时间自主学习、自行研究、共同探索新知识、掌握新方法、巩固所学的知识。

(5) 避免教师的简单重复叙述。授课过程以学生为主体，充分发挥学生的主观能动性，培养学生善于观察、认真分析的科学态度，勤于动脑思考的良好习惯和积极探索、勇于创新的科学精神。使复习更具有针对性、有效性，达到事半功倍的效果。

总之，物理阶段复习是指针对物理有关章节、单元，或对近期所学内容进行的期中、期末复习教学。其基本任务是温习巩固，查漏补缺，深化提高。这就要求教师把握教材内容，针对学生情况，明确复习目标，通过对所学内容的再认识过程，完善学生的认知结构，提高物理学习水平。笔者认为，物理教学中的阶段复习，须注重系统生成、练习内化、自主探索和贯通求新，以提高复习教学实效。

第四章
学业水平考试复习方法与案例研究

党的十八届三中全会通过的《中共中央关于全面深化改革若干重大问题的决定》（以下简称《决定》）中关于考试招生制度改革提到：推行初高中学业水平考试和综合素质评价，加快推进职业院校分类招考或注册入学，逐步推行普通高校基于统一高考和高中学业水平考试成绩的综合评价、多元录取机制。这比《国家中长期教育改革和发展规划纲要》中提出的"全面实施高中学业水平考试和综合素质评价"更进了一步。在实行高中学业水平考试的基础上，高考如何改革？高考与高中学业水平考试关系如何？这是需要认真考虑的问题。

一、从会考到学业水平考试

虽然近年来大力推行高中学业水平考试，但实际上高中学业水平考试并不是新事物，其前身就是会考。

20 世纪 80 年代初期，恢复高考的喜悦和兴奋开始逐渐平静下来，高中教学片面追求升学率的现象日益显现。高考升学率成为评价学校、教师和学生的唯一指标，高考落榜的高中毕业生被视为人生"失败者"。为了改变这种状况，在调研的基础上，1983 年，教育部在《关于进一步提高普通中学教育质量的几点意见》中提出："毕业考试要和升学考试分开进行，有条件的地方可按基本教材命题，试行高中、初中毕业会考。"

1986 年，原国家教委发布《普通高等学校招生制度"七五"期间改革规划要点》，进一步提出高中毕业考试与高校招生考试分开的初步设想。1988 年，上海市和浙江省正式作为全国高中会考和高校招生考试制度改革的试点省（市）。1990 年，原国家教委发出《关于在普通高中实行毕业会考制度的意见》，明确普通高中毕业会考是国家承认的省级普通高中文化课毕业水平考试。从此，高中会考全面铺开。到 1993 年，当时中国大陆的 30 个省、自治区、直辖市全部实行高中会考制度。

会考制度的建立，被看作是考试制度的重大改革。会考是以测量和评价学生学业水平、学校教学质量为主要目的的水平性考试，其成绩是评价学校教学质量和招工、招干、参军的文化成绩依据。高考是选拔性考试，是为高等学校选拔新生的升学考试，理论上说不作为评价高中办学水平的依据。

当时的会考就是高中的毕业考试，实行全省统一考试。分为考试科和考查科，考试科分 A、B、C、D 四档，C 及其以上为及格。会考全部通过可以领取高中毕业证书并参加高考，否则高中肄业，没有资格参加高考。

如果会考命题稍难，便会增加学生平时的学习压力，加重学生的学习负担。由于各地各校水平差距较大，为了让绝大多数的高中毕业生能够拿到高中文凭，会考的试题一般都不难，通过率自然很高，重点中学学生几乎都能一次性通过。于是，个别省（市、区）对实行高中会考出现动摇，对是否有必要实行会考制度提出意见。

2000 年，教育部下发《关于普通高中会考制度改革的意见》，将普通高中会考改革的统筹决策权下放到省。于是湖北省、西藏自治区随即取消了高中毕业会考，少数省市将会考管理权下放到市、县或学校。到后来，多数省份实际上都取消了会考。

2004 年以后，随着基础教育改革的深入和新一轮高中课程改革的实行，与会考一脉相承的而高中学业水平考试又被提上议事日程上来，山东、海南、宁夏进入新课改，同时宣布实行高中学业水平考试。随后每年进入新课程实验的省（区、市）也都宣布实行统一的高中学业水平考试。

2008 年下发的《教育部关于普通高中新课程省份深化高校招生考试改革的指导意见》提出："高等学校招生录取要在高考成绩基础上逐步增加对学生学业水平考试及综合素质的考查。一些国家重点建设的高水平大学要深化自主选拔录取改革，在选拔综合素质高、有创新精神和潜质的人才方面，进一步探索高考、高中学业水平考试和综合素质评价与学校测试相结合的多元化评价选拔办法；示范性高等职业院校和条件成熟的省市要进一步探索符合高等职业教育培养规律和特点的人才选拔模式，可将学生学业水平考试成绩与学校组织的考试成绩相结合作为录取依据。"高中学业水平考试日益受到重视。

到 2010 年教育规划纲要出台后，高中会考正式转型为高中学业水平考试，或者说会考通过高中学业水平考试的形式得以重生。

二、学业水平考试与高考升学考试的关系

高考是一个典型的高竞争、高利害、高风险的大规模选拔性考试，而高中学业水平考试是检测高中生学业成绩的水平性考试，两者性质截然不同。如何恰当把握高考与高中学业水平考试的关系，这是一个典型的两难问题，其矛盾很难解决。在这两端之间，是不是非此即彼？如何兼顾高考和高中学业水平考试？这需要全面深入的研究。全面实行高中学业水平考试，可以解决学生偏科的问题，但又可能会造成学生负担加重。

早几年按教育部的要求，普通高中学业水平考试成绩与高校录取逐步挂钩。从近年来出台的与高中新课改相配套的各高考改革方案来看，两者的挂钩形式不外乎"硬挂钩"与"软挂钩"两种。

在会考时代，会考成绩与高考是否应该挂钩、如何挂钩的问题，便已经凸显出来。只提"参考"而不限定会考成绩具体量化比例或分数，称为"软挂钩"。学业水平考试成绩全部合格是考生被高等院校录取的重要参考依据，在考生高考分数相同的情况下，高校可以优先录取学业水平考试 A 等级多的考生。湖南省依据实际情况，还规定学业水平考试成绩将在湖南省免试保送生录取时适当运用。如果将会考成绩按一定比例折成分数与高考分数累加作为高校录取时的依据，则是"硬挂钩"。海南省、江苏省和广东省是"硬挂钩"的典型代表，上述三省将普通高中学业水平考试成绩与高校招生录取适度挂钩，作为高校分层次录取的必要条件。比如海南省将基础会考的总成绩按 10% 的比例折算计入高考总分；江苏省则规定学业水平考试成绩等级全部为 A 的考生可增加 10 分投档进行录取，且不同类别的高校在录取时对学业水平考试的等级也有相应的要求。

采用"软挂钩"，必然出现应付会考、对付高考的现象，这是过去绝大多数高中的实际状况。现在许多省份规定将学生的学业水平考试和综合素质评价、三年的各科学分及参与社会实践、特长等情况，作为高校录取的参考。但因为没有可以量化的客观指标，这一规定并不不具备操作性，实际上绝大多数高校在录取学生时也都没有充分参考。特别是在实行平行志愿投档录取模式的情况下，"录取参考"基本上流于形式。

实行"硬挂钩"，如果高中学业水平考试成绩只占很小的比例，学业水平考试就不会受到重视。只要比例稍大一些，即使只占到高考分数的 5%，在高考按总分录取、一分之差或许就胜过千人的情况下，也会使多数学生重视每一门课程的学习和考试，但随之而来的是考生的压力大大增加，每一门课都变成竞争性考试，高考一次的磨难变成高中三年的磨难。

还有，高中学业水平考试普遍实行之后，高考科目应该考几门？减少高考科目的话，应该减少到几门？这是十分重大的问题。科目太少的话很可能造成学生进一步的偏科。因为即使高考只考一科，对那些想考上一流大学的考生而言，学习负担仍然不可能减轻。在高度竞争性的选拔考试中，多数考生必然会将自己的学习时间和潜能用到极限，这就同竞技体育中准备参加百米赛跑与准备参加十项全能或五项全能比赛的运动员，在平时训练时的艰苦程度没有多大差别了。

多样选择将是高考改革的原则之一。在许多省份实行新课改后，对高考的多样化提出了新的要求。在我国高等教育已经进入大众化阶段的情况下，高校招生考试的内容、形式、录取办法等许多方面都面临着更新，走向多样化。在高考改革的制度设计和政策实施中，应允许各省市、高校、学生有各种不同的选择，减少行政手段干预和改进简单划一的笼统办法。

广东省普通高中学业水平测试，是国家承认的省级普通高中学业成就考试。目前国家要推进高考改革，而改革方案的重要基础，就是统筹高考和高中学业水平考试各自的功能定位。在建立健全高中学业水平考试制度的基础上，减少高考科目，探索不分文理科设置考试科目。中国教育学会副会长、新教育实验发起人朱永新表示："目前最可能的方案是考语数外三门，外语是社会化考试，目前考虑是一年两次，其他科目准备让学生自选三门去考，按等级计成绩。"根据广东物理学科课程内容的调整意见，将物理分两类：一是基础课程内容（包含物理1、物理2、物理3三个模块），这是普通高中全体学生共同学习的必修课程，以物理学的核心内容为载体，突出物理学的学科特色，侧重物理概念和物理现象的描述，侧重物理与社会、生活、科技的融合；二是发展课程内容，以满足不同学生在不同专业发展的选修模块。

本章将针对上述一些问题探讨高二年级的水平测试复习案例、策略及方法探索。

第一节 学业水平考试复习范围与复习教学的原则

普通高中学业水平考试是检查、评价高中学科教学质量的一个重要措施，它面向全体学生，对全面提高学生素质有着积极的导向作用。复习就要针对考试要求、内容范畴和比例分配做合理安排，这样才能在有效时间内达成复习目标。

一、广东省普通高中学业水平测试内容

表4-1 广东省普通高中学业水平测试内容

	物理1	物理2	物理3
内容	主题一：直线运动 主题二：相互作用 主题三：能源与能量 主题四：曲线运动 主题五：碰撞与动量	主题一：电场与电路 主题二：电磁现象 主题三：交流电与日常生活	主题一：热现象与规律 主题二：固体和液体 主题三：原子核

二、学业水平考试复习的原则

（一）立足教材考纲、科学定位的原则

学业水平考试复习有别于高考复习，教师首先要科学定位，改进方法，更新理念。在以往的教学中教师会有两种倾向：

（1）普遍把会考复习等同于第一轮的高考复习，在教法上采用题海战术，多讲多练，讲究熟能生巧，而且在选题上也一味追求难、深。这种"拔苗助长"式的教学会使一大部分同学因跟不上教师的思路而产生厌学情绪，在心理上势必会产生望而却步的自卑心理。

（2）有的教师认为学业水平考试很简单，只抓基础概念和简单规律应用习题，练习题以选择题为主。这种"皆大轻松"式复习，起点低且没有梯度，会使成绩较好的同学失去提升和跳跃空间，所以，如果想要学生能取得A和较高等级的分数还是有那么一点难度，且取得好成绩的学生数量也会较少。因此，在会考复习中教师必须从学生的实际出发，教学时既要关注基础较差的学生助其完成整合和提高，又要注意难度和深度的把握，题目不深挖但要注重相关知识拓展的特点，让各类学生跳一跳都够得着，能有所突破。

（二）知识覆盖全面，突出重点和方法

覆盖全面，就是在研究《普通高中学业水平测试（必修）说明》，并全面透彻理解其要求的基础上，结合学生的特点，制订合理的、系统的复习计划，这是基础题少丢分的前提。鉴于学业水平测试的考试性质，它非常讲究知识点的覆盖面，考点必须逐点过关，不能有任何的知识盲点。此外，教师在素材准备上，不但要基于所有知识点理解应用上下功夫，还要有所拓展，以应对考试时可能出现的较为综合的题目。

突出重点知识和求解方法是复习的目标，重点抓规律中对应的习题类型和专题问题，对于同样的问题要引导学生选择合理和科学的方法，寻求更加科学有效的教学方法。紧扣Ⅱ级考点，精选例题，创设情境，精心设问，通过会话交流，通过思考、推理、改错、归纳等环节真正掌握规律和方法。

（三）注重能力提升，全面有序的原则

我们在重视基础知识的复习的同时，也要注重提高学生的阅读理解能力、信息处理能力、表达能力、实验能力（原理、操作、分析等方面）、应用知识解决实际问题的能力。所以在组织会考复习中教师应注意以下几点：第一，要有计划、有阶段、有质量和有效率地组织复习，要突出基本方法和

基本能力的培养为重点的复习。第二，继续重视培养学生非智力因素的学习兴趣、学习能力与主动学习的精神。第三，重视扩大学生的知识视野，提高学生解决实际问题的能力。

（四）网络结合细节，高效复习的原则

在较短的时间内，如何在高效完成各部分内容复习的同时，取得较好成绩，这对于每位教师来说的确是个难题。根据物理学科的特点，教师引导学生建立知识网络，运用对比、分类等科学方法找到内在联系，学生将会在思维能力和理解能力上有所突破，之后加以练习，再发现问题、分析问题，继而深层次地归纳和整理问题后解决问题，螺旋上升的复习也就是高效复习。

整合以往的复习经验，在以下几个方面注意改进有助于高效复习：

（1）要做好复习动员和准备，统一思想，备课组制订复习计划和策略，复习预则立。

（2）教师改进教学方式，向理念要质量，讲得多改为问得多；教师说得多改为学生讲得多和黑板板演得多；习题道道讲改为有针对性地讲，习题处理只核对答案改为拓展和讲解多种变式。

（3）在课堂教学中，注重学习方法的引导，注意激发学生思考、联想与辨析。

（4）课后注重学生间的面向合作的学习，有助于启发思考、取长补短、联系实际、互助提升。学生在获取知识和解题过程中出现问题时可以通过及时沟通、相互探讨、讲解和领悟的过程来提高学习积极性和效率。

（5）充分调动学生，突出以学生为主体的原则。"学生是学习和发展的主体"，课堂上的主角是学生。没有学生积极参与复习的课堂教学，不可能是高质量和高效率的教学。教师要把学习的主动权交给学生，要善于激发和调动学生的学习积极性，要让学生有自主学习的时间和空间；要让学生有进行深入细致思考的机会、自我体验的机会，即便错了也要努力探讨出错的原因，那样才会进步。这需要：

①教师首先要有好的教学理念，一切以学生的现有水平为出发点，精心设计每一环节，优化课堂。以"效"为先。要善于找到学生学习的困难之处，通过各种教学方法和手段，激发学生的复习兴趣和努力提高的积极性。让学生动起来教学就成功了一半，因此做复习的心理疏导很重要。

②在以往的教学中教师习惯自己讲，课堂靠灌，课下靠练，这样学生依旧会疲惫和应付，不会有较大突破。把课堂还给学生，激发学生思考并且动手写动脑练，可以把问题交给学生讲解，上黑板板演，学生间积极纠正错误，在活跃的课堂氛围中找到学会后的成就感，才能达到复习目的。

③一般学业水平考试复习对于偏爱文科的学生来讲积极性不大,会认为自己学不好,复习疲于应付,但改革后的考试需要有等级成绩,另外物理的思维品质和习惯有助于学生在生活和工作中培养基本的科学素养(如图4-1所示的科学素质结构),因此在鼓励学生能学好的基础上,要调动学生的积极性。学习动机是直接推动学生进行学习的内部动力,主要包括学习自觉性和认识兴趣这两个心理成分。学习自觉性是指学生对学习必要性与重要性有一定的或明确清楚的认识,并由此产生积极的学习态度和学习行为以充分地调动学生积极主动地学习,由"要我学"转化为"我要学""我爱学"。教学的一切活动都必须以调动学生的主动性、积极性为出发点,引导学生主动探索、积极思考、全面地发展。对于想攻读理科院校的学生,教师需要采用全面培养学生的多种能力的方法,有了目标和方向,再分层调动学生积极性,复习效果自然会好。

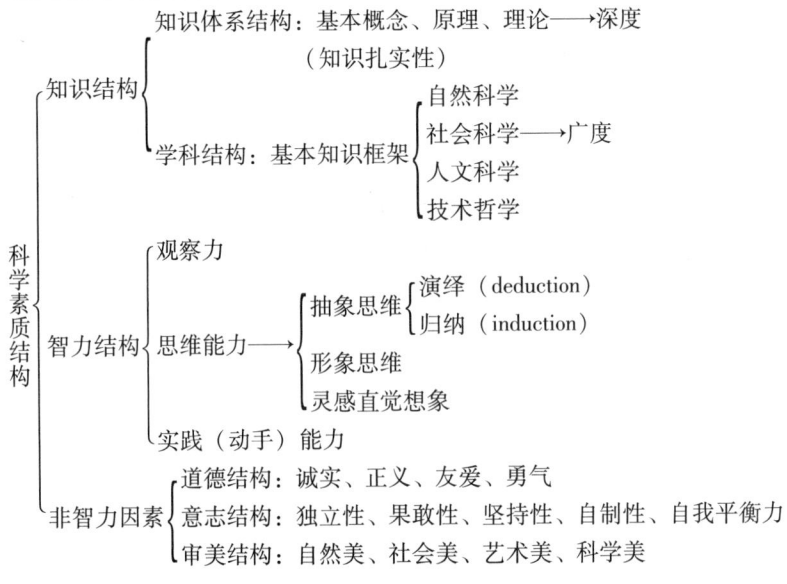

图4-1

可以说,复习实际上就是提升学科素质和素养的过程,就是在知识与能力、方法与技能、情感态度与价值观上的综合提升过程。

第二节 学业水平考试复习教学方法策略及案例研究

高中物理学业水平考试是依据普通高中物理课程标准,在教育部指导下由各省(市)组织实施的全面检测普通高中学生高中物理课程修习水平的标准参照考试,针对高考对物理的改革,物理要分很多个等级。考试复习最大的作用是让学生取得理想的等级成绩,能够对其报考理想的高校有更大的帮助。低起点、多台阶是复习中问题的特点,选择多方面的、科学合理的复习策略也是我们复习探索的方向之一。

一、深抓概念规律复习,注重细节,打好坚实基础

(一) 打好基础是关键

物理概念、物理规律揭露了客观事物的本质,具有深刻的、丰富的内涵。物理概念复习是复习教学中的重要环节,概念复习要注重理解而不是记忆,注重多角度而不是单一方面的理解,同时,多角度用心选题和学生善于归纳练习是至关重要的,不能深入理解概念是导致学生一听就懂、一做就错的主要原因。所谓打好基础,就是要重视基本概念和基本规律的复习,可以概括为以下几点。

1. 越是基础的东西越至关重要

越是基本的概念和规律,具有越大的包容性,它对新问题的适应性就越宽广。从基本概念和规律出发,往往能找到解决问题的捷径。

【例1】 如图4-2所示,水平地面上堆放着原木,关于原木 P 在支撑点 M、N 处受力的方向,下列说法正确的是( )

A. M 处受到的支持力竖直向上
B. N 处受到的支持力竖直向上
C. M 处受到的静摩擦力沿 MN 方向

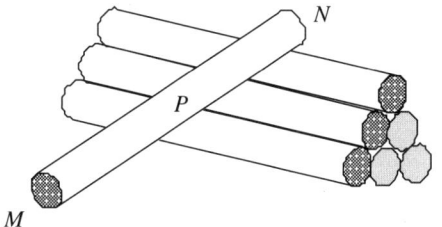

图4-2

D. N 处受到的静摩擦力沿水平方向

例1是广东高考题。我们拿来让高二学生做,没有想到很多学生不会画出 M 和 N 点的支持力的方向,错认为 M 点的摩擦力向右,所以支持力斜向上。学生不知道如何确定点面接触时的支持力的方向,不能准确表述支持力的方向垂直于支持面指向被支持物体,先有弹力之后才会有摩擦力。

2. 考题中有很大的比例是直接考基础知识的

往年考试大纲中明确规定,中、低档题约占80%,试题"以中等难度题为主"。试题中的选择题几乎都是基本题,在复习中切忌舍本逐末。例如核反应的电荷数、质量数守恒、核反应方程、速度选择器的二力平衡、质谱仪

原理、分子力与距离关系、热力学第一定律、交流电的图象意义、电磁感应定律、光电效应的基本规律等考点,都是基本的知识,一些题直接来自于课本。

3. 一些难题,往往是多个基础知识的综合应用

如果每个基础模型掌握好,灵活分解便可以突破问题。

【例2】如图4-3所示,飞行器 P 绕某星球做匀速圆周运动,星球相对飞行器的张角为 θ,下列说法正确的是( )

A. 轨道半径越大,周期越长

B. 轨道半径越大,速度越大

C. 若测得周期和张角,可得到星球的平均密度

D. 若测得周期和轨道半径,可得到星球的平均密度

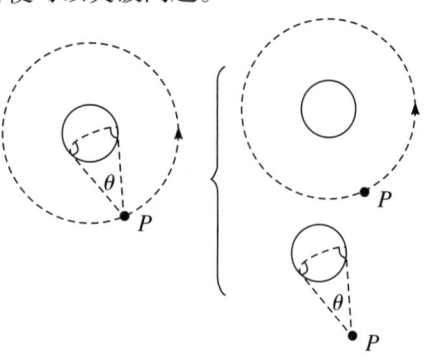

图4-3

例2是广东高考题,学生认为难。如果把问题分解开来分析计算卫星的周期和密度,学生就会应用数学知识找到 r 和 R 关系,如此就简单得多。

(二)针对概念和规律复习新课教学,综合采用多种方法

1. 搭建知识结构

引导学生搭建知识结构,并且与应用模型有机结合,针对选题落实细节。任何物理问题大多需要三个环节去分析,抓基础的环节才能有整体提升。如分析力和运动的关系问题,就有如下环节:

物体的受力与初速 ⟹ 物体的运动 ⟹ 选择合理的规律

按上述环节去分析,掌握了知识结构,可以更好地记忆知识,因为条理化的东西更容易记忆。还有,我们可以根据记住的某些知识,由知识之间的联系,联想起其他有关的知识。

(1)物体运动的简单结构(图4-4)。

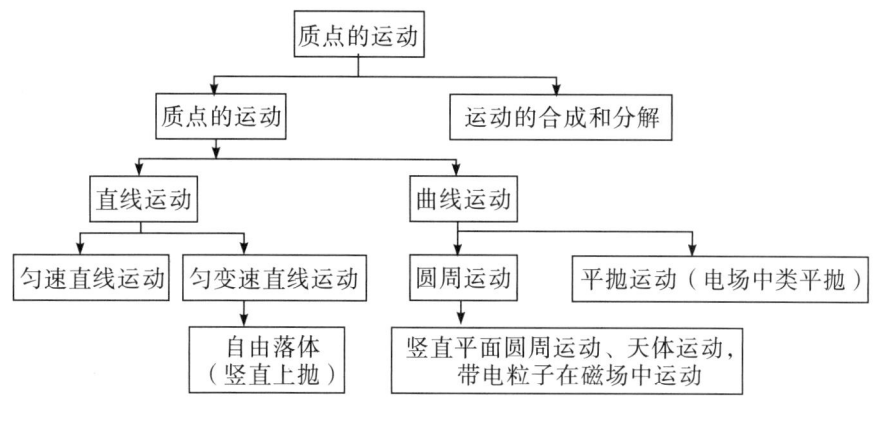

图 4-4

通过设置问题引导学生整理学过的各种运动,不同运动有哪些区别,合理分析运动是哪一类型,为什么这样运动,选择什么规律去做题?尽管是规律复习,但要和培养学生的分析、推理和表达能力相结合。例如,关于主要的运动模型——圆周运动,可以通过学生熟悉的圆周运动的例子逐渐综合到电磁场中的圆周运动的模型当中去(如表 4-2 所示)。

表 4-2　圆周运动模型

模型	图示	规律
水平面的圆周运动:一小物块在水平圆盘上做圆周运动	(图示)	拉力充当向心力 $F = m\dfrac{v^2}{r}$
一小物块在水平圆盘上做圆周运动	(图示)	向心即是物块与圆盘间的摩擦力 $F = f = m\dfrac{v^2}{r}$
竖直平面内运动的圆周运动	绳、杆 (图示)	对绳:注意临界速度($v \geq \sqrt{gr}$ 时,$F_{弹} = 0$) 最高点时:$F_{向} = G + F_{弹}$ 最低点时:$F_{向} = F_{弹} - G$ 对杆:注意临界速度($v \geq 0$) 最高点时: $v = \sqrt{gr}$ 时,$F_{向} = G$ $v < \sqrt{gr}$ 时,$F_{向} = G - F_{支}$ $v > \sqrt{gr}$ 时,$F_{向} = G + F_{支}$

续上表

模型	图示	规律
点电荷间作用的圆周运动 原子核模型		$F = k\dfrac{Q_1 Q_2}{r^2} = m\dfrac{v^2}{r}$
带电粒子在磁场中的圆周运动	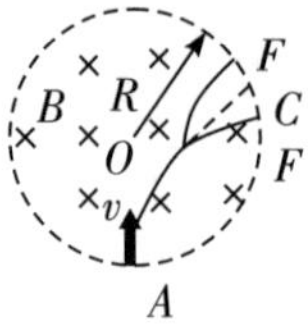	$qvB = m\dfrac{v^2}{r}$ 确定圆心、半径、速度
天体运动		
其他		

(2) 分析各种力对比。先利用比较法建立力的结构表（表4-3），按顺序一一分析后，再整理合并在一起。这样学生就会有全局意识。教师应以低起点，高目标，来引导学生学习。

表4-3 力的结构表

各种力		产生条件	大小	方向	其他（做功）	不同情况题例
重力		地球的吸引	$G = mg$	竖直向下	$mgh = -\Delta E$	
弹力	弹簧弹力		$F = k\Delta x$		$W_\text{弹} = -\Delta E_\text{弹性}$	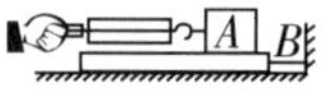
	支持力	接触且弹性形变		垂直于支持面（点面、点点接触）		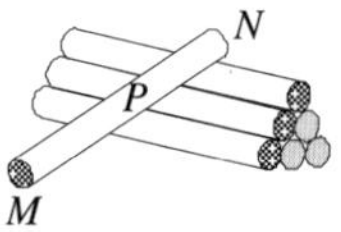
	绳的拉力					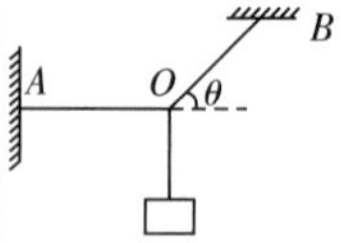 图1-9

续上表

各种力		产生条件	大小	方向	其他（做功）	不同情况题例
摩擦力	静摩擦力		$0 \leq f_{静} \leq f_m$		摩擦力可以做正功，也可以做负功，还可以不做功。$fs_{相对} = Q$	
	滑动摩擦力		$f = \mu N$			
万有引力		天体	$F_{引} = G\dfrac{Mm}{r^2}$			
库仑力		真空中、点电荷	$F = K\dfrac{Qq}{r^2}$			
安培力						
洛伦兹力					不做功	
分子力					$W_{分子力} = -\Delta E_{分子}$	
核力						

（3）就分析问题选用的原理来讲，学生在复习时常常容易遗忘或混淆相关规律的内容，遗忘或混淆就不可能用好。在整理规律时，学生可以分别对力、热、光、电4类不同的内容进行整理，并常常翻看，不断强化。

主要规律 $\begin{cases} ①牛顿运动定律。\\ ②动能定理，机械能守恒定律（功，功率，动能，势能）。\\ ③动量定理，动量守恒定律，动量（碰撞与动量）。\end{cases}$

规律整合：建议学生把自己总结的表格放在经常翻看的地方，常背常记，多拓展。

力学 $\begin{cases} 万有引力定律\\ 胡克定律\\ 滑动摩擦定律\\ 牛顿第一定律\\ 牛顿第二定律\\ 牛顿第三定律\\ 动量守恒定律\\ 机械能守恒定律\\ 能的转化守恒定律\end{cases}$

热学 { 热力学第一定律
       热力学第二定律
       热力学第三定律（绝对零度不可达到）

电学 { 电荷守恒定律
       真空中的库仑定律
       欧姆定律
       电阻定律
       闭合电路的欧姆定律
       法拉第电磁感应定律
       楞次定律

2. 不同部分的教学内容综合采用多种方法，提高复习效率

常用的复习方法有诱导思维、归纳法、结构法等。教师要珍惜每一节课，把学生实际情况和教学内容紧密结合，从而达成教学目标。

案例 4-1

"电磁感应"学业水平测试复习微课案例

【启语】学业水平测试复习课是以引导学生理解、掌握、巩固具体的知识点为主要任务的课型，它注重结构性，体现综合性，着眼提高性。复习内容包括知识和能力两个方面。复习的核心是全面、深入、准确地理解物理概念、规律、方法。面对学生不够重视的学业水平测试，要达到这一目的，教师的督导作用和复习方法就显得至关重要了。

【复习过程】（1 课时）

（一）基础知识系统化

将所学的基本知识点利用设问或选择的方式重现。要求：知识要细、思路要清；意义在于让学生想通、悟透、理解、掌握、运用。

教师提问，学生回答。简单的题目集体回答、难的让个别学生回答，教师做解释；学生回答不出时教师补充；书上有的而回答不出时就翻书查找，记住课本是根本、是源泉。

1. 电磁感应现象

（1）哪位科学家于 1831 年发现了电磁感应现象？

（2）什么现象是电磁感应现象？

（3）电磁感应现象中产生的电流和电动势分别叫什么？

（4）产生感应电流的条件是什么？

（5）什么是磁通量？表达式何如？什么变化会引起磁通量的变化？

2. 电磁感应定律及其应用

(1) 法拉第电磁感应定律的内容是什么? 表达式是什么?

(2) 法拉第电磁感应定律的应用有哪些?

(3) 变压器。

①由哪几部分组成?

②根据什么原理制成? 作用是什么?

③原副线圈的电压之比和线圈的匝数之比有什么关系?

④表达式是什么?

⑤理想变压器有什么特点?

(二) 难点突破和重点知识结构化

应用对比、类比和讨论等方式让难点在学生面前变成易点。采用表格、树形、图式等形式将重点知识表现出来,也可板书分点列出;目的是让学生对整一章可以做到变厚为薄、提纲挈领。

1. 重点知识结构化（图 4-5）。

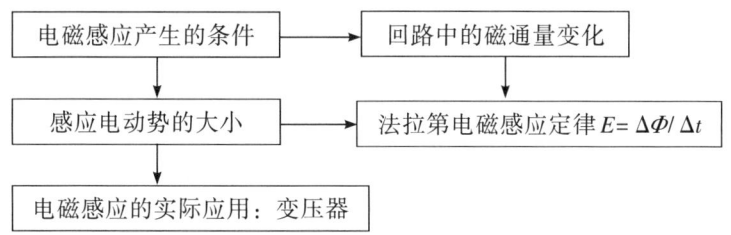

图 4-5

2. 难点突破:主要由教师来分析,让学生反馈疑点,直到突破。

要严格区分磁通量、磁通量的变化、磁通量的变化率这三个概念(见表 4-4)。

表 4-4 Φ、$\Delta\Phi$、$\frac{\Delta\Phi}{\Delta t}$ 的物理意义

物理量	单位	物理意义
磁通量 Φ	Wb	表示某时刻或某位置时穿过某一面积的的磁感线条数的多少
磁通量的变化量 $\Delta\Phi$	Wb	表示在某一过程中穿过某一面积的磁通量变化的多少
磁通量的变化率 $\Delta\Phi/\Delta t$	Wb/s	表示穿过某一面积的磁通量变化的快慢

(1) Φ，$\Delta\Phi$，$\Delta\Phi/\Delta t$ 大小没有直接关系，可与运动学中 v，Δv，$\Delta v/\Delta t$ 三者类比。

(2) 磁通量的变化率 $\Delta\Phi/\Delta t$ 与匝数的多少无关。

（三）具体应用能力化

解一定数量较多类型的题是必要的，这有利于能力的提高。对一些典型的有代表性的习题，指导学生深入地重点求解，真正把问题弄懂。

将习题提前发下去，要求学生完成每道题。一看就会的，练速度并保证正确率为百分之百；看了之后觉得难但通过思考能完成，完成后在题旁写明所考查知识点、所用方法、所领悟的东西；看了两三遍还是没办法完成，只能零星写一部分的就练一下思维；看了之后不知所云的直接放弃。课堂上共同讨论交流，找出解每一类型题的切入点和关键点；还可构建物理模型，举一反三。

【精练精讲】

（一）电磁感应现象

产生感应电流的条件有二，即电路闭合和穿过回路的磁通量发生变化，两者缺一不可。

【例1】 用如图 4-6 所示的装置进行电磁感应实验，下列操作不能形成感应电流的是（　　）

A．电键闭合和断开的瞬间

B．电键闭合，移动滑动变阻器的滑动触头

C．电键闭合后线圈 A 在 B 中插入或拔出

D．只电键保持闭合

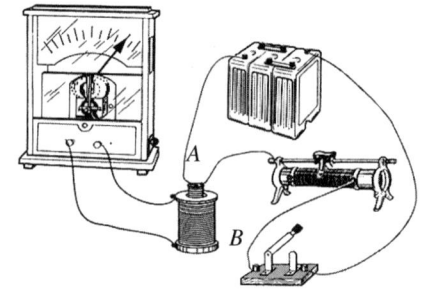

图 4-6

（二）电磁感应定律

感应电动势与磁通量、磁通量的变化量、磁通量变化所用的时间均无关，只与磁通量的变化率成正比。

【例2】 关于法拉第电磁感应定律，下列说法正确的是（　　）

A．感应电动势与穿过闭合电路的磁通量成正比

B．感应电动势与穿过闭合电路的磁通量的变化量成正比

C．感应电动势与穿过闭合电路的磁通量的变化率成正比

D．感应电动势与闭合电路所围面积成正比

（三）变压器

利用电磁感应原理制成，磁通量变化才能产生感应电动势。

【例3】 在图4-7所示的四个电路中，能够实现升压的是（ ）

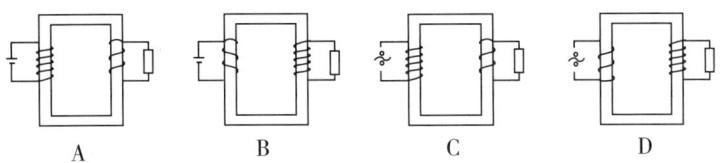

图4-7

一般同学对规律的重视程度要比概念深一些，但往往只注重规律所反映的数量关系，而忽视因果关系。其实规律就是概念间的联系，而各个基本概念之间常常存在因果关系，只有善于把握这种因果关系才能抓住解决问题的关键。

二、结合教师不同理念和教学复习阶段，采用多种多样的教学策略

（一）利用教学案复习，学生为本，多渠道落实每一环节

通常教学案由"课前自学""课堂导学""课后训练"三部分组成，通过教师精心设计和选择问题，融合各种教学手段和方法，突出落实学生的主体地位，体现主体参与意识和自主发展的教学目标，使学生学会学习，学会思考，学会合作和交流，增加课堂教学的科学含量。以学案为载体让学生自主复习，将课下与课上相结合，学案与教案相结合，学生自主学习与教师讲解诱导相结合，知识技能与能力素质的培养相结合，形成多层次、多渠道、多角度的"立交桥"，让学生主动学习，亲身体验知识形成的过程。

复习学案的制作思想是力求大家把学习目标明确化、学习内容问题化、学习问题前置化、学习方式主动化、课堂教学有效化、问题设置层次化、年级教学整体化。

复习学案的组成与导读如图4-8所示：

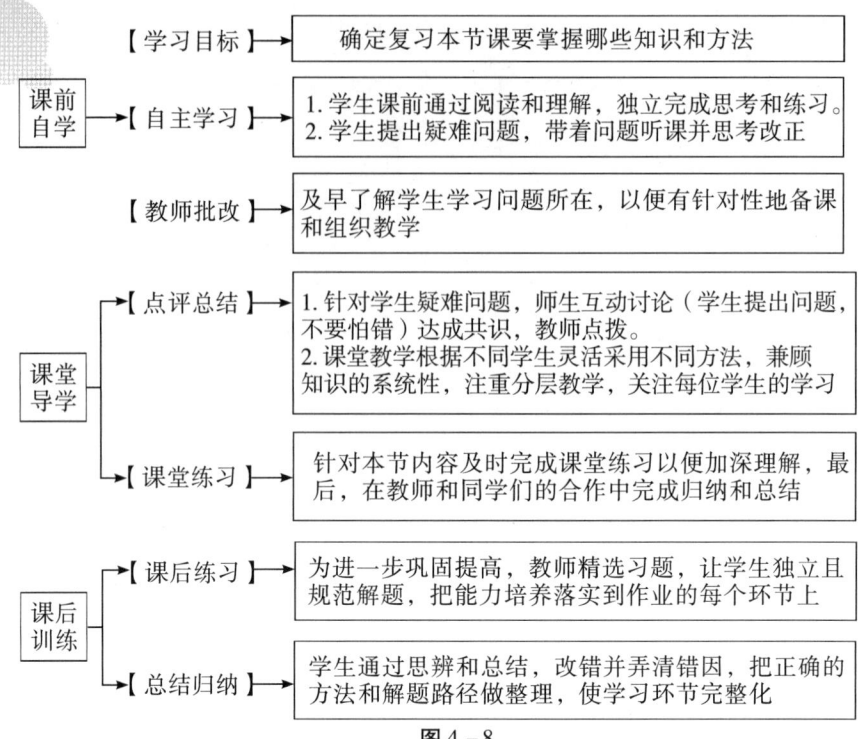

图 4-8

案例 4-2

复习特色微课案例——第一讲"磁场 磁场对电流的作用"

【复习目标】

1. 了解磁现象、磁场、电流的磁效应、安培定则，掌握磁感应强度、磁感线、地磁场。

2. 掌握磁场对通电直导线的作用，安培力，左手定则。

3. 能够分析计算通电直导线在复合场中的平衡和运动问题。

【知识梳理】磁感线

一、磁场

1. 来源（图4-9）

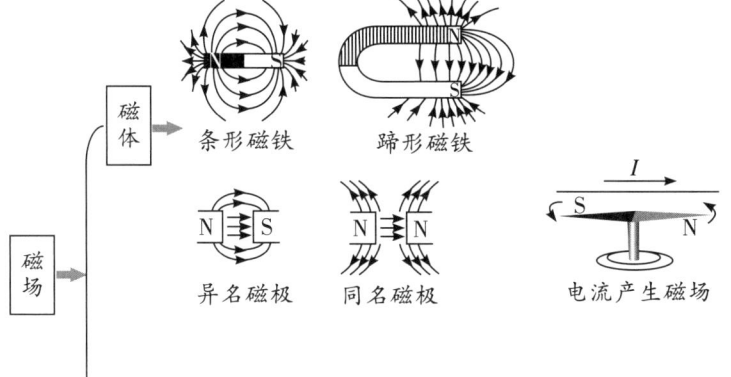

（1）奥斯特实验首先发现了电流的磁效应，证明电流周围存在磁场。注意方位，当通电导线沿南北方向放置在小磁针上方时，小磁针发生转动。
（2）三种常见的电流的磁场及安培定则如表4-5所示（请补充完成图形）。

图4-9

表4-5 三种常见的电流产生的磁场

安培定则	立体图	横截面图	纵截面图
直线电流 大拇指所指_____ 四指所指_____			
特点：以导线上任意点为圆心的多组同心圆，越向外越稀疏，磁场越弱			
环形电流 大拇指所指_____ 四指所指_____			
内部磁场比环外强，磁感线越向外越稀疏			

续上表

安培定则	立体图	横截面图	纵截面图
通电螺线管 大拇指所指_____ 四指所指_____			
内部为匀强磁场且比外部强,方向由S极指向N极,外部类似条形磁铁,由N极指向S极			

2. 磁感线

表4-6　磁感线和电场线的异同

区别	磁感线	电场线
相同点		
不同点		

3. 磁场的基本性质：_____。

对磁极：小磁针北极受力_____，同名磁极相互排斥（一磁体在另一磁体的外部）；

对电流可能有力的作用，当电流和磁感线平行时不受磁场力作用。（对比电场的基本性质）。

4. 磁感应强度

（1）由磁场本身决定，$B = \dfrac{F}{IL}$（比值法下定义）。

（2）所受安培力为零，但不能说该点的磁感应强度为零。

（3）磁感应强度是矢量，其方向为小磁针静止时N极的指向，可以进行矢量运算。

【练习1】下列说法正确的是（　　）

A. 地球磁场的北极与地理南极不完全重合

B. 将条形磁铁从中间断开，一段是N极，另一段是S极

C. 通电导线在磁场中所受安培力为零，说明该点的磁感应强度为零

D. 磁场是客观存在的一种物质

二、磁场对电流的作用力

1. 安培力方向的判定：左手定则

左手定则：_____　四指_____　大拇指_____

【练习2】试分别判断图4-10甲、乙、丙、丁中导线的电流方向或磁场方向或受力方向。

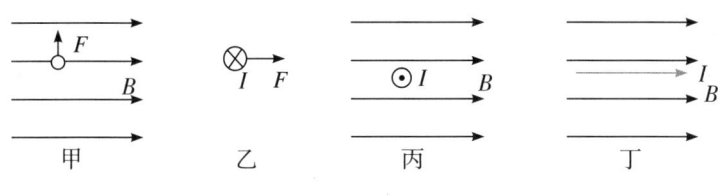

图 4-10

2. 安培力大小的计算（匀强磁场中）演示实验：安培力的大小 $F = BLI\sin\theta$（θ 为 B、L 间的夹角）。

（1）I 与 B 平行时，$F = 0$，不受安培力。

（2）I 与 B 垂直时，$F = BIL$ 公式中 L 为磁场中的有效长度，弯曲导线的有效长度 L 等于连接两端点直线的长度。

【练习3】如图 4-11 所示，把轻质线圈用细线挂在磁铁 N 极附近，磁铁的轴线穿过线圈的圆心且垂直于线圈的平面，当线圈内通过图示方向的电流时，线圈将怎样运动？

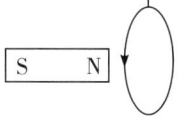

图 4-11

请利用等效法分析。

【方法总结】安培力作用下物体的运动方向的判断方法如表 4-7 所示。

表 4-7 安培力的作用下物体运动方向的判断方法

常用方法	过　程
特殊位置法	把电流或磁铁转到特殊位置→安培力方向→运动方向
等效法	环形电流和通电螺线管等效条形磁铁；条形磁铁也可等效成环形电流或通电螺线管，通电螺线管也可以等效成很多匝的环形电流
结论法	同（反）向电流互相吸引（排斥）；两不平行的直线电流相互作用时，有转到平行且电流方向相同的趋势

【课后作业】

1. 条形磁铁放在水平面上，在它的上方偏右处有一根固定的垂直纸面的直导线，如图 4-12 所示，当直导线中通以图示方向的电流时，磁铁仍保持静止。下列结论正确的是（　　）

A. 磁铁对水平面的压力减小

B. 磁铁对水平面的压力增大

C. 磁铁对水平面施加向左的静摩擦力

D. 磁铁所受的合外力增加

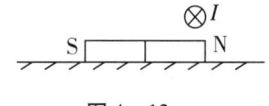

图 4-12

2. （2011 年高考上海卷）如图 4-13 所示，质量为 m、长为 L 的直导线用两绝缘细线悬挂于 O、O'，并处于匀强磁场中，当导线中通以沿 x 正方向的电流 I，且导线保持静止时，悬线与竖直方向夹角为 θ，则磁感应强度的方向和大小可能为（　　）

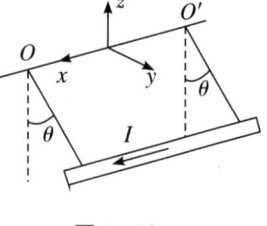

图 4-13

A．z 正向，$\dfrac{mg}{IL}\tan\theta$　　B．y 正向，$\dfrac{mg}{IL}$

C．z 负向，$\dfrac{mg}{IL}\tan\theta$　　D．沿悬线向上，$\dfrac{mg}{IL}$

物理的解题过程实际上就是构建物理模型、选择方法的过程，学生必须掌握物理思维方法如类比法、极限法、等效法、归纳法等，选择适合的方法使物理习题解题变得简单、明了、高效。

案例 4-3

板块复习特色微课案例——"专题　电磁感应定律综合应用"

一、阅读课本后进行问答，边提问边整理结构图（图 4-14），并概括出主要问题间的相互关系

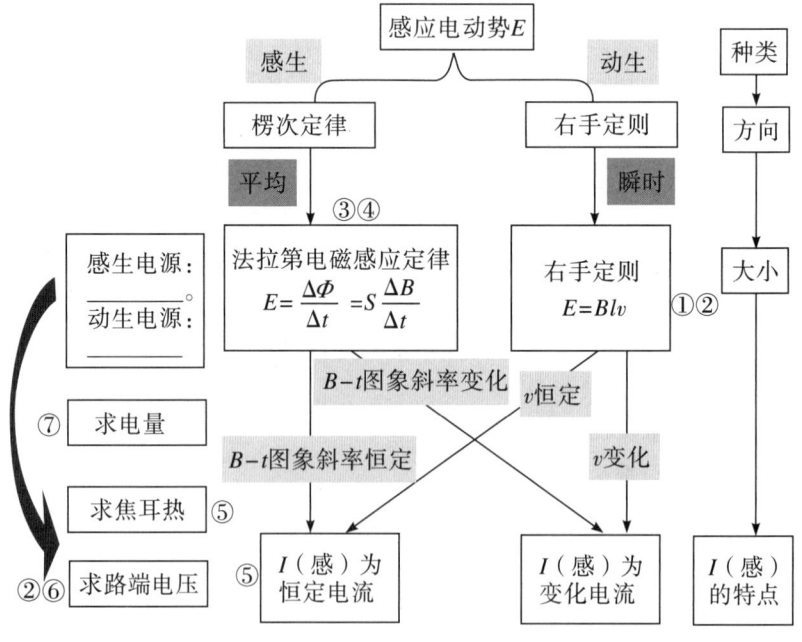

图 4-14

二、针对练习：共选择 7 道练习题，与图 4-13 所示①~⑦题号匹配

1. 试写出如图 4-15 所示的各种情况下导线中产生的感应电动势的表达式（导线长均为 l，速度为 v，磁感应强度为 B，图丙、丁中导线垂直纸面）。

   (1) _____   (2) _____   (3) _____   (4) _____

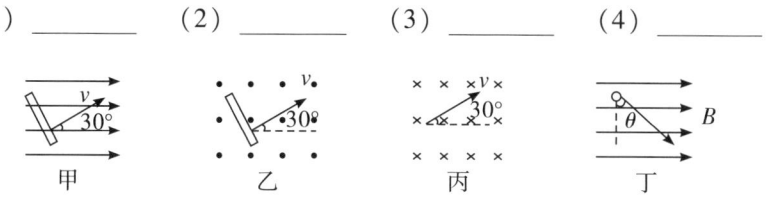

图 4-15

2. 如图 4-16 所示，两根相距为 l 的平行直导轨 ab、dc，bd 间连有一固定电阻 R，导轨电阻可忽略不计。MN 为放在 ab 和 dc 上的一导体杆，与 ab 垂直，其电阻也为 R。整个装置处于匀强磁场中，磁感应强度的大小为 B，磁场方向垂直于导轨所在平面（指向图中纸面内）。现对 MN 施力使它沿导轨以速度 v 向右做匀速运动。设 U 表示 MN 两端电压的大小，则（　　）

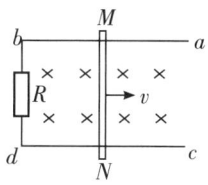

图 4-16

A. $U=Blv/2$，流过固定电阻 R 的感应电流由 b 到 d

B. $U=Blv/2$，流过固定电阻 R 的感应电流由 d 到 b

C. $U=Blv$，流过固定电阻 R 的感应电流由 b 到 d

D. $U=Blv$，流过固定电阻 R 的感应电流由 d 到 b

3. 单匝线圈在匀强磁场中绕垂直于磁场的轴匀速转动，穿过线圈的磁通量 Φ 随时间 t 的关系图象如图 4-17 所示，则（　　）

   A. 在 $t=0$ 时，线圈中磁通量最大，感应电动势也最大

   B. 在 $t=1\times10^{-2}$ s 时，感应电动势最大

   C. 在 $t=2\times10^{-2}$ s 时，感应电动势为零

   D. 在 $0\sim2\times10^{-2}$ s 时间内，线圈中感应电动势的平均值为零

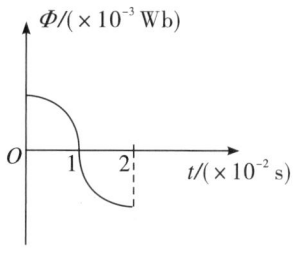

图 4-17

4. 单匝矩形线圈在匀强磁场中匀速转动，转轴垂直于磁场，若线圈所围面积里磁通量随时间变化的规律如图 4-18 所示，则其中错误的是（　　）

   A. O 时，感应电动势最大

   B. D 时，感应电动势为零

   C. D 时，感应电动势最大

   D. O 至 D 间平均感应电动势为 0.4 V

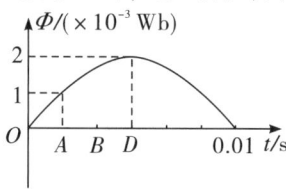

图 4-18

5. 如图 4-19 甲所示，有一面积为 150 cm² 的金属环，电阻为 0.1 Ω，在环中 100 cm² 的同心圆面上存在如图 4-19 乙所示的变化的磁场，0.1 s 到 0.2 s 的时间内环中感应电动势为_____，金属环产生的焦耳势为_____。

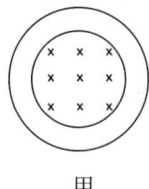
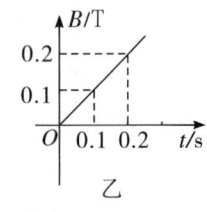

图 4-19

6. 如图 4-20 所示，在宽为 $l = 0.5$ m 的平行导轨上垂直放置一个有效电阻为 $r = 0.6$ Ω 的直导体棒，在导轨的两端分别连接两个电阻 $R_1 = 4$ Ω、$R_2 = 6$ Ω，其他电阻忽略不计。整个装置处在垂直导轨向里的匀强磁场中，磁感应强度 $B = 0.1$ T。当直导体棒在导轨上以 $v = 6$ m/s 的速度向右运动时，求直导体棒两端的电压和流过电阻 R_1 和 R_2 的电流大小。

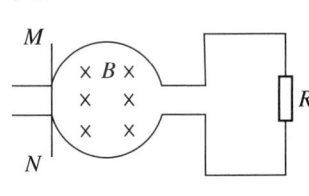

图 4-20

7. 如图 4-21 所示，导线全部为裸导线，半径为 r 的圆内有垂直于平面的匀强磁场，磁感应强度为 B，一根长度大于 $2r$ 的导线 MN 以速度 v 在圆环上无摩擦地自左向右匀速滑动，电路的固定电阻为 R。其余电阻忽略不计。试求 MN 从圆环的左端到右端的过程中电阻 R 上的电流强度的平均值及通过的电荷量。

图 4-21

专题性的学案适合于章节复习、专题复习，既要让学生头脑中有清晰的知识脉络，也要通过针对练习消化和理解，再回到知识结构中，完成真正的由厚到薄的学习过程。教师可以根据学生情况，选择不同梯度的问题，但是应该关注所有学生，既要让基础弱的同学抓基础分，也要让学有余力的同学有突破。按梯度逐步提高，低起点，设台阶，最终第 6、7 题即为感应电动势—电路—电流电压综合应用习题。

（二）针对考点组织复习，目标明确，全面提高学生能力

物理科学业水平考试以基础知识和基本能力测试为主，主要检测考生的物理科学基本素养。它主要包括以下几个方面：

1. 理解能力

理解物理概念、物理规律的含义，理解物理规律的适用条件，以及它们在简单情况下的应用；能够认识概念和规律的表达形式（包括文字表述和数学表达）；能够鉴别关于概念和规律的似是而非的说法。

2. 推理能力

能够根据已知的知识和物理事实、条件，对简单的物理问题进行逻辑推

理和论证，得出正确的结论或做出正确的判断。

3. 信息获取能力

能从课内外材料中获取相关的物理学信息，并能运用这些信息，结合所学知识解决相关的简单物理学问题。关注对科学、技术和社会发展有重大影响和意义的物理学新进展以及物理科学发展史上的重要事件。

4. 实验与探究能力

能独立地完成知识内容表中所列的实验，能明确实验目的，能理解实验原理和方法，会使用仪器，会观察、分析实验现象，会记录、处理实验数据，并得出结论，对结论进行分析和评价。

由此可见，物理学业水平考试的要求和高考的要求是有很大差别的，那么在复习上，时间紧、任务重，如何把握重难点、如何高效复习，引导学生在有限的时间里掌握基本的物理知识并提高自己的基本能力，便成了教师的突破口。

鉴于学业水平考试的层次要求，既要照顾成绩较低的同学也要让成绩好的同学能得到提升，我们的高效复习法主要是围绕知识点中的考点进行的，简称"考点复习法"。

案例 4-4

针对考点有效复习——"电磁现象与规律"主题复习

复习原则是在知识系统明确的前提下，分块完成教学任务，并抓住考点。每堂复习课都要抓考点、抓突破的重难点、抓综合和提高，在遵循一定原则的同时有所侧重。

一、依据课标、大纲及学生实情，确定复习要求

以往学业水平考试复习考纲的要求见表 4-8。

表 4-8

考纲内容	考纲解读
1. 物质的微观模型、电荷守恒定律、静电现象（Ⅰ） 2. 点电荷间的相互作用规律（Ⅰ） 3. 电场、电场线和电场强度（Ⅰ） 4. 磁场、磁感线、磁感应强度、磁通量（Ⅰ） 5. 安培力（Ⅰ） 6. 洛伦兹力（Ⅰ） 7. 电磁感应现象、定律及其应用（Ⅰ） 8. 麦克斯韦电磁场理论（Ⅰ）	1. 认识点电荷间的相互作用规律 2. 认识电场，会用电场线、电场强度描述电场 3. 认识磁场，会用磁感线、磁感应强度描述磁场，知道磁通量 4. 认识安培力和洛伦兹力 5. 知道电磁感应定律 6. 初步了解麦克斯韦电磁场理论的基本思想，体会其在物理学发展中的意义。初步了解场是物质存在的形式之一

二、注重基础，抓住考点，提高能力

1. 先在学生温习阅读教材的基础上建立本章的知识网络（如图 4-22 所示）。

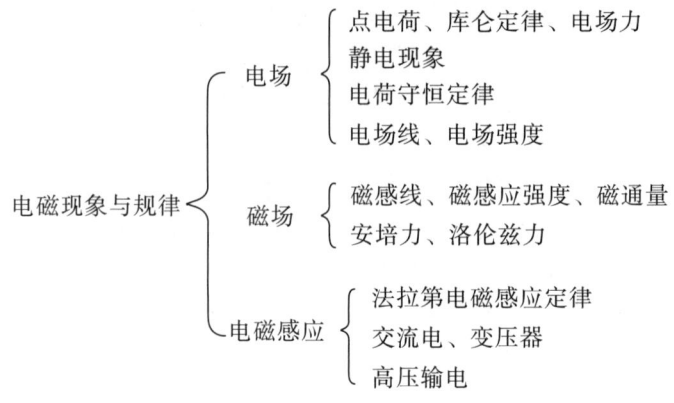

图 4-22

2. 按考点把重点内容设计到导学案上，由学生自主填写（这里主要列考点，详细学案内容在后列出）。

考点 1 物质的微观模型、电荷守恒定律、静电现象

（1）自然界的两种电荷：玻璃棒跟丝绸摩擦，_____带正电；橡胶棒跟毛皮摩擦，_____带负电。_____电荷相互_____，_____电荷相互_____。物体带电后，_____，物体是否带电还可用_____来检验。

（2）元电荷 $e = $ _____，所有物体的带电量都是元电荷的_____倍。

（3）使物体带电的方法有三种：接触起电、摩擦起电、感应起电，无论哪种方法，都是电荷在物体之间的转移或从物体的一部分转移到另一部分，电荷的总量_____。

（4）电荷守恒定律：电荷既不能被_____也不能被_____，它们只能从一个物体转移到_____，或者从物体的一个部分转移到_____，在转移过程中，电荷的总量_____。

考点 2 点电荷间的相互作用规律（略）

考点 3 电场、电场线和电场强度（略）

考点 4 磁场、磁感线、磁感应强度、磁通量

考点 5 安培力

考点6　洛伦兹力（图4－23）

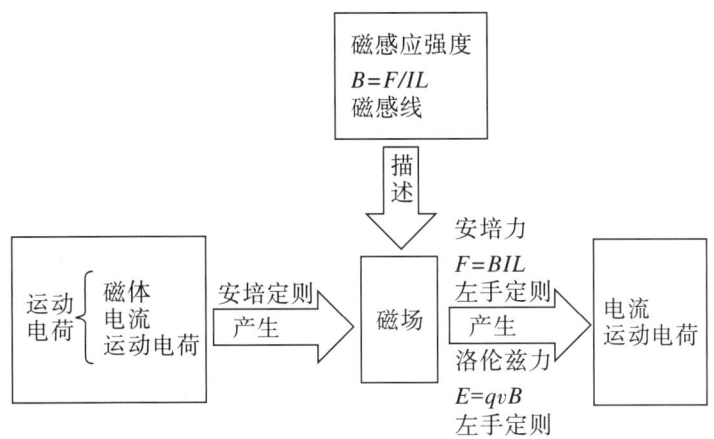

图4－23

考点7　电磁感应现象、电磁感应定律及其应用
考点8　麦克斯韦电磁场理论
再结合学生自身的实际情况，回归课本进行系统科学地复习。

三、注重来源，建立途径，掌握物理思想方法

在平时的复习教学中，除了抓住考点复习，让学生在短时间内提高复习效率以外，教师还要帮助学生建立物理学思想。因为物理学是一门开拓思维的学科，更是一门应用物理思想方法来解决现实问题的学科，物理思想方法就是一把开启智慧大门的金钥匙。复习教学时做题目是必需的，但让学生精练、弄懂、会用，还要结合学生的实际知识水平、实践能力和理解能力，设法使学生把所学的知识通过自己的分析、整理和应用转化为自己的认识，掌握运用物理思想去解决实际问题的方法，从而提高能力和科学素养。

考点1　物质的微观模型、电荷守恒定律、静电现象（内容参看前面）
[针对练习]（多选题）下列属于预防静电危害的做法是（　　）

A．在高大的建筑物顶端安装避雷针

B．水泥厂利用静电除去废气中的粉尘

C．在制造轮胎的橡胶中添加导电材料

D．行驶中的油罐车尾带一条拖地的铁链

考点2　点电荷间的相互作用规律

（1）点电荷：忽略带电体的_____，而把它当作一个带电的点，这就是点电荷。一般在带电体间的距离比它们本身的尺寸_____时，我们就可

以把带电体简化为点电荷。

(2) 库仑定律：真空中两个静止点电荷间的相互作用力，跟它们所带_____成正比，跟它们之间的_____成反比，作用力的方向在_____。

公式为：_____

[针对练习] 真空中两个静止点电荷间的静电力大小为 F，若电荷电量不变，两点电荷间的距离减小到原来的 $\frac{1}{2}$，则两点电荷间的静电力大小为（　　）

A. $\frac{F}{2}$　　　　B. $\frac{F}{4}$　　　　C. $4F$　　　　D. $2F$

考点3　电场、电场线和电场强度

(1) 电场：存在于电荷周围的特殊物质，实物和场是物质存在的两种方式。

(2) 电场线：人为假设的一种曲线，疏密表示_____，曲线上任意一点的切线方向表示该点的_____。

电场线的特点：

① 电场线从_____出发，终止于_____；

② 电场线在电场中不会相交；

③ 电场越强的地方，电场线越密，因此电场线不仅能形象地表示电场的方向，还能大致地表示电场强度的相对大小。

(3) 电场强度（E）：用来表示_____的物理量。

电场强度的单位是_____。

电场强度的大小与放入电场中的电荷无关，只由_____决定。

电场强度方向的规定：电场中某点的电场强度的方向跟_____电荷在该点受的电场力的方向相同，与负电荷在该点受的电场力的方向_____。

(4) 匀强电场：E 的大小和方向_____，电场线是一组_____。

[针对练习] 图4-24为某电场的电场线，关于 A、B 两点的电场强度，下列判断正确的是（　　）

A. 大小不等，方向相同
B. 大小不等，方向不同
C. 大小相等，方向相同
D. 大小相等，方向不同

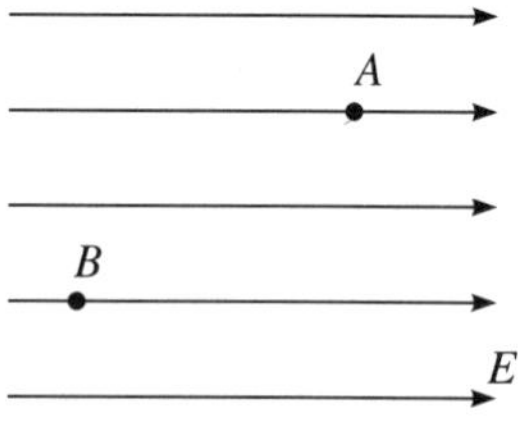

图4-24

考点4　磁场、磁感线、磁感应强度、磁通量
……

四、本节复习策略

1. 建立物理模型，对比理解和记忆。

（1）物质的微观模型——正负电荷的产生机理以及点电荷模型。

（2）电场线模型，磁感线模型。

（3）电场和磁场相关类比见表4-9。

表4-9 电场和磁场类比表

电 场	磁 场
电场线	磁感线
电场力	磁场力（安培力和洛伦兹力）
电场强度	磁感应强度
匀强电场中的运动	匀强磁场中的运动

2. 从学生易错的题出发，紧扣考点，突破关键问题。

为帮助学生理解概念、规律的内涵与外延，以及与相近概念、规律之间的联系与区别，教师可以根据以往经验分析出学生学不好或易错的主要原因：

（1）由于不能正确理解物理概念而产生的错误；

（2）由于不能正确掌握物理规律而产生的错误；

（3）无法正确建立物理模型而产生的错误。

电磁现象与规律这部分内容在《高中物理（选修1-1）》中篇幅有限，讲得并不透彻，而且比较抽象，学生难以理解。教师只有将描述电场、磁场的相关物理量讲述透彻、描述清楚，学生才能较好地理解。为此，笔者归纳整理几个关键量，下面列举几个小例子：

【例1】如图4-25所示，通有向右电流的直导线置于匀强磁场中，导线与磁场平行，则该导线（　　）

A. 不受安培力

B. 受安培力，方向向右

C. 受安培力，方向垂直纸面向里

D. 受安培力，方向垂直纸面向外

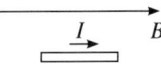

图4-25

领悟：理解导线受安培力的条件及左手定则的使用方法。

【例2】如图4-26所示，一正电荷水平向右射入蹄形磁铁的两磁极间。此时，该电荷所受洛伦兹力的方向是（　　）

A. 向左

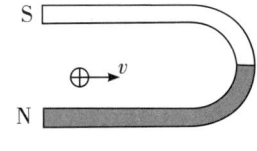

图4-26

B. 向右

C. 垂直纸面向里

D. 垂直纸面向外

领悟：关键是判断蹄形磁场磁感线的分布情况及如何用左手定则判断洛伦兹力方向。

【例3】如图4-27所示，在范围足够大的匀强磁场中有一闭合线圈，线圈平面与磁场方向垂直，线圈在磁场内运动。在下列运动中，线圈的磁通量发生变化的是（　　）

A. 向上平移

B. 向右平移

C. 沿磁场方向平移

D. 绕 ab 轴旋转

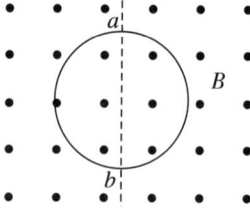

图4-27

领悟：正确理解磁通量的定义。

"错误"是到达"正确"的必由之路，是物理教学活动中的重要资源，是突破学生物理学习瓶颈的"金钥匙"。教师如果能紧紧围绕"错误"开展针对性的教学，切实体现因材施教，通过设计科学合理的教学步骤和手段引导学生"识错""思错""纠错""消错"，这样的教学才有可能成为高品质的有效复习教学。

这种针对考点梳理知识的教学策略较为普遍，通常用到大专题的第二轮习题复习环节中，通常采用几步复习法，内容越多越采用类比法，但重在区别不同之处和易混淆之处。从学生易错的题出发，紧扣考点，突破关键问题，要教师用心发现和整理问题，设置沟坎，让学生错过之后印象才深刻，改正之后理解才正确，复习才会有效和高效。

三、针对重点难点的复习，抓住关键，提高学生分析和解决问题能力

考试复习原则是在知识系统明确的前提下，分块完成的教学任务，并抓住重点和难点。每堂复习课都要抓系统和补缺、抓突破的重点和难点、抓综合和提高，在遵循一定原则的同时有所侧重。

案例4-5

难点和重点的突破——"万有引力定律"复习微课案例

【模式和流程】鉴于会考的层次要求，既要照顾成绩较低的同学也要让

成绩好的同学能得到提升,设计如图 4-28 所示:

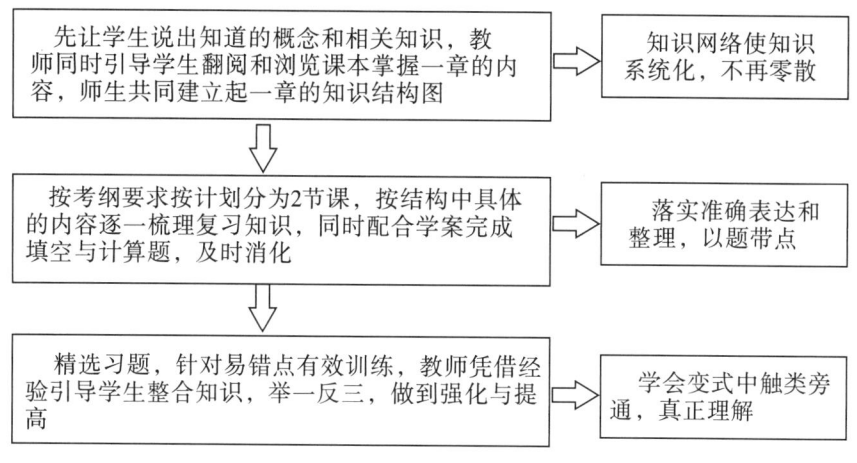

图 4-28

【考纲的要求】

1. 知道万有引力定律,了解万有引力定律的发现过程,知道发现万有引力的重要意义,会用万有引力定律进行简单计算。

2. 了解人造卫星的有关知识,知道三个宇宙速度,了解我国航天事业的发展。

3. 初步了解经典时空观和相对论时空观,知道相对论对人类认识世界的影响。

【复习目标1】注重基础,提高能力,学会学习

1. 先在学生温习阅读教材的基础上,师生共同梳理本章的知识网络(板书见图 4-29)。

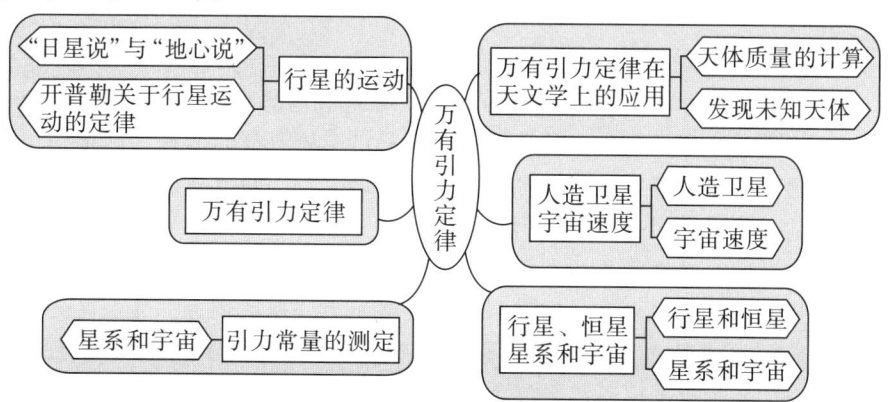

图 4-29

2. 有针对地把重点内容融入导学案，学案本身对学生自学和复习要有导向性。

(1) 万有引力定律。

①内容：自然界中任何两个物体都相互吸引，引力的大小与物体的质量 m_1 和 m_2 的乘积成正比，与它们之间距离 r 的二次方成反比。

②表达式：$F =$ _____。$G = 6.67 \times 10^{-11}$ N·m²/kg²（卡文迪许测量）

(2) 人造地球卫星。

①卫星绕地球做匀速圆周运动的向心力由它所受的万有引力提供：

$F = F_{向}$ _____ = _____ = _____ = _____。

②地球同步卫星：是相对地面静止的跟地球自转同步的卫星。卫星要与地球自转同步，必须满足下列条件（定周期，定轨道平面，定半径，定高度）：

a. 卫星绕地球的运行方向与地球自转方向相同，且卫星的运行周期与地球自转周期相同（即 $T = 24$ h）。

b. 卫星运行的圆形轨道必须与地球的赤道平面重合。

c. 卫星的轨道高度一定（距地面3.6万千米）。

可得出的结论：

①同一轨道的卫星不可能加速追上前面的卫星，因为加速要离心。

②同步卫星永远相对地面某点静止。

(3) 宇宙速度。

①第一宇宙速度：$v = 7.9$ km/s。

a. 是发射人造地球卫星的最小速度。

b. 是环绕地球运行的最大速度（环绕速度 $v =$ _____）。

②第二宇宙速度：$v = 11.2$ km/s。

③第三宇宙速度：$v = 16.7$ km/s。

【复习目标2】注重来源，建立途径，掌握物理思想方法

物理学是一门开拓思维的学科，也是一门实验科研的学科。更是一门应用物理思想方法来解决现实问题或未来问题的学科。物理思想方法就是一把开启智慧大门的金钥匙。

复习教学时做题目是必需的，但要精练、析清、弄懂、会变、会用，要结合学生的实际知识水平、思维水准、实践能力、理解能力，设法促使学生把所学的知识通过自己的思考、分析、整理、尝试、应用转化为自己的认识，从而掌握运用物理思想去解决实际问题的方法。

考点：万有引力定律

1. 内容：_____。
2. 公式：$F =$ _____，其中 $G =$ _____，对于任何物体，G 相同，G 的值是在 1798 年由_____国物理学家_____利用_____装置测得的，其中 r 是_____。
3. 第一位用实验测出了万有引力常量的科学家是_____；他所做的实验名称_____，这实验同时证明了_____的存在。
4. 第一宇宙速度：是卫星在绕_____做匀速圆周运动所必须具有的速度，其大小为_____；第二宇宙速度：是使卫星脱离所需的最小发射速度，也叫_____速度，其大小为_____；第三宇宙速度：是使卫星脱离_____所需的最小发射速度，也叫_____，其大小为_____；若卫星的发射速度 v 满足 $7.9 \text{ km/s} < v < 11.2 \text{ km/s}$，则卫星将绕_____运动。
5. 同步卫星：轨道平面一定，和_____平面重合；周期一定，T 和地球_____周期相同。
6. 变轨问题：卫星从低轨道变到高轨道，需要_____；卫星从高轨道变到低轨道，需要_____。

（一）关于重点、难点知识梳理

以图辐射知识点并进行对比与拓展，如表 4 – 10 所示。

表 4 – 10　知识点的对比与拓展

图	知识点
	开普勒三定律： （1）第一定律：所有行星绕太阳运动的轨道都是_____，太阳处在椭圆的一个_____上； （2）第二定律：对任意一个行星来说，它与太阳的连线在相等的时间内扫过相等的面积； （3）第三定律：所有行星的轨道的_____的三次方跟它的_____的二次方的比值都相等，$\dfrac{a^3}{T^2} = k$

续上表

图	知识点
综合运用：对比分析 4 种情况下地面上物体和不同轨道上的卫星 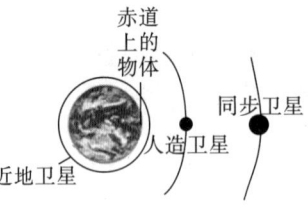 $G = \dfrac{Mm}{r^2} = m\dfrac{v^2}{r}$；$G\dfrac{Mm}{R^2} = mg$ r 指轨道半径，R 指球体半径；M 指中心球体，m 指环绕球体	1. 比较不同轨道卫星： $G\dfrac{Mm}{r^2} = m\dfrac{v^2}{r} = m\left(\dfrac{2\pi}{T}\right)^2 r = ma$，$r$ 越大，v 越_____，ω 越_____。 向心加速度 a_n 越_____，T 越_____。 2. 比较同步卫星和地表物体：ω _____，T _____，利用 $v = \omega r$，$a_n = \dfrac{v^2}{r}$ 等公式比较速度_____和加速度_____。 3. 比较地球表面（地球半径为 R）和距离地面高度为 h 的物体的重力加速度：$G\dfrac{Mm}{R^2} = mg$，$G\dfrac{Mm}{(R+h)^2} = mg'$。 综合分析与归纳法；类比法
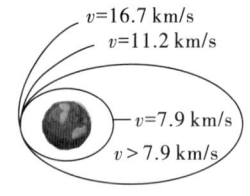 注意： 1. 环绕速度要小于或等于 7.9 km/s。 2. 发射速度要大于 7.9 km/s，克服引力和阻力做功	1. 第一宇宙速度：最小发射速度，最大_____，卫星绕地球环绕速度 $7.9\ \text{km/s} \leq v < 11.2\ \text{km/s}$。 2. 第二宇宙速度：11.2 km/s，挣脱地球引力束缚的最小发射速度，绕太阳速度 $11.2\ \text{km/s} \leq v < 16.7\ \text{km/s}$。 3. 第三宇宙速度：16.7 km/s，物体挣脱太阳引力束缚的最小发射速度，脱离太阳引力束缚在宇宙空间运行 $v \geq 16.7\ \text{km/s}$

（二）从学生易错的题出发，紧扣考点，突破关键问题

美国教育家杜威指出："真正思考的人从自己的错误中吸取知识比从自己成就中吸取的知识更多，错误与探索联姻、交合，才能孕育出真理。"诚如斯言，"错误"中潜伏着教师教与学生学两方面的大量信息，它是实施有效教学的重要前提；"错误"中隐藏着学生整体与个体两层次的学习密码：面上共性的错误就是事实上的教学难点，点上个体的错误则是因材施教的基本依据。

万有引力这一章涉及曲线运动、牛顿运动定律、数学相关知识等，学生会更难理解这一章的内容，只有理解清楚针对规律的关键物理量，方能学会运用。为此，我们归纳、整理了几个关键量，下面列举几个小例子。

1. 关于 r、M 的确定

【例】如图4-30所示，两个半径分别为 r_1 和 r_2 的球，均匀分布的质量分别为 m_1 和 m_2，两球之间的距离为 r，则两球间的万有引力大小为（　　）

A. $G\dfrac{m_1 m_2}{r^2}$ B. $G\dfrac{m_1 m_2}{(r+r_1)^2}$

C. $G\dfrac{m_1 m_2}{(r+r_2)^2}$ D. $G\dfrac{m_1 m_2}{(r+r_1+r_2)^2}$

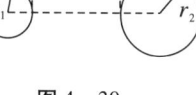

图4-30

2. 关于 M 的确定

【例1】关于太阳与行星间的引力公式中的比例系数 G，以下说法中正确的是（　　）

A. G 只与行星本身的质量有关，与太阳的质量无关

B. G 只与太阳的质量有关，与行星本身的质量无关

C. G 与行星本身的质量和太阳的质量均有关

D. G 与行星本身的质量和太阳的质量均无关

【例2】设地球表面重力加速度为 g_0，物体在距离地心 $4R$（R 是地球半径）处，由于地球的作用而产生的加速度为 g，则 g/g_0 为（　　）

A. 1/3　　　　B. 1/9　　　　C. 1/4　　　　D. 1/16

【例3】有两颗人造卫星，它们的质量之比是 $m_1:m_2=1:2$，轨道半径之比 $r_1:r_2=3:1$ 则：

①它们的运行速度之比 $v_1:v_2=$ _____；

②它们的周期之比 $T_1:T_2=$ _____；

③它们的向心加速度之比 $a_1:a_2=$ _____；

④它们所受的向心力之比 $F_1:F_2=$ _____。

（三）针对不同类型习题归纳练习

可对如下几种类型习题做归纳并练习。

（1）求天体质量。

①根据天体表面上物体的重力近似等于物体所受的万有引力，由天体表面上的重力加速度和天体的半径求天体的质量。

②根据绕中心天体运动的卫星的运行周期和轨道半径，求中心天体的质量。

（2）人造地球卫星的运动参量与轨道半径的关系问题。

(3) 地球同步卫星问题。

(4) 求天体的第一宇宙速度问题。

点评：通常因为万有引力的习题涉及的问题较多，学生都会有畏难情绪，抓住学生的困难点，利用比较法和图解法，把地表物体、近地卫星、同步卫星、月球的四种情况（不同高度，以地球为中心）做逐一分析，首先要分清 $G\dfrac{Mm}{r^2}=m\dfrac{v^2}{r}$、$G\dfrac{Mm}{R^2}=mg$ 中 r 指轨道半径，R 指球体半径，M 指中心球体，m 指环绕球体；然后逐一写出表达式，集中攻灭易混之处，此法较好。此外，抓住不同星球相关量的关系的对比，这样分类选题和整合，效果同样好。

（四）针对学生的思维障碍复习，纠错改正，提高学生理解和分析问题能力

学生之所以不会或做不对，很多时候是因为存在思维障碍。找到问题所在，并针对错误的原因进行分析，找到对策来纠错和改正，通过强化和练习形成正确的思维路径，是有效策略之一。

1. 物理思维障碍根源

学生在高考中物理思维障碍的根源有以下几个方面：

(1) 学习心理和失败过的情绪因素造成的。这些学生因为平时畏惧物理，没有信心，遇到问题就紧张，一紧张思维就会变得缓慢乃至停滞。

(2) 生活和学习中的思维定式造成的。

(3) 没有形成良好的思维和解题过程。

(4) 基础知识的薄弱和学习欲望不强造成的。

(5) 思维混乱，分析能力和建模能力的缺乏。

学生天天置身于千变万化的物理世界中，会自然地获得有关物理方面的感性认识，形成一定的生活观念和经验。然而有些生活经验是错误的。如果不按照正确的思维习惯和解题习惯，想当然就容易犯错误。表 4-11 列出了部分常见的易错问题。

表 4-11 部分常见易错问题

思维障碍点（易错点）	原 因	对 策
1. 静止的物体受某个力的作用就会运动，某一个力消失，物体就会停止运动	没有合力的概念，不知道合力（加速度）改变运动状态	1. 复习时在概念和规律、公式上先过记忆关。（帮助学生理解好在复习时分析透彻，详见案例4-5） 2. 养成良好的思维习惯和解题习惯，克服先入为主的生活观念形成的思维障碍。 3. 及时反复纠错，多次巩固强化和养成习惯，直到真正理解
2. 推物体的力越大，物体运动得就越快	状态是否静止	
3. 有些学生在受力分析时不按照正确顺序，先分析摩擦力后分析弹力	摩擦力产生原因不明确	
4. 没有画受力分析图就解题	受力分析不过关	
5. 弹力的方向和是否存在仅凭借直觉判断，认为只要接触就有弹力	结合条件及状态	
6. 对于多个运动过程彼此独立，不知道关联点的物理量的关系	过程多了不清晰，不会画出过程图和标明各量	
7. 不理解平抛运动的分解和合成，不懂求速度（两个方向的同时性）	不理解矢量的合成	
8. 电场力与磁场力的区别	对平面和三维空间的理解不到位	
9. 天体运动中半径 r 和 R 易混	不理解公式各量，只知道代入公式	
10. 不记也不理解各种能量规律	下功夫少，物理也需要在理解的基础上精准记忆	
11. 认为速度—时间图象的最高点是反向行驶的转折点	图象表达的方向横轴以上为正，横轴以下为负	4. 针对基本模型题经常回顾和练习

2. 改进措施

学生原有的错误观念和经验比较顽固，不是一朝一夕就能改正的，可以通过几个方面进行。

一是复习概念时，针对错误的问题应展开充分的分析、讨论，让学生弄清概念的来龙去脉，明确概念的形成过程，以达到对概念内涵的准确理解和掌握。二是加强知识训练环节，反复矫正、巩固，加深理解。三是用动画和实验录像或随时可以操作的演示实验、生动的物理现象给学生以更强烈的刺激，形成鲜明的对比，说明原有观念的错误所在，使原有观念发生动摇，直至清除。

措施：落实基础知识，注重对物理意义的理解，避免物理公式数学化。

案例 4-6

针对动能定理的易错点有效复习的微课案例

【起因】学生记不住的动能定理表达及各量的含义，甚至有个别学生连简单的动能定理题目都不会做。通过提问发现学生只知道它的表达式 $W = \Delta E_k$，不知道是哪个力做功改变能量，也不知道它的物理意义——合外力所做的功等于物体动能的变化量。

【流程】

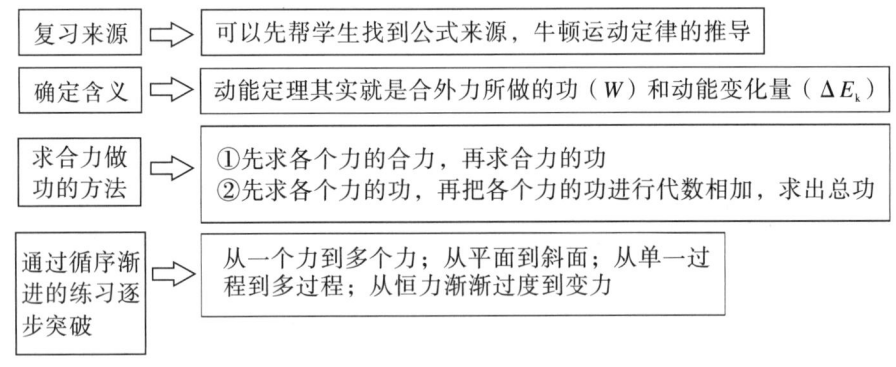

图 4-31

【精讲精练】循序渐进地设置题目，使学生学会如何运用动能定理。

（1）一个物体质量为 M，原先静止在水平地面上，动摩擦因素为 μ，现受到一个水平外力 F 作用，经位移 s，求末动能。

（2）一个物体从高度为 H 的光滑斜面下滑，经粗糙的水平面停止，水

平面的摩擦系数为 μ，求物体在水平面上滑行的位移。

（3）有一个小球从高度为 H 的斜槽中下滑，来回运动，最后停在高为 h 的槽中，已知平均摩擦力为 f，求小球运动的路程。

（4）如图 4-32 所示，AB 是倾角为 θ 的粗糙直轨道，BCD 是光滑的圆弧轨道，AB 恰好在 B 点与圆弧相切，圆弧的半径为 R。一个质量为 m 的物体（可以看作质点）从直轨道上的 P 点由静止释放，结果它能在两轨道间做往返运动。已知 P 点与圆弧的圆心 O 等高，物体与轨道 AB 间的动摩擦因数为 μ。求：

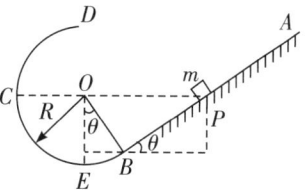

图 4-32

①物体做往返运动的整个过程中在 AB 轨道上通过的总路程；

②最终当物体通过圆弧轨道最低点 E 时，对圆弧轨道的压力。

【总结】教师要了解学生的错误和困难所在。一方面，教师要为学生展开思维过程创造机会，让学生暴露错误；另一方面，可以通过与学生的交流、讨论，通过研究学生的作业、试卷等，了解学生的错误和问题所在。

学生在学习中遇到问题和犯错误是难免的，因为只有经过错误，克服错误，产生问题，解决问题，才能获得对知识的真正理解。针对重点内容找到学生不懂的地方，就找到了错误的根源，解决了问题，这就是我们对概念、规律理解上的提高。找到这个根源并给予纠正，就会获得一个实质性的提高。所以，要了解学生的错误和疑难，采取有效措施纠正错误。为学生释疑解难，这是提高复习效率的一个重要途径，也是较好的复习策略。

案例 4-7

针对电学中相关物理量的易错点有效复习的微课案例

基础知识的掌握有利于学生物理概念、物理思维的形成。物理不同于数学，并不仅仅是纯粹公式的运算，它有物理意义的内涵，理解物理意义对于解题起着至关重要的作用。电学中物理量较多，学生会觉得很乱，应用起来经常出错，为此可针对学生的问题把易混淆的知识一一分析，再加上适当训练，能有效地解决问题（如表 4-12 所示）。

表 4-12

物理量	公式	符号法则	适用	备注
电场强度 E	$E = \dfrac{F}{Q}$	不代入符号	一切电场	定义式 E 与 q、F 无关
	$E = k\dfrac{Q}{r^2}$	不代入符号	真空点电荷电场	决定式 E 与 Q、r 有关
	$E = \dfrac{U_{AB}}{d}$	不代入符号	匀强电场	d：沿场强方向上的距离
电势能 E_p	$E_p = \Phi q$	代入符号	一切电场	① $+q$ 时，Φ 大 E_p 大 ② $-q$ 时，Φ 大 E_p 小
电势 Φ	$\Phi = \dfrac{E_p}{q}$	代入符号	一切电场	定义式 Φ 与 E_p、q 无关
电势差 U_{AB}	$U_{AB} = \Phi_A - \Phi_B$	代入符号	一切电场	$U_{AB} = -U_{BA}$
	$U_{AB} = Ed$	不代入符号	匀强电场	d：沿电场方向上的距离
静电力（电场力）F	$F = k\dfrac{q_1 q_2}{r^2}$	不代入符号	真空两静止点电荷	$k = 9 \times 10^9$ N·m²/C² 同斥异吸
	$F = Eq$	不代入符号	一切电场	① $+q$ 时，F 与 E 同向 ② $-q$ 时，F 与 E 反向
静电力做功 W_{AB}	$W_{AB} = E_{PA} - E_{PB}$	代入符号	一切电场	与运动路径无关 $W_{AB} > 0$，E_p 减少 $W_{AB} < 0$，E_p 增加
	$W_{AB} = qU_{AB}$	代入符号	一切电场	
	$W_{AB} = Eqd$	不代入符号	匀强电场	
电容 C	$C = \dfrac{Q}{U}$	不代入符号	各种电容	定义式 C 与 Q、U 无关
	$C = \dfrac{\varepsilon S}{4k\pi d}$	不代入符号	平行板电容器	决定式

一、习惯方面

良好的思维习惯和解题习惯不仅可以避免想当然、纠正原有的错误观念，在考试中还利于厘清物理过程，理顺思路。

［措施1］在复习授课过程中，教师的一笔一画、良好的板书可以帮助学生总结物理解题方法和解题步骤，如"先画出运动过程—每一段受力分析—找桥梁速度—设未知物理量（注意科学表达）—列方程—求解答"。每一次让学生都这样分析，久而久之学生就会养成正确的思维习惯。

[措施2] 在解带电粒子问题时可以分三步：画轨迹、找圆心、算半径。在解力学问题时一定要画受力分析图，按正确的受力分析顺序进行分析，避免漏了力、添了力或错判力。

[措施3] 充分活跃课堂，运用抽签、定期比赛和抽查的方法强化学生对基本概念和公式的理解记忆。如果对公式的理解还停留在数学的思维上，没有真正地理解公式的物理意义，就无法应付千变万化的题目。

二、非智力因素方面

有些时候没弄对，是因为思考的深度不够，还因为练习的次数不够。很多学生认为改一遍就会了，但一做还是错，这可能是因为重复次数不够，要多次才行；还可能是因为学生下的功夫少，遇障碍就后退没有毅力。这时，教师应鼓励学生勇敢地突破自我，在问题面前不服输。说到底，还是基础知识过于薄弱，造成无法正常地运用物理思维思考问题。

（五）注重分析推理能力的和建模能力的培养，落实过程，培养规范表达能力

物理的习题大多表现为两个过程或两个模型，而每一个过程拆开来就是一个个独立的模型。对物理过程的分析就是建模的过程，如果缺乏建模能力，解题就有困难。

中学物理学习的特点：中学物理中研究的基本问题都是理想模型问题，先将大量实际问题科学抽象，简化成理想化的问题，然后研究这个理想化问题，得出有关物理规律，再运用这些规律去分析和解决具体的实际问题。其次，掌握科学的学习方法：夯实基础知识，通过对具体问题的审题、画图，借助基本模型的类化和移植，巧妙地突破思维障碍，顺利地解决问题。

案例 4-8

针对各种模型变迁培养建模能力的微课案例

一、物理学中涉及的各种理想模型

（一）理想研究对象

1. 质点：不计物体形状、大小和转动的有质量的点。
2. 轻绳、轻弹簧：不计质量及与质量有关的重力。
3. 不可伸长的细线：线可产生拉伸弹力，但不计伸长，线中张力的变化在瞬时完成。
4. 理想气体：分子可看成质点，除碰撞外无相互作用力，故分子间无分子势能，一定质量的理想气体的内能只与温度有关。

5. 点电荷：可看成质点的电荷。

6. 检验电荷：能精确地研究电场中某点的情况，体积足够小，电量足够少；不影响原电场的分布。

7. 理想电表：电压表的内阻无穷大，电流表的内阻等于零。

8. 理想二极管：正向电阻为零，反向电阻无穷大。

9. 理想变压器：不计铜损、铁损和磁损，输入功率等于输出功率等。

10. 匀强电（磁）场：场中各点的电场强度（磁感应强度）都相同，场线是一组间距相等的平行直线。

11. 纯电阻用电器：遵循欧姆定律，电流做功使电能全部转化为电热。

（二）理想条件

1. 光滑斜面：如图 4-33 所示。
2. 匀强电场：平行板电容器。
3. 不计重力：基本粒子不考虑粒子的重力等。

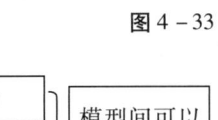

图 4-33

（三）理想研究过程和运动状态

1. 匀速直线运动：速度不变。
2. 匀变速运动：加速度 a 恒定不变。

① 自由落体运动。

② 竖直上抛运动 ⇒ 恒力作用下的往返运动 ⎫
　　　　　　　　　　　　　　　　　　　　　　⎬ 模型间可以迁移运用
③ 平抛运动 ⇒ 带点粒子在匀强电场类平抛 ⎭

3. 圆周运动：$a \neq 0$ 且方向变化。

① 匀速圆周运动：合力（合力是变力，其中恒力的合力等于零）始终指向圆心，提供向心力，产生向心加速度。

② 变速圆周运动：合力一般不指向圆心，必须结合能量守恒定律分析。

4. 碰撞：作用时间极短，不考虑位置变化，遵循动量守恒定律；弹性碰撞——遵循动能守恒定律。

子弹打木块模型 ⇒ 物体碰撞黏合在一起

5. 等温、等容、等压变化分别指温度、体积、压强不变。

6. 速度选择器、等离子发电机、电磁流量计和霍尔效应等。

二、抓住模型本质特征，实现模型类化移植

解题的过程，实质上是还原物理模型的过程：明确研究对象、弄清物理过程、建立物理图景。物理试题情境新颖，实际上也是在我们熟知的理想模型的基础上发展和变化而来的，只要我们深刻地挖掘其隐含的共性，实现解法的类化和移植，就可以缩短分析推理路径。

1. 相似模型的类化。

试题：根据磁场对电流会产生作用力的原理，人们研制出一种新型的发射炮弹的装置——电磁炮，其原理如图 4-34 所示，把待发射的炮弹（导体）放置在强磁场的两平行导轨上，给导轨通入强电流，使炮弹作为一个载流导体在磁场作用下沿导轨加速运动，并以某一速度发射出去，如果想提高电磁炮的发射速度，理论上可怎么做？

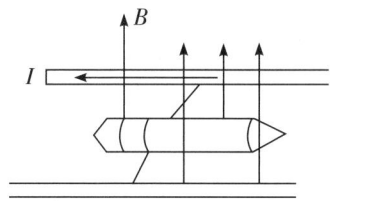

匀变速运动
动能定理

图 4-34

解析：本题是一道实际应用问题，学生往往看不懂题目内容而无从下手。此类问题的关键并不在解题，而是先将实际问题转化为基本模型，再运用物理知识求解。

学生对恒力作用下的匀变速直线运动这一基本模型掌握得非常好。仔细审题后解题思路自然就有了：电磁炮在磁场的安培力（恒力）作用下做匀变速直线运动，可根据动能定理求解。

2. 不同单元、不同属性、不同要素的物理现象间常貌似相异，实质相近，在处理方法上往往具有同一规律，巧妙移植，可以达到事半功倍的效果（如图 4-35 所示）。

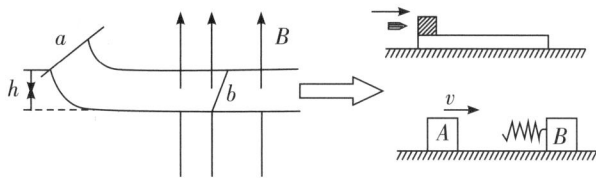

图 4-35

若处理习题时教师讲、学生听，学生能听懂，但不一定会做；能做一个题目，在做其他相关问题时依旧不会，不会做迁移的题目。这是因为这种教学方式没有激发学生自己的分析和思考。学生没有一步一步推理分析，总在被动地接受，也没有去思考为什么这么做、有没有其他的方法。教师在复习时改变传统教育模式,进行探究教学,有利于培养学生的分析推理能力、思维能力和建模能力。解决物理问题的一般方法可归纳为以下几个环节:

审视物理情境 → 构建物理模型 → 转化为数学问题 → 还原为物理结记

但实际教学中可设置环节如下:
(1) 先让学生审题,给学生思考的时间;
(2) 让学生把不同的想法都讲出来,然后组织学生进行讨论;
(3) 归纳这种问题大概属于哪种模型;
(4) 教师归纳总结,指出学生的思维障碍所在,归纳出这类模型;
(5) 让学生反思小结。

通过讨论,学生就会慢慢地认清过程,既锻炼了思维能力、辨析能力、建模能力,又培养了上课勤于思考的习惯,逐步克服隐含的思维障碍。同时教师应扮演好指导者的角色,帮助学生分析思维障碍的所在,注意思维的盲点。再与其他类似的题目作比较,建立典型的模型。最后还要给学生反思小结的时间,使他们自己能够理顺思路,突破思维的误区。

要充分调动学生的积极性,让他们把想法说出来,通过大家的讨论、老师的讲解、自己的反思,才能把隐含的思维障碍清除。要突破学生的思维障碍,学生自己需要克服心理因素,克服思维定式,注重物理意义的理解;而教师则需要长期地注意学生的思维动向,及时纠正学生错误的思维,不断培养他们的思维能力和建模能力。

(六) 理论与操作相结合,抓好细节,注重培养学生的实验能力

物理是实验性学科,其中的概念、原理和规律都是由实验推导和论证的。物理的重要知识常伴有实验是现行高中教材的一个重要特点。实验有助于加深学生对物理概念、原理和规律的理解,而实验能力既是学业水平考试又是以后高考中考查的一项重要能力,可以为学生将来从事科学研究打下基础。

正因为实验的重要性,所以在学业水平考试中不仅要考查学生的动手操作能力,而且还要考查学生对实验目的、原理等的掌握和理解。因此,作为物理教师,在学业水平考试复习中要特别重视实验的复习。必须要求学生了解实验目的、实验原理和实验步骤,会控制实验条件和使用实验仪器,会观察和分析实验现象,解释实验结果(数据),并得出实验结论,能够根据要求设计简单的实验方案。

1. 复习实验关键，让学生理解实验原理、掌握操作方法、步骤及原因

（1）目前考纲所列出的主要实验如表 4-13 所示。

表 4-13

广东高考大纲要求的实验	演示实验
实验一：研究匀变速直线运动	平抛运动分运动的同时性 平行板电容器与哪些因素有关 弹性形变
实验二：探究弹力和弹簧伸长的关系	
实验三：验证力的平行四边形定则	
实验四：验证牛顿运动定律	静电屏蔽 电磁感应产生条件 自感 传感器等
实验五：探究动能定理	
实验六：验证机械能守恒定律	
实验七：测定金属的电阻率（同时练习使用螺旋测微器）	
实验八：描绘小电珠的伏安特性曲线	
实验九：测定电源的电动势和内阻	
实验十：练习使用多用电表	
实验十一：传感器的简单使用	
实验十二：验证动量守恒定律	
实验十三：用油膜法估测分子的大小	

（2）针对这一环节，我们建议实验复习分章节进行，可让学生自己归纳和整理如下几个方面，并完成如表 4-14 所示的表格。

表 4-14

实验名称	目的	原理	步骤	数据处理	注意事项
1. 研究匀变速运动	1. 判断 2. 求加速度	逐差法			先闭合电键，后释放小车
2. ……	……	……	……	……	……

重点要明白本实验目的、设计的原理及步骤。

2. 复习时，首先了解测量仪器的使用，提高实验操作能力

（1）测量仪器的读数方法。

①一般情况下应估读一位——估计到最小刻度（精确度）的下一位。

②不估读的测量仪器有：数字显示的仪表，机械秒表，游标卡尺，水银气压计等。

（3）测量仪器的分类如表 4-15 所示。

表 4-15 测量仪器的分类

类型	仪器名称	精确度确定	精确度		读数方法	记录结果（小数点后的位数）	注意事项
测长度	刻度尺	最小分度值	1 mm		估读一位	1	测量起点及单位
测长度	游标卡尺（差分法）	$\dfrac{1}{n}$ mm（n 为游标上的总格数）	$n=10$	0.1 mm	$L = L_主 + k\dfrac{1}{n}$ 不估读	1	1. 游标边界线与零刻度的区别
测长度			$n=20$	0.05 mm		2	2. 主尺上的单位为 cm（$n \sim 12$ cm）
测长度			$n=50$	0.02 mm		3	3. 记录的有效数字
测长度	螺旋测微器	$\dfrac{d}{n}$ mm（n 为可动刻度上的总格数）	$n=50$ $d=0.5$ mm	0.01 mm	$L = L_固 + k$ 估读一位	3	1. 半毫米刻度是否露出（①直接看；②推理） 2. 记录的有效数字
测时间	秒表	最小分度值	0.1 s		t 分针 + t 秒针	1（s 为单位）	不估读
测时间	打点计时器				$t = n \times 0.02$ s		接低压交流电源
测时间	闪光照相				$t = nT$		

续上表

类型	仪器名称	精确度确定	精确度	读数方法	记录结果（小数点后的位数）	注意事项
电学仪表	安培表	最小分度值	略	估读一位	略	交直流表的区别（刻度均匀情况） 1. 读数不忘乘倍率 2. 选挡方法
	伏特表					
	欧姆表					
其他	测力——弹簧秤　测温度——温度计　测气压——气压计					

3. 对重点实验原件和原理及方法要理解、会分析运用

如电学中滑动变阻器就是十分重要的元件，学生不会合理选择分压法或限流法。为了让学生在理解的基础上学会选择接法，专门安排一节课题为"滑动变阻器的连接和选择"的课。

案例 4-9

滑动变阻器的连接和选择——复习专题课

【教学目标】

1. 知道滑动变阻器的结构、变阻原理及其在电路中的基本作用。
2. 分析和比较滑动变阻器的两种连接方式，知道如何选择连接方式。
3. 知道如何选择滑动变阻器。

【教学重点】

1. 滑动变阻器连接方式的选择。
2. 滑动变阻器的选择。

【教学难点】

1. 理解滑动变阻器连接方式的选择依据。
2. 实物连线。

【教学过程】

1. 构造和原理。

结构：金属杆、滑片、四个接线柱、金属线圈和绝缘筒（如图 4-36 所示）。

原理：通过改变接入电路的电阻线长度来改变电阻，从而改变电路中的电流（如图4-37所示）。

功能：保护电路，控制电路。

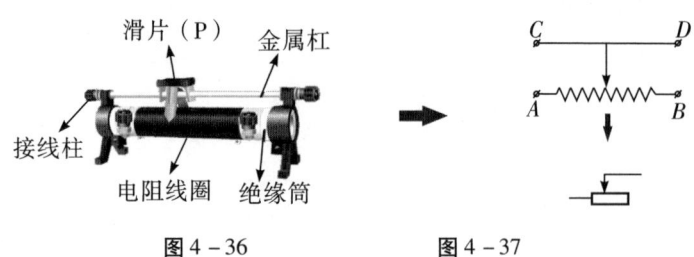

图4-36　　　　图4-37

2. 两种连接方式。

R是待测电阻，滑动变阻器的最大阻值为R_0，电源电动势为E（内阻不计）。通过设置台阶问题，让学生分析二者电阻在电路中的关系、电路调节时电压和电流变化规律和功率方面的计算，完成问题后，请把相关信息填入表4-16。

表4-16

类型	电路图	串并联关系	U的变化范围	R_0对U变化的影响	通电前P位置	同等条件下消耗的功率
限流式						
分压式						

3. 滑动变阻器的选择。

（1）安全：结合电压/电流表的量程、滑动变阻器的额定电流进行判断，实现保护电路的作用。

（2）准确：为保证待测电阻的电压电流的变化范围和明显程度，在安全的前提下，采用分压式接法选择阻值较小的滑动变阻器，而采用限流式接法则选择阻值较大的滑动变阻器,从而实现滑动变阻器控制电路的作用。

(3) 方便:在保证实验顺利进行的情况下,尽量使操作方便易行。例如,选择了阻值太大的滑动变阻器,但是在实验中只能使用到其中很小一部分线圈,这就不是一个好的选择。

4. 实物连线。

限流式:一上一下连线接入电路。

分压式:先连主电路,把滑动变阻器全部接入电路;一上一下分压,标出正负极,和电流表、待测电阻串联;最后连电压表。

重要提醒:注意区分正负极,接线上柱;不管滑动变阻器在电路中起控制还是保护作用,在闭合开关前,都应调节滑片使调节对象的电流电压达到最小值。

【例】(2012·北京高考)在"测定金属的电阻率"实验中,用伏安法测金属丝的电阻 R_x。实验所用器材为:电池组(电动势 3 V,内阻约 1 Ω)、电流表(内阻约 0.1 Ω)、电压表(内阻约 3 kΩ)、滑动变阻器 R(0~20 Ω,额定电流 2 A)、开关、导线若干。某小组同学利用以上器材正确连接好电路,进行实验测量,并记录数据(见表 4-17)。

表 4-17

次数	1	2	3	4	5	6	7
U/V	0.10	0.30	0.70	1.00	1.50	1.70	2.30
I/A	0.020	0.060	0.160	0.220	0.340	0.460	0.520

由以上实验数据可知,他们测量 R_x 是采用图 4-38 中的_____图(选填"甲"或"乙")。

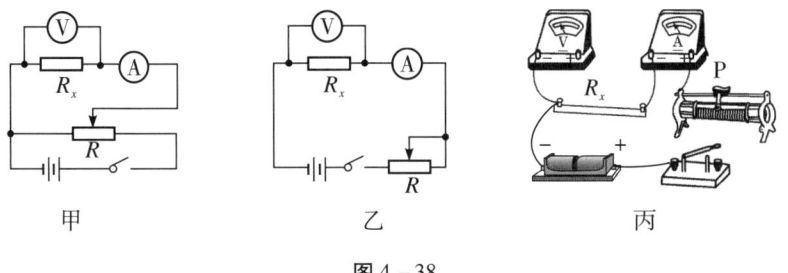

图 4-38

图 4-38 丙是测量 R_x 的实验器材实物图,图中已连接了部分导线,滑动变阻器的滑片 P 置于变阻器的一端。请根据上面所选的电路图,补充完成图丙中实物间的连线,并使开关闭合的瞬间,电压表或电流表不至于被烧坏。

【专题练习】在测定金属丝的电阻率的实验中,要测出金属丝的电阻。若估计电阻丝 R_x 的阻值约为 3 Ω,为减小误差,要求金属丝发热功率 $P ≤ 0.75$ W,备有以下器材:

A. 6 V 电池组

B. 两挡电流表(量程Ⅰ:0～0.6 A,内阻 0.5 Ω;量程Ⅱ:0～3 A,内阻 0.01 Ω)

C. 两挡电压表(量程Ⅰ:0～3 V,内阻 1 kΩ;量程Ⅱ:0～15 V,内阻 15 kΩ)

D. 滑动变阻器 R_1(0～100 Ω,1 A)

E. 滑动变阻器 R_2(0～20 Ω,1 A)

F. 电键、导线若干

(1) 电流表量程应选_____。

电压表量程应选_____。

滑动电阻器应选_____。

(2) 请用实线替代导线将图 4-39 中的器材连接成实验用的电路图。

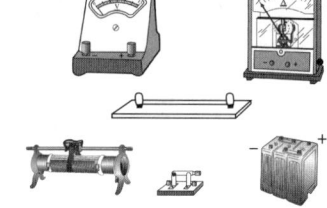

图 4-39

本节课针对两种方法的比较还设计了黑板上的演示实验。通过两种方法的电压表数据的变化规律的对比,让学生了解了分压器的优点和适用范围。教师的精心选题重点在如何根据题目设计实验上,对提高学生的分析、推理和选择能力有较好的突破作用。

5. 利用丰富的录像、视频资料及 PPT 规范演示的操作步骤

(1) 通常重复观看录像可以让学生弄明白原理和操作过程,为之后学生独立操作及独立改进和设计打下较好基础。

(2) 利用 PPT 和学案整理完成所有实验的步骤和重要环节的注意点,便于学生记忆。

案例 4-10

验证力的平行四边形定则

【实验目的】验证力的平行四边形定则。

【实验器材】木板、白纸、弹簧秤_____个、细绳套两条、_____、_____、铅笔、图钉。

【实验步骤】

(1) 在桌上平放一块木板,用图钉把白纸固定在木板上,把橡皮筋的一

端固定在木板上的 A 点，另一端拴上细绳套。

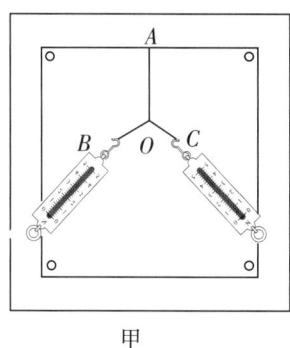 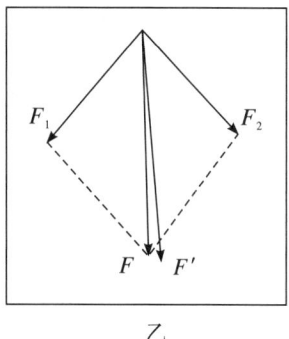

图 4-40

（2）用两只弹簧秤分别勾住绳套，互成角度地拉橡皮筋，使结点到达某一位置 O（如图 4-40 甲所示），记下 O 点位置及两个拉力 F_1、F_2 的_____和_____，按一定标度作出两个力的图示，用_____求出合力，即图 4-40 乙中的_____（F/F'）。

（3）改用一只弹簧秤拉橡皮筋，将结点拉到_____（同一/不同）位置 O，记下拉力，用_____（同一/不同）标度作出力的图示。

（4）比较理论上的合力 F 和实际中的合力 F'。

（5）改变两个分力的大小和夹角，再做两次实验。

【结论】

若 F 和 F' 的大小和方向均相近，我们就可以认为，在误差范围内，_____。

有条件的学校还可以为学生开放实验室，有计划地让学生自己操作并记录实验数据，不满意还可以重做，直到能独立规范完成实验。

有计划地整理组合相关习题，加强实验能力。

【演示实验】

1. 在演示光电效应的实验中，原来不带电的一块锌板与灵敏验电器相连。用弧光灯照射锌板时，验电器的指针就张开一个角度，如图 4-41 所示，这时（　　）

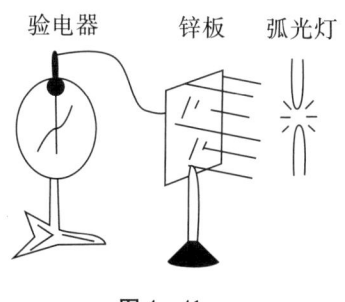

图 4-41

A. 锌板带正电，指针带负电

B. 锌板带正电，指针带正电

C. 锌板带负电，指针带正电

D. 锌板带负电，指针带负电

2. 牛顿为了说明光的性质，提出了光的微粒说。如今，人们对光的性质已有了进一步的认识，图 4-42 四个示意图所表示的实验，能说明光的性质的是（　　）

A. ①②　　　　B. ②③　　　　C. ③④　　　　D. ②④

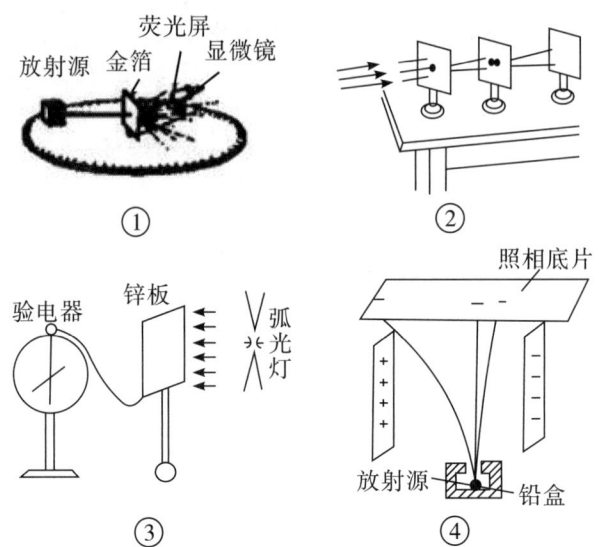

图 4-42

【长度测量】

用图 4-43 乙游标卡尺测量长度，可以准确到_____mm，若用该游标卡尺测量一金属铜的外径，如图 4-43 乙所示，读数为_____mm。测量时应在_____（同一/不同）位置测量几次，再取_____值；图 4-43 甲游标卡尺的精确度为_____mm，读数为_____mm。

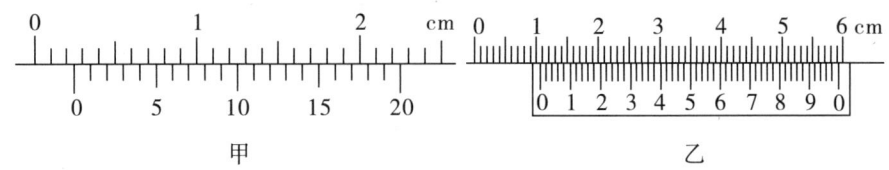

图 4-43

【数据分析】

在用打点计时器验证机械能守恒定律的实验中，重物的质量为 $m = 1$ kg，图 4-44 为实验所选取的纸带，O 为第一个

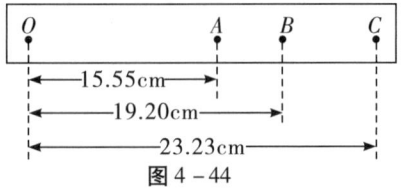

图 4-44

点，A、B、C 为从合适位置开始选取的三个连续点（其他点未画出）。已知电源频率为 50 Hz，当地的重力加速度 $g = 9.80$ m/s^2。那么：

（1）纸带的_____端（选填"左"或"右"）与重物相连；

（2）根据图上所得的数据，应取图中 O 点和_____点来验证机械能守恒定律；

（3）从 O 点到所取点，重物重力势能减少量 ΔE_p =_____=_____ J，动能增加量 ΔE_k =_____=_____ J；（结果取 3 位有效数字）

（4）实验的结论是_____。

综上，实验能力的提高在于学生的重视，复习时关键在于对实验原理的深入理解，在于认真、细致地观察和准确规范的表达、操作。实验最能体现学生的学习品质和科学素养。因此，实验复习切忌纸上谈兵，要利用实验的有趣、丰富多彩的视频资源、开放有序的实验室操作练习等多方面配合以达到较好的复习效果。

（七）专项练习和方法指导相结合，及时巩固、归纳整理和提高规范表达能力

学生掌握知识需要经过理解、应用和巩固这三个环节，其中巩固这个环节特别重要。整理所有问题可归纳出如下几类：

（1）匀变速运动的问题；

（2）物体的一般平衡问题；

（3）摩擦力做动力的问题；

（4）能量与动量、动量守恒综合的问题；

（5）人造地球卫星问题、宇宙三个速度；

（6）理想气体三种图象的转换、内能及其热力学定律问题；

（7）带电粒子在电场中做斜抛运动或受重力、电场力外还有其他外力作用的问题；

（8）电路问题；

（9）带电粒子受磁场作用时洛伦兹力计算问题；

（10）交变电流及其变压器问题，原子能级图问题，核能计算问题，等等。

针对这些不同问题有不同的解决方法，只有通过练习方能巩固和提高。

1. 讲练并重，精讲精练

坚持讲解与练习有机结合的原则，既不能"以讲代练"，也不能"以练代讲"，要"精讲精练"，使学生能触类旁通、举一反三。每周的单元练习

和每章节的章练习相互补充，学习了后面的内容就把前面的内容覆盖，及时巩固所学知识。同时，在答题中要注重规范能力的提高。在习题讲评时要同时关注知识、能力、方法、细心程度、表达能力、计算能力等几方面。

教师讲：针对性要强，除重点、关键点外，侧重讲清解题的思路和应注意的问题，注意知识的交叉，突出能力的培养。尽可能做到一题多解，让学生真正学通物理，努力培养学生的应变能力和解决实际问题的能力。

学生练：以定时作业为主要形式，让学生在解题的能力、速度等方面适应学业水平测试的要求。抓好基本概念的练习、实验和物理学史的练习，并注意加强运用知识能力的训练。题目的难度、梯度应靠拢《广东省普通高中学业水平测试（必修科目）说明》的要求。

教师点评：可以让学生讲和老师点评相结合。教师点评时要及时，应突出重点，重在指导。要重视纠正学生概念理解和解题思路上的错误，而不只是重复、重演，更不能以题论题。要注意知识的纵横联系和加大覆盖面的教材组织，努力达到举一反三、灵活运用的目的，同时要突出规范表达的训练指导。

2. 组织专题讲座，进行学法、解法指导

在整个学业水平考试复习过程中，可以抽一定的时间（比如晚修时段等）对学生进行复习方法的指导。

（1）指导学生学会读书：重视基础、回归课本。学生在教师的指导下有重点地读书；读自己认为有缺漏的部分；读《广东省普通高中学业水平测试（必修科目）说明》。

（2）指导学生学会自我归纳总结：要求学生通过反馈及时纠错，探索解题规律，总结解题经验，从而提高审题能力和分析解决实际问题的能力；总结考试经验，在心理上为学业水平测试做好准备。

（3）指导学生审题。审题能力，也是一种阅读能力，实质上还是理解能力。考试都是从审题开始的，迅速、准确地读懂题意是解题的良好开端。有不少学生在平时复习过程中迫于作业过多的压力而形成了草率看题（只关注具体的已知数据，而不注意分析物理过程）、粗心大意的毛病，经常听到有人感叹"又看错题了"，还有一些人则对某些考题根本看不懂，这都是审题能力不高的表现。如果平时对这方面注意不够，在复习的最后阶段就要注意加强对审题能力的训练。要坚持先认真审题，积极思考，注意总结经验，在实践的过程中提高审题的能力。

一般说来，在审题的过程中应注意如下三个方面的问题：

①关键词语的理解。有相当数量的学生在审题时只注意那些给出具体数

值（包括字母）的已知条件，而对另外一些叙述性语言，特别是一些关键词语没引起重视。所谓关键词语没引起重视，可能是对题目涉及的物理变化的方向的描述，也可能是对要求讨论的研究对象、物理过程的界定。

【例】如图 4-45 所示，a、b 是航天员王亚平在"天宫一号"实验舱做水球实验时形成的气泡，a、b 温度相同且 a 的体积较大，则（　　）

A. a 内气体的内能比 b 的小

B. a 内气体的分子平均动能比 b 的大

C. 气泡表面附近的水分子间作用力表现为斥力

D. 水球外表面附近的水分子间作用力表现为引力

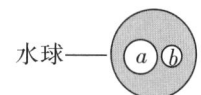

图 4-45

②隐含条件的挖掘。有些题目的部分条件并没有明确给出，而是隐含在文字叙述之中，把这些隐含条件挖掘出来，往往就能找出解题的关键所在。

（4）规范表述能力。《广东省普通高中学业水平测试（必修科目）说明》更明确要求"能把推理过程正确地表达出来"。因此在备考过程中自觉提高表述能力是十分重要的。物理试卷上，对于计算题都有"解答应写出必要的文字说明，方程式和重要的演算步骤"的要求说明，那么在答卷时怎样才算是规范的表述呢？这需要写清以下几个方面的内容。

①对非题设字母、符号的说明。

②对于物理关系的说明和判断。如在光滑水平面上的两个物体用弹簧相连，"在两物体速度相等时弹簧的弹性势能最大""在弹簧为原长时物体的速度有极大值"等。

③说明方程的研究对象或者所描述的过程。

④说明做出判断或者列出方程的根据，这是展示考生思维逻辑严密性的重要步骤。

⑤说明计算结果中负号的物理意义，说明矢量的方向。

⑥对于题目所求、所问的答复，说明结论或者结果。

（5）针对不同学生水平，确定不同的主攻方向。对于不同层次的学生，应该根据他们各自的实际情况确定水平考试目标。水平考试是一种区分型的考试，所以不可能指望所有的学生都考得多么好，因此要结合实际情况为学生制定出一个明确的目标：总分要达到多少；具体到考到什么等级。一定要实事求是地估计自己的能力，切忌好高骛远，然后结合难度分布确定自己的主攻方向。对于基础好的同学，不用过多地让他们做简单题，而应把主要精力放在中等难度题和少数难题上；而对基础不是很好的同学，应让他们在充分练习了简单题和中等难度题的基础上来试攻难题；基础不好的同学，也许连中等题都感到一定困难，那就应该从解决简单题入手，逐步过渡到中等题，大胆地放弃难题。所谓"放弃"，就是平常基本不让他们做难题，考试时也不过多纠缠于难题，告诉他们能做多少算多少，另外，还需要培养考场上合理抢分的能力，要形成最优的策略。

（6）重视复习中的非重点内容，不留知识死角。适当关注热学、光学和原子物理等内容，可能会收到更大的实效。由于热学、光学、原子物理的知识不像力学和电磁学知识那样系统，而显得杂乱、零散，但是在复习进入最后阶段时，在专题后面的附录中教师可以给出一些"规律提纲"，以供学生回忆、检验相关知识内容之用。当学生看到提纲中的问题时，如果能够清楚地回答正确，则说明对于这样的问题学生已经过关，该问题不是知识的死角，你可以删掉这一问题了。

（7）让学生做好自己的"纠错本"。考试中暴露出来的问题正是学生在知识和能力上的弱点。大量实践表明，暴露的问题解决得不彻底，错误的重复率就很高。让学生进考场前把这些错题（不是全部，而是自己能力所能达到而又不放心的那一部分）看一看，显然是很有好处的。

（8）学会选择思考问题方法及答题方法，如类比法、整体法、极值法、图象法、排除法等。例如所谓排除法，一般从以下几个方面着手：①量纲；②极端推理；③特殊值代入；④临界分析；⑤逻辑推理。

【例】一个电子在静电场中运动，且只受电场力作用从静止开始运动，则在某一段时间内（　　）

A．电子的电势能一定减小　　B．电子可能做匀变速直线运动
C．电子可能做匀速圆周运动　　D．电子的动能可能在减小

当选择题提供的几个答案之间是相互矛盾的，可根据题设条件灵活运用物理知识，分析、推理逐步排除错误答案，剩下的就是应选择的正确答案。

（9）提高识图能力。常见的一些图象：力学中主要包括位移—时间图象（$s-t$ 图象）、速度—时间图象（$v-t$ 图象）、振动图象 $x-t$ 图、波动图象 $y-x$ 图等；电学中的电场线分布图、磁感线分布图、等势面分布图等；还有气体图象 $P-V$ 图、$V-T$ 图、$P-T$ 图等；在实验中也涉及不少图象，如验证牛顿第二定律时要用到 $a-f$ 图象、$a-1/m$ 图象，用"伏安法"测电阻时要画出 $I-U$ 图象，测电源电动势和内阻时要画 $U-I$ 图等；在各类习题中图象问题也是频频出现。要弄清各种图象的坐标轴、斜率、截距、面积、交点等物理意义。对有些问题中所作的图线不是直线往往还要会转化成直线图形式，如验证玻意耳定律时要画图、验证牛顿第二定律实验中要画图等。

知识的掌握、方法的选择和能力的提高就是复习考试的最终目标，分层达到最好就是高效复习。

在物理学业水平考试的复习中,教师必须以《广东省普通高中学业水平测试(必修科目)说明》为标准,采用讲练并用的方法,着重加强基本概念、基本规律、基本思想方法的复习。同时,随着素质教学的进一步深入,学业水平测试的试题灵活度增加,解决实际问题的能力要求更高,故教师还应重视学生应变能力的培养。学生的应变能力不是教出来的,更不是短期强化训练就可以做到的,它是学生在长期的学习、思考、实践活动中经自身体验和顿悟逐渐积累后形成的。这就需要我们教师在平时的教学中,为学生创造一个民主、宽松、和谐的学习环境,让学生学会主动学习,有更多时间去悟、去实践、去反思。笔者相信只要我们教师改变了教学观念,采取了适合学生实际和现行学业水平测试的复习方法,就一定能取得满意的效果,一定会使学生在学业水平测试中考出优异的成绩。

第五章
升学考试复习教学方法策略与案例研究

升学考试制度是"教育评价"制度中的一种，是评价的基础，也是一种定量评价手段。考试属于事实判断，而评价是在事实判断基础上的价值判断。

在论述本章内容之前，我们应该了解一些教育测量和教育评价的相关知识。

一、教育测量

教育测量就是针对学校教育影响下学生各方面的发展，侧重从量的规定上予以确定和描述的过程。教育测量是为了了解学生的发展，关注学校的教学效果，反馈关于课堂教与学两方面信息的测量活动。英国现代统计学创始人之一、被称为统计学之父的皮尔逊对发展教育测量方法起到了至关重要的作用。

二、教育评价

教育评价是对教育活动满足社会与个体需要的程度做出判断的活动。对教育活动现实的（已经取得的）或潜在的（还未取得，但可能取得的）价值做出判断，以期达到教育价值增值的目的。我国评价学生发展的目标体系主要有：①我国古代沿用的知、情、意、行；②学校"五育"：德、智、体、美、劳；③根据美国当代著名的心理学家、教育家、国际教育评价协会评价和课程专家、世界教育评价联合会的终身会长——布鲁姆的教育目标认知、情感、动作技能三大领域的划分，我国提出了新课程改革下的三维目标：知识与技能、过程与方法、情感态度与价值观，能否达成以上三维目标，是对我国现阶段教育教学效果最权威的评价标准。

三、教育测量与评价的相关质量指标体系

（一）难度

难度是试题对学生实际知识水平适合程度的指标，一般可以用得分率来表示，较简单的计算公式为 $P = R/N$，式中 P 为难度系数，R 为某题的平均得分，N 为该题的赋分。不同类型的考试对试卷有不同的难度要求，通常学校的期末考试难度可定为 0.75~0.80（即试卷赋分为 100 分时，参加考试全体学生的平均分为 75~80 分）。同一试卷不同的题型有不同的难度要求，一份试卷总的难度分布也要有相应的要求。

（二）区分度

区分度是指试题对不同能力学生的区分程度，即常说的"拉开距离"的程度。区分度好的试题应使水平高的学生得分高，水平低的学生得分低。区分度与试题难度有密切的关系。中等难度的题区分度较高；而过难的题全体学生都做不了，太容易的题大家都会做，这样的题区分度就都不好。不同的考试对区分度的要求是不同的，要根据考试的性质来确定区分度。

（三）信度

信度是衡量考试可靠程度的指标。信度与保密、考风、试题的科学性、语言的准确性、答案的规范性等因素有关。信度值高，表明考试比较能反映学生的真实水平；信度值低，则表明学生的考试得分是随机的，与学生的水平关系较小。

（四）效度

效度是反映试卷的准确性和有效性的指标。效度值高，表明考试得分较完全地反映出了所要测的东西；效度值为 0 时，则表明考试得分与所要测的东西完全无关；若效度值为负值，则表明水平高的得分反而很低。影响效度的因素很多，如试卷编制的优劣、题意是否明确、题量是否适当、试题的难度和区分度是否适当。此外，考试的情境、考生的心理状态与考试时的情绪等均会影响效度。

四、升学考试与学业水平测试的差异

升学考试制度具有选拔、管理和教育等多种功能，其中以选拔功能尤为突出。其选拔功能体现为以考试为手段测量学生的学力（学力是指一个人在

学问上达到的程度）水平，并以此事实判断为基础，依据教育目标和教育理念，做出相应的价值判断。

升学考试中的高考是高等学校招收新生的一种重要选拔手段，是最具权威性的考试，是一种国家选拔，是对人才的筛选和分流，对整个基础教育的内容、方向乃至方式方法诸方面都有深刻的影响。中学教师研究和了解现行的考试制度，对备战高考及学业水平测试有很大的现实意义。

学业水平测试的根本目的赋予其根本性质即标准性，又称标准性考试或绝对考试，它是普通高中文化课毕业水平的考试。其考试标准是相对稳定的，它有一个高中生应达到的基本的合格要求，以高中教育教学目标为参照系，表明每个考生与目标的绝对差，而不是刻意追求考试的区分度或者难度。水平考试的难度多大、是否以能力立意为主命题，都取决于时代的要求，这表现为教学大纲在认知、技能等方面的要求。以考试标准来说，这表现在学生的认识方面，它同样包括知识、理解、应用、分析、综合等每个层次上的基本要求。

而高考的根本目的赋予其根本性质，即选拔性，这主要是由高等教育供需矛盾决定的，这是与水平考试根本不同的属性。选拔性决定高校招生考试以考生集合作为相对目标参照系，确定每个考生在集体中的相对位置，把考生在不同层次上区分开。因此，区分度是高考这类选拔性考试的重要指标。考试难度是在预定录取率的情况下，在考生间的相互竞争中形成。学生整体水平与考试难度是"水涨船高、水落船低"的关系。

随着升学考试形式的多样化，如高校自主招生考试、对口升学考试、自考升学考试等，对应的考试复习方法、教学内容都会有相应的变化。高考作为升学考试的一种主要形式，而做好高中阶段的升学复习教学是每一所学校的核心工作内容。高考升学复习教学是一项时间长、系统性强的复习过程，各个阶段，各类学校在升学复习过程中会有不同的特点，会采用不同的复习方式。

本章通过一些高考升学复习备考的典型案例来谈谈高考升学复习的备考策略和备考教学方法研究。希望对教师和学生的升学备考提些初步的指导意见。

第一节 高考升学物理复习教学方法策略

一、总策略

通过课本复习，让学生自己构建知识网络。在训练方面要做到精讲精练，练习要增强针对性，提高练习效率。在讲解的时候尽量做到题型要归类，要模型化，特别注意知识间的联系，不要只练不讲或只讲不练。在复习中要从以前的素材中有所变化，让学生没有陌生感又能获取新的知识。

二、阶段性策略

知识是载体，能力是目标，考试是完成作品（任务）。高考升学复习，一般有三个阶段。

第一阶段（即通常说的第一轮复习）以章节知识为主线，依高考考纲的要求，对各知识点有更深入、更全面的认识和理解，使知识系统化、完整化，建立高中物理知识的网络，为高考打下"物质基础"；能力方面以正确运用知识解决相关问题为主要目标。大约从高三上学期开始直到高三下学期3月初，需用时25周左右。

第二阶段（即通常说的第二轮复习）为专题复习，重点是会分析解决重点问题、综合问题。既是知识综合，又是能力综合，体现对重要物理概念的内涵、外延，对规律的适用条件、应用范围有更深入的理解。大约是3月中旬到4月下旬，需用时4~6周左右。

第三阶段是以考试为目标的实战训练。主要进行考试前的模拟训练，对考试内容进行查漏补缺，指导考试技能和考试策略。时间大约是5月整个月，用时4~6周左右。

第二节　高考升学物理复习方法策略具体操作

一、《普通高等学校招生全国统一考试大纲（物理）》物理科部分说明解读

《普通高等学校招生全国统一考试大纲（物理）》（以下简称物理科《考试大纲》）的说明是备考工作的指导性文件。高三升学复习是策略性很高、针对性很强的一项系统工作，认真研究物理科《考试大纲》的说明是非常必要的。

高考升学考试试题采用理科综合的合卷考试后，物理科《考试大纲》也做了相应的调整，物理科的考试形式、内容都有相应变化。教师在指导学生复习时，要仔细研读当地关于物理科《考试大纲》的说明，理解考试要求，考试的内容和重点，明确试题的题型类别。还要对近年来的高考升学考试试卷进行分类研究，并对比分析，从研究中把握好复习的重点、要点及考试的

热点、规律等，使复习更具针对性，有目的地打造高效课堂，提高复习效率。

1. 全面理解物理科《考试大纲》说明，明确考试内容的能力要求和标准

物理科与化学、生物合卷，但命题内容是独立的。考纲详细列出了物理科要考查的能力、物理考试的内容与要求、试卷结构和题型、物理科各部分内容比例。同时界定了试题难度，给出了各题型的实例，非常具有示范性。而各部分知识内容要求掌握的程度，即难度要求，在考纲中用罗马数字Ⅰ、Ⅱ标识，这就对我们复习的重点、难度做出了明确指示，这是我们研读考纲的重点之一。下面以"万有引力"的考试说明对案例进行分析。

案例 5-1

物理科《考试大纲》说明——以"万有引力定律"一章为例

表 5-1

主题	内容	要求	说明
万有引力定律	万有引力定律及应用	Ⅱ	—
	环绕速度	Ⅱ	
	第二宇宙速度和第三宇宙速度	Ⅰ	
	经典时空观和相对论时空观	Ⅰ	

首先明确考纲中Ⅰ、Ⅱ的含义。

"Ⅰ"为基本要求：指对所列知识要知道其内容及含义，并能在有关问题中识别和直接使用。与课程标准中"了解"和"认识"相当。

在这一章复习中，"第二、三宇宙速度"的要求为"Ⅰ"，只需要知道它的含义和数值就行，不进一步深入挖掘，更无须展开分析，点到即止。"经典时空观和相对论时空观"的要求也是"Ⅰ"，它是一个较难理解和内涵抽象的内容，展开分析需要大量时间，所以在这里我们只做简单介绍就行，没必要花大量时间深入了解，花时间也不可能了解到位。考试时，只要能知道、识别就行，这类内容往往以选择题的形式来考查。

"Ⅱ"为较高要求：指对所列知识要理解其确切含义及与其他知识的联系，能够进行叙述和解释，并能在实际问题的分析、综合、推理和判断等过程中运用。与课程标准中"理解"和"应用"相当。

在这一章复习中，"万有引力定律及应用""环绕速度"的要求为

"Ⅱ"，复习时不仅要深入分析"万有引力定律及应用"的内涵及外延，还要在实际问题的分析、论证中应用，如分析行星运动快慢，确定天体质量等，同时要将方法进行迁移解决类似问题，如分析人造卫星的线速度、周期等运动快慢的规律、同步卫星的特点等。应用中要涉及运算，在当前的高考升学考试中以选择题的形式出现为主，以往的高考升考试中常在计算题中考查。

考纲的能力要求的标准很具体，基本上指出了哪些内容只需了解，只要能够识记或直接应用就行，哪些知识需要理解、掌握，需要展开来分析、推算等综合应用。有些知识内容还会进一步说明要求的程度。比如在"抛体运动和圆周运动"中就明确指出"斜抛运动只做定性要求"，在"碰撞与动量守恒"中就限定只分析一维问题等等，这样复习范围和复习进行的深度就非常明确了。

2. 研究考纲

认真研究物理科《考试大纲》内容，准确把握复习范围和要重点复习的内容，尤其注意各模块考查内容的变化，还要了解纲中有但从来不考的内容。在平时的高考升学复习教学中，考虑到知识的延续性，知识广度的必要拓展，或者培养学习物理思维、兴趣的需要，教师会依据知识内容，结合多年的教学经验，讲授比较全面的内容，但实际高考升学考试的要求会低一些。在训练方面要把握考点，不要过度训练。

高考升学的考试大纲每年会适当地调整更新，如原来不要求考的内容，今年有可能会有要求，这是变动的部分，复习备考时一定要清楚变化的内容。高考升学考试时，往年考过的内容也可能会不再做重点考查，例如广东省高考升学考试理科综合物理部分中2013年计算题36题，重点考查了"电磁感应"，2014年计算题35题重点考查了"磁场"。每年考查的重点会适当变化，在高考升学复习时，要清楚这些考查重点的变化，一般来说，在备考的最后阶段都会做这样针对性强的综合训练。还需考虑的是，原来要求考查的内容中，有一些知识点一直没有考查，是否还会不考等，如广东省高考升学考试理科综合物理部分中的"液体表面张力""相对湿度""分子速度分布"等，虽然考试大纲内容中有这些知识的要求，但一直没有考，这些知识如何复习，也是备考过程中要考虑的问题。

高考升学复习阶段，新授课一般会安排较充分，能进行系统的复习。复习中除了知识面的覆盖外，还应当抓紧主干知识的复习，突出重点内容的复习。所以每年考试大纲的说明一书发下来后，教师们要及时研读，仔细核对物理科《考试大纲》说明中各章节考点内容及其要求，弄清哪些知识要考、哪些知识不考,不能凭经验,跟着感觉走。还要弄清哪些是考查的重点内容,哪些不是,要做到心中有数,有的放矢。不能在删减不考的内容上浪费时间,也不能遗漏新增考查内容的复习。做到紧扣大纲的必考内容,合理安排课时,重点知识内容重点复习。

下面以物理科《考试大纲》说明中"电场"一章作为案例具体分析:

案例 5-2

物理科《考试大纲》说明研究——以"电场"一章为例

表 5-2

主题	内 容	要求	说明
电场	物质的电结构、电荷守恒	I	—
	静电现象的解释	I	
	点电荷	I	
	库仑定律	II	
	静电场	I	
	电场强度、点电荷的场强	II	
	电场线	I	
	电势能、电势	I	
	电势差	II	
	匀强电场中电势差与电场强度的关系	I	
	带电粒子在匀强电场中的运动	II	
	示波管	I	
	常见电容器	I	
	电容器的电压、电荷量和电容的关系	I	

在"电场"这一章中,除了"点电荷""库仑定律""电场强度""电场线""电势差""带电粒子在匀强电场中的运动"等这些常考的重要的主干知识点外,我们还要注意到"物质的电结构""静电现象的解释""示波器"这些偏冷的考点,虽然近几年没考这些内容,复习时也可能没有重点强调,但我们不能忽略,要安排适当的时间复习到位,做到知识点不留死角。目前没有考,不等于以后就一定不考。

而关于"等势面"及相关知识,如"等势面与电场线的分布关系""匀强电场中等势面"的分析,高二上新课学习时进行过专门学习,但近年考试大纲的知识内容中已经删除了这部分内容,不再考查,所以就不必进行复习了。这样，就可以节省有限的复习时间，突出重点地复习"库仑定律""电场强度""电势差""带电粒子在匀强电场中的运动"的相关内容，理解各物理量的含义，掌握各知识点间的联系，并能灵活地把相应的知识内容和方法应用于解决实际问题中。

二、分析近几年高考升学试题

高考升学考试采用理综合卷后，物理科的题型、题量、分值均已固定。如广东高考固化为以下几种题型：单项选择题（4题×4分/题=16分）、双项选择题（5题×6分/题=30分）、非选择题（实验1题，计算2题，3题×18分/题=54分）。内容比例为：力学42%，电磁学42%，热学8%，近代物理8%。根据2012年考纲，考点共100个，Ⅱ级考点27个（分布在力学和电磁学中）。可以说，现在的试卷结构、题型、题量和内容比例，在某种程度上决定了命题的方向。根据历年高考的题目，我们也可以总结出高考的热点及要点问题，从而为复习指明方向。

下面以（2010—2012）广东省理科综合考试卷物理科的试题为案例进行具体分析。

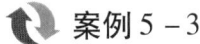

案例5-3

高考升学考试试题分类研究

一、考试内容分类汇总

1. 物理科各板块所占分值及比例（表5-3）。

表5-3 物理科各板块所占分值及比例

年份	力学	热学	电磁学	原子物理
2010	40（40%）	8（8%）	46（46%）	6（6%）
2011	40（40%）	8（8%）	46（46%）	6（6%）
2012	40（40%）	8（8%）	46（46%）	6（6%）

2. 试题分类分析。

（1）广东理科综合物理部分选择题，共9题，分单项选择题和双项选择题考查。单项选择题4小题，每小题4分，共16分；双项选择题5小题，每小题6分，共30分。选择题总分为46分。

考题分布如表5-4所示，其中4道Ⅰ级要求（单选2题，双选2题，均分布在热学、原子物理、交流电部分），5道Ⅱ级要求（单选2题，双选3

题，分布在主干知识部分）。

表 5-4　2010—2012 年考点分析

知识点	2010 年考点	2011 年考点	2012 年考点
热学	气体实验定律	分子动理论的基本观点和实验依据	分子动理论的基本观点
	热力学第一定律	热力学第一定律	理想气体状态方程 热力学第一定律
原子物理	核反应方程及其类型	光电效应	核反应方程及其类型
交流电	交流的图象、峰值和有效值	交流的图象、峰值和有效值、理想变压器	交流的峰值、有效值、周期与频率
万有引力	天体及地球卫星运动的辨析	万有引力定律及其应用	万有引力定律及其应用
共点力平衡	力的合成与分解、共点力的平衡	力的合成与分解、共点力的平衡	力的合成与分解、共点力的平衡
电场	静电场及其性质	静电与新技术	静电与新技术
电磁感应	法拉第电磁感应定律	法拉第电磁感应定律	
磁场			带电粒子在匀强磁场中运动
直线运动	$v-t$ 图象		
圆周运动			圆周运动向心力和动能定理
平抛运动		平抛物体的运动	
物理学史	力与运动的叙述辨析		

这三年选择题的全省均分分别是 37.3 分、35.0 分、39.1 分，总体难度低，题干简短，信息明确，阅读量小，定量计算也简单，这个特点在接下来的几年内应该还会持续保持。

知识点分布相对集中，但也有一定的不确定性。"热学""原子物理"肯定每年都有，"万有引力定律与天体""交变电流"在实验及计算中不好涉及，所以基本会在选择题中出现，但"物件的平衡""电场"这些年年都有考查的就不好确定出题规律了。特别是表格后面几行所列知识，只是偶尔在某年考题中出现的"磁场""电磁感应""平抛运动""圆周运动"等就更难确定了，因为这些都是重点知识，而且在计算题中均可以体现，所以会随着计算题的特点设定，如果计算题涉及少则选择题就一定会考到，选择题没有就一定出现在计算题中。

例如：2013年计算题第36题考查了电磁感应，选择题21题就考了带电粒子在磁场中的运动；2014年计算题第36题考查了带电粒子在电磁场中的运动，选择题第15题就考查了电磁感应的相关知识。

习题如下：

[习题1]（2013年广东理科综合第21题）如图5-1所示，两个初速度大小相同的同种粒子a和b，从O点沿垂直磁场方向进入匀强磁场，最后打到屏P上，不计重力，下列说法正确的有（　　）

A. a、b均带正电

B. a在磁场中飞行的时间比b的短

C. a在磁场中飞行的路程比b的短

D. a在P上的落点与O点的距离比b的近

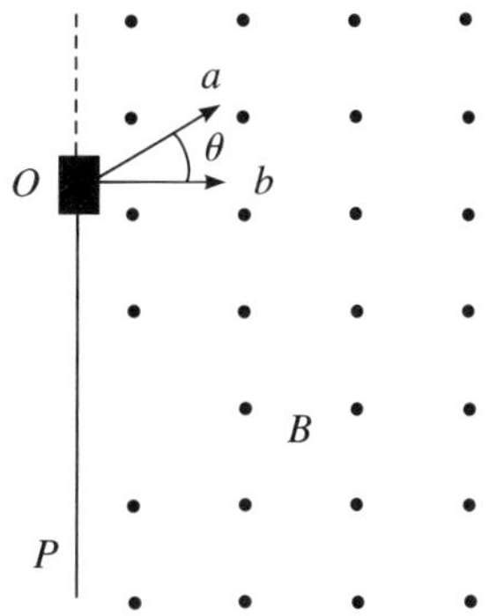

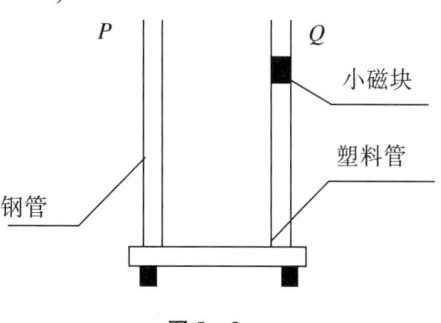

图5-1

命题意图：考查运动电荷在磁场中的运动、圆周运动、洛伦兹力等知识内容。这类题的分析方法就是"定圆心，画轨迹，确定半径"。洛伦兹力为带电粒子运动的向心力。

答案：AD

[习题2]（2014年广东理科综合第15题）如图5-2所示，上下开口、内壁光滑的铜管P和塑料管Q竖直放置，小磁块先后在两管中从相同高度处由静止释放，并落至底部，则小磁块（　　）

A. 在P和Q中都做自由落体运动

B. 在两个下落过程中机械能都守恒

C. 在P中的下落时间比在Q中的长

D. 落至底部时在P中的速度比在Q中的大

图5-2

命题意图：考查电磁感应的相关知识。只要理解了楞次定律的含义就不难根据"来拒去留"得出 P 管中下落的小球除受重力外还受磁场阻力作用，受力分析清楚了，运动中的物理的变化就不难确定了。

答案：C

关于选择题的备考，各学校要根据学生的程度采用适合各自学生特点的策略。一般来说，对于突出的、核心的常考点，一定要得到较好的训练和落实，通过训练使学生一定能拿到这方面的考题的分；对于偏冷考点，不能不理不顾，而要花一些时间集中处理，可以在备考最后阶段突击强化训练，会取得较好的效果。要甄选常考点，圈定选择题备考范围，选好训练题，在第二轮复习时进行有针对性的强化训练。通过训练加强对这些物理概念、物理规律本质的深入理解，力求熟练掌握，适当地通过综合应用做一些延展。

(2) 广东理科综合物理部分实验题，共 1 小题，共 18 分，分为 2 小题，力学和电学（恒定电流）各一小题，从《考试大纲》所列考点中进行选取考查，近三年考题分布如表 5-5 所示。

表 5-5　2010—2012 年考点分布

知识点	2010 年考点	2011 年考点	2012 年考点
力学实验	匀变速直线运动的纸带分析	研究匀加速直线运动规律	弹簧的弹力与其伸长量的关系
电学实验	利用电压表和电阻箱测定干电池的电动势和内电阻	描绘小电珠的伏安特性曲线，多用电表使用	两把长度测量仪（游标卡尺和螺旋测微器）的使用，电阻的测量（替代法）

这三年实验题的全省均分分别是 12.5 分、10.8 分、11.3 分，难度适中，不偏不怪，稳定在 0.6 左右。考查有一定的层次，既落实了"知识与技能"的目标，也体现了"过程与方法"的目标要求，还体现了《考试大纲》说明中关于"考查学生探究、创新和迁移能力"的目标要求。如 2012 年的实验题 34 题，为检查学生实验的基本技能，考查了不少识记与理解的内容，包括明确仪器的简单安装，仪表的读数规则及实验步骤中的某个动作等，不在概念的严谨性上做文章，避免烦琐的数学计算，不设思维障碍，考题基础常规，给学生提供了一个展示基本能力的竞技平台。

习题如下：

[习题 3] 某同学测量一个圆柱体的电阻率，需要测量圆柱体的尺寸和电阻。

①分别使用游标卡尺和螺旋测微器测量圆柱体的长度和直径，某次测量的示数如图 5-3（a）和图 5-3（b）所示，长度为_____cm，直径为_____mm。

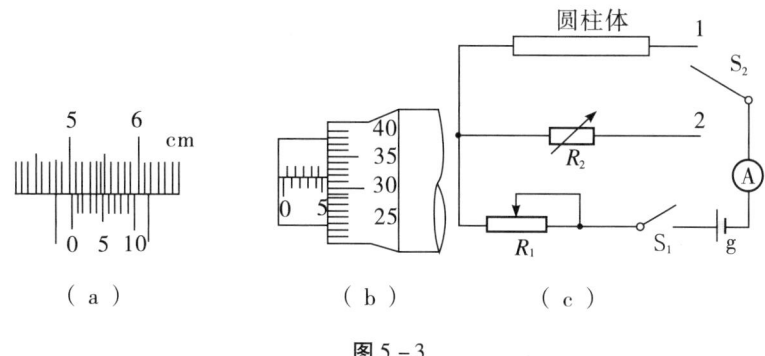

图 5-3

②按图 5-3（c）连接电路后，实验操作如下：

（a）将滑动变阻器 R_1 的阻值调至最_____（填"大"或"小"）；将 S_2 拨向接点 1，闭合 S_1，调节 R_1，使电流表示数为 I_0；

（b）将电阻箱 R_2 的阻值调至最_____（填"大"或"小"）；将 S_2 拨向接点 2；保持 R_1 不变，调节 R_2，使电流表示数仍为 I_0，此时 R_2 阻值为 1 280 Ω；

③由此可知，圆柱体的电阻为_____Ω。

命题意图：考查基本工具的使用，考查电阻的测量方法，考查测量电路的使用安全。

答案：①5.01；5.315　②（a）大　（b）大　③1 280

[习题 4] 某同学探究弹力与弹簧伸长量的关系。

①将弹簧悬挂在铁架台上，将刻度尺固定在弹簧一侧，弹簧轴线和刻度尺都应在_____方向（填"水平"或"竖直"）。

②弹簧自然悬挂，待弹簧_____时，长度记为 L_0，弹簧下端挂上砝码盘时，长度记为 L_x；在砝码盘中每次增加 10 g 砝码，弹簧长度依次记为 L_1 至 L_6，数据如表 5-6 所示。

表 5-6

代表符号	L_0	L_x	L_1	L_2	L_3	L_4	L_5	L_6
数值/cm	25.35	27.35	29.35	31.30	33.4	35.35	37.40	39.30

表中有一个数值记录不规范，代表符号为_____。由表可知所用刻度

尺的最小长度为_____。

③图5-4是该同学根据表中数据作的图，纵轴是砝码的质量，横轴是弹簧长度与_____的差值（填"L_0"或"L_x"）。

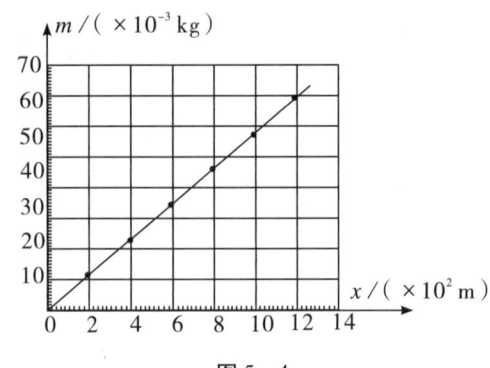

图5-4

④由图5-4可知弹簧和的劲度系数为_____N/m；通过图和表可知砝码盘的质量为_____g（结果保留两位有效数字，重力加速度取9.8 m/s²）。

答案：①竖直　②静止；L_3；0.1 cm　③L_x　④4.9；10

命题意图：考查实验的操作过程，测量工具的读数原则，用图象法处理实验数据，并通过数据图象分析物理量间的关系、图象的物理意义。

为展现实验中更高层次的要求，近年来广东高考实验题在考查基本实验的基础上，对实验原理、步骤、器材、数据处理等进行大胆的创新，将实验思路和方法迁移，命制了许多经典的实验题。如2012年电学实验"替代法测电阻"，改变一贯"用伏安法测电阻"的思想；力学实验用"砝码盘与砝码"代替"钩码"探究弹力与弹簧伸长量的关系；2010年电学实验把"伏安法测定干电池的电动势和内电阻"换为"电压表加电阻箱"测定，2011年力学实验"研究匀加速直线运动规律"把"$v-t$图"画成"$s-t^2$图"，这些都是很好的例证。

实验题的备考要紧密围绕考纲要求的13个实验，对实验基本原理、实验操作过程及数据处理、注意事项都要复习清楚，同时组织学生认真做好实验，获得理论和实践双重体验，打好基础。高考升学考试题不会出现我们做过的原题的，每年的考题都会围绕这些基本原理和方法步骤组合出考题。实验的设计本身更具创新性，因此我们要掌握好最基本的实验原理和方法，如力学中匀变速运动的纸带分析、电路实物连线的基本要求、滑动变阻器分压接法及限流接法、安培表的内接和外接法的选择等相关知识，以不变应万变。只有把这些原理和方法融会贯通了，才能坦然面对和应对新设计出来的考试题，不至于手足无措。另外，对各类模拟题中的实验题的分析与练习是必不可少的，它不但可以开阔视野，增长见识，也可以让学生对不同的实验方案进行体验和思考，从而提高灵活变通的能力。

［习题5］某同学利用电压表和电阻箱测定干电池的电动势和内阻，使用的器材还包括定值电阻（$R_0 = 5\ \Omega$）一个、开关两个、导线若干，实验原理图如图5－5（a）。

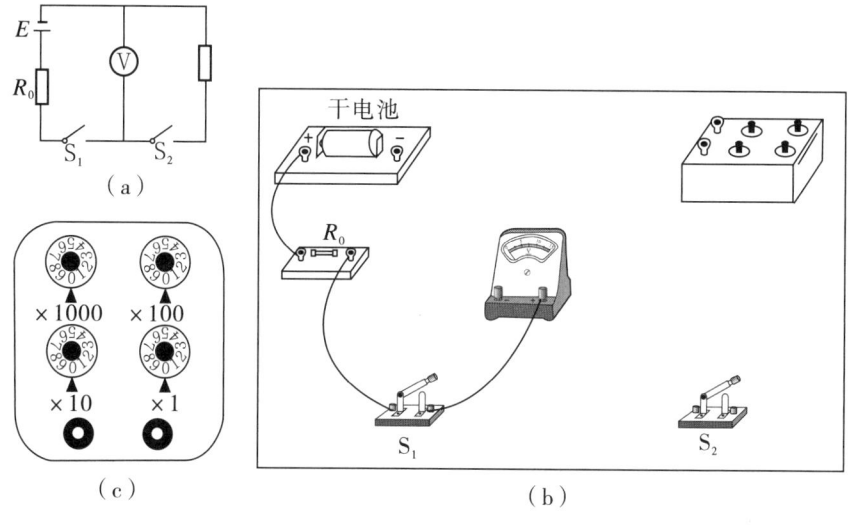

图 5－5

① 在图5－5（b）的实物图中，已正确连接了部分电路，请完成余下电路的连接。

② 请完成下列主要实验步骤：

A. 检查并调节电压表指针指零；调节电阻箱，示数如图5－5（c）所示，读得电阻值是_____；

B. 将开关S_1闭合，开关S_2断开，电压表的示数是1.49 V；

C. 将开关S_2_____，电压表的示数是1.16 V；断开开关S_1。

③ 使用测得的数据，计算出干电池的内阻是_____（计算结果保留两位有效数字）。

④ 由于所有电压表都不是理想电压表，所以测得的电动势比实际值偏____（填"大"或"小"）。

命题意图：考查电阻箱的读数原理，考查实验电路的实物连接，实验电路的控制、操作过程，考查闭合电路欧姆定律的应用。知识覆盖面大，考查难度适中，只要做过相应的实验，操作过程考查不难作答，实验原理能理解，最后的计算结果和误差分析也不难作答。

答案：①连线图如图5-6所示　②20 Ω；闭合　③0.69 Ω　④小

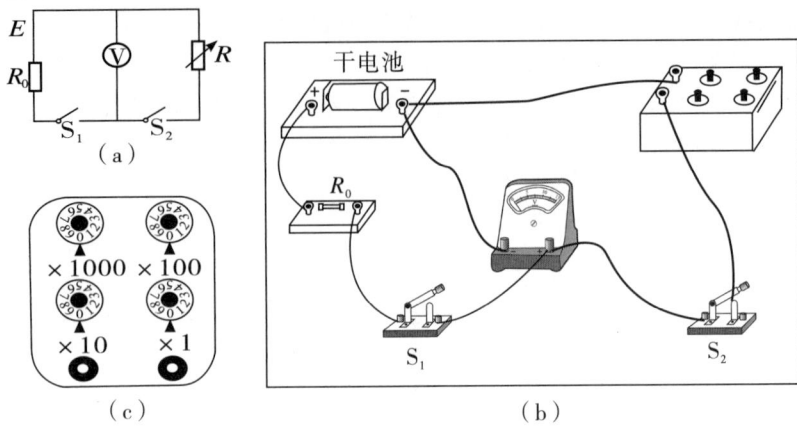

图5-6

[习题6] 广东理科综合第34（1）题：图5-7是"研究匀变速直线运动"实验中获得的一条纸带，O、A、B、C、D、E为纸带上六个计数点，加速度用a表示。

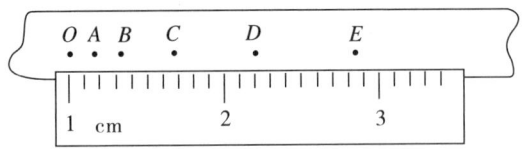

图5-7

①OD间的距离为_____ cm。

②下图是根据实验数据绘出的$s-t^2$图线（s为各计数点至同一起点的距离），斜率表示_____，其大小为_____ m/s² （保留三位有效数字）。

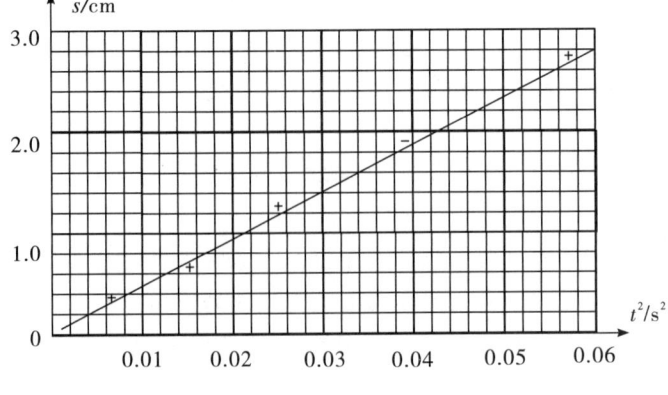

图5-8

命题意图：考查刻度尺的读数原理，考查匀变直线运动规律的图象研究，通过实验图象分析图象的意义，并求相应的量值。考查难度中等。

答案：① 2.20　②加速度的二分之一；0.923

③广东理科综合物理部分计算题，共2小题，基本上是力学综合和电学综合各一题，近三年来理科综合物理计算题考查的主要模型及涉及的知识点如表5-7所示。

表5-7

题号	2010年	2011年	2012年
35	双滑块运动模型："滑动摩擦力""功""动能和动能定理""重力做功与重力势能""牛顿第二定律""匀速圆周运动的向心力""动量守恒定律及其应用"	带电粒子在电场中的加速和在匀强磁场中的运动模型："洛伦兹力的大小、方向""带电粒子在电场的加速运动、电势差、电场力做功""动能和动能定理"	金属导体棒在磁场中切割和电路综合模型："电磁感应""安培力""闭合电路欧姆定律""带电粒子在平行金属板中运动"
36	带电粒子在匀强磁场中的运动模型："洛伦兹力""洛伦兹力的方向""洛伦兹力的公式""带电粒子在匀强磁场中的运动""角速度"	单滑块的传送带及滑板模型："重力做功与重力势能""动能和动能定理""机械能守恒定律及其应用""动量、动量守恒定律及其应用"	双滑块运动模型："匀速圆周运动""滑动摩擦力""功""动能和动能定理""动量守恒定律及其应用"

这三年第35题的全省均分分别是10.68分、7.38分、8.79分，难度为0.5左右。第36题的全省均分分别是6.19分、3.78分、3.54分，难度系数较高，为0.2~0.3左右，作为全卷最后压轴的计算题，这也是合理的。两题综合来看，说明计算综合题也不是只为优秀学生设计，难度降低、梯度明显，符合高考升学选拔的目的和要求。

由于计算题的数量有限，同时还要突出主干知识等重点内容的考查，所以题目的最大特点就是将涉及主干的知识进行组合，将不同知识块的知识点、基本的物理过程模型进行拼接、组合成考试题，将方法进行迁移、重组、创新，考查学生对知识内容的理解和应用能力，还考查学生对物理问题的分析综合能力。

这种考试的题型需要将多状态与多过程联系在一起，增加了物理情境的复杂程度，但考查的还是高中物理最主干、最重要的知识内容和规律，所涉及的运动模型还是最经典的，但物理情境因重组而有创新性，学生看完题后觉得似曾相识又面貌全新，却无法从"题海"中找到原样。所以平时训练时要在这方面下点功夫，从审题到破题再到解题，加深对这类题的理解和认识，从而提高处理这类问题的能力，不盲目进行题海训练。如2012年广东理科综合第35题，是电学综合题。它是一道将金属导体棒在磁场中做切割磁感线运动和电路知识、动力学知识中的平衡问题进行综合的创新型题型，本来是电磁感应问题中常见的非常普通的问题。本题既考查了学生对这些主干知识的理解和掌握的情况，又考查了学生应用这些知识分析问题的综合能力。但是本题稍作改编，巧妙地将"物体沿斜面运动、闭合电路欧姆定律、带电粒子在平行金属板中运动"与由金属棒沿斜面运动而切割磁感线所产生电动势等典型情境进行组合，在组合中进行了创新，如只要金属棒匀速下滑，电路中的电流就相同，将这个特点很好地隐藏在题目中，从而考查学生的迁移能力。这是一道在考查学生解决实际问题中区分学生分析问题能力高低的一道好题。再如2012年广东理科综合第36题，是一道力学综合试题，试题将经典的运动模型"匀速圆周运动、简谐运动、匀速直线运动、匀减速直线运动"、经典的"碰撞过程、水平面上的减速过程与弹簧作用的变速过程"和经典的思维逻辑有机地结合在一起。如题目中将圆周运动特点和直线运动结合起来，将转动规律通过图象形式展示出来，题目就显得很新，学生们当然无法从以往的题目中找到原型题，但组合的各个过程还是学生非常熟悉的情境。总体印象是既熟悉又陌生，既觉得有些难，又觉得可以动手做。只要平时注意了这种考查方式的训练，中等程度的学生是完全能做出来的。

从以上分析的计算题来看，高考升学物理科的复习，首先应立足中学物理的基础知识，教最通识的、讲最基础的、做最经典的原理、方法；讲透基本规律和基本模型，掌握基本技能和基本方法。其次根据学生程度，进行变式训练，是应对这类问题的最好方法。如以一个最基本的母题为线索逐渐增加物理过程、改变物理状态，使物理的基础知识、基本方法和基本技能会在这个变化过程中得到体现。还可以将近几年高考试题中的计算题逐个拆分成一个个小问题给学生训练，等学生掌握后，再将原题抛给学生进行分析。经过这样两个来回的训练，要让学生明白试题是怎样组合起来的。训练量不一定很大，但取得的效果很可观。直接结果是学生敢于对这些题进行分析了，不再无从下手，不再恐慌了，这样就达到了目的。

从2010—2012年实施理科综合考试模式以来，经过命题组的不断探索，结合新课改的要求，物理科的高考升学试题模式基本稳定，难度也在不断调整。整个卷面顺序从选择到实验，再到计算，难度逐步递增，整体上从2010年偏易、2011年偏难，到2012年相对适中，日趋合理，以满足学生知识掌握和学习能力提高的需要，也为不同层次的高校选拔合适人才起了重要的作用。

习题如下：

[习题7] 2012广东理科综合第35题：如图5-9所示，质量为M的导体棒ab，垂直放在相距为l的平行光滑金属轨道上。导轨平面与水平面的夹角为θ，并处于磁感应强度大小为B、方向垂直与导轨平面向上的匀强磁场中，左侧是水平放置、间距为d的平行金属板R和R_x分别表示定值电阻和滑动变阻器的阻值，不计其他电阻。

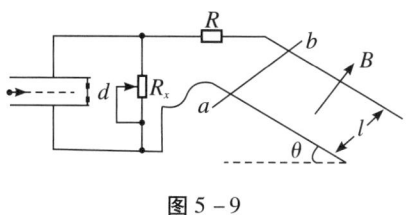

图5-9

①调节$R_x=R$，释放导体棒，当棒沿导轨匀速下滑时，求通过棒的电流I及棒的速率v。

②改变R_x，待棒沿导轨再次匀速下滑后，将质量为m、带电量为$+q$的微粒水平射入金属板间，若它能匀速通过，求此时的R_x。

答案：①$I=\dfrac{Mg\sin\theta}{Bl}$；$v=\dfrac{2MgR\sin\theta}{B^2l^2}$　②$R_x=\dfrac{dBl}{q\sin\theta}$。

命题意图：考查电磁感应定律中动生电动势的产生，考查斜面上的平衡问题，考查电路相关知识，还考查带电微粒在电场中的运动，既考查了力学中的主干内容，也考查了电学中的主干内容，考查的知识面很宽。题目难度中等，是区分中等偏上学生的好题。

[习题8] 2012广东理科综合第36题：图5-10甲所示的装置中，小物块A、B质量均为m，水平面上PQ段长为l，与物块间的动摩擦因数为μ，其余段光滑。初始时，挡板上的轻质弹簧处于原长；长为r的连杆位于图中虚线位置；A紧靠滑杆（A、B间距大于$2r$）。随后，连杆以角速度ω匀速转动，带动滑杆做水平运动，滑杆的速度—时间图象如图5-10乙所示。A在滑杆推动下运动，并在脱离滑杆后与静止的B发生完全非弹性碰撞。

①求A脱离滑杆时的速度v_0，及A与B碰撞过程中的机械能损失ΔE。

②如果AB不能与弹簧相碰，设AB从P点到运动停止所用的时间为t_1，求ω的取值范围，及t_1与ω的关系式。

③如果AB能与弹簧相碰，但不能返回到P点左侧，设每次压缩弹簧过程中弹簧的最大弹性势能为E_p，求ω的取值范围，及E_p与ω的关系式（弹簧始终在弹性限度内）。

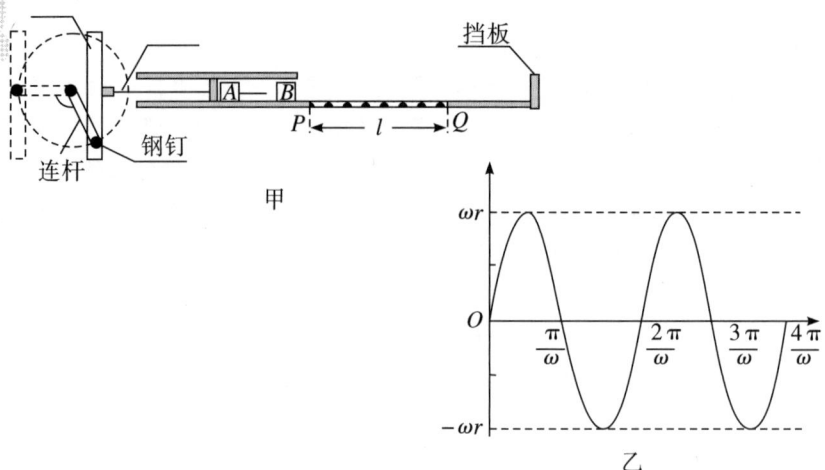

图 5-10

答案：① $\Delta E = \dfrac{1}{4}m\omega^2 r^2$ ② $\omega \dfrac{2}{r}\sqrt{2\mu gl}$；$t_1 = \dfrac{\omega r}{2\mu g}$ ③ $E_p = \dfrac{1}{4}m\omega^2 r^2 - 2\mu mgl$

命题意图：考查圆运动的知识，考查运动的分解知识，考查碰撞中的动量守恒和能量守恒规律，立意新颖，试题较难，对顶尖学生有很好的区分度，很好地体现了高考升学考试对选拔的要求。

二、高考升学考试热点研究

近几年来，高考升学试题的变化趋势是注重力学和电学知识的考查，注重基本概念、基本思想和基本方法。预计今后几年的高考升学试题依然会保持"注重基础，突出主干，考查能力"的命题风格。分析近年高考升学试题可知，有些知识点、有些运动模型是常考的热点，如计算题的考查中，"滑块的相对运动和碰撞模型""带电粒子在电磁场中的运动模型"，是高考升学最常采用的两种考试模型，也是两个综合性最强、涉及知识内容最多的模型，成为历年高考升学考试出题的重要的热点内容和运动模型。从各考点分布来看，热点问题有：

(1) 质点的直线运动是必考内容，包括匀变速直线运动规律及其 $v-t$ 图象、（类）平抛运动、匀速圆周运动的特点和规律，在计算题和选择题中均可能出现，可以单独考查某一个运动模型，也可以将几个运动模型组合，通常通过与生活实际情境结合来考查。

(2) 共点力平衡是复习重点，它涉及几种基本力（重力、弹力、摩擦力、电场力、磁场力）的特点分析以及力的合成与分解知识，如摩擦力方向、弹力有无判断等,一般以选择题形式来考查,也可能在计算题中的某个环节进行考查。平衡问题是最基本、最重要的分析问题的手段,一定要熟练掌握。

(3) 牛顿运动定律、功能关系(动能定理、机械能守恒定律)、动量守恒定律"是历年高考升学考试的主干考查内容,是考查的重中之重。相关的运动模型和解决实际问题的基本方法在力学中首先学习使用,随着学习的深入延伸至电磁场问题的运用中,融化在对各种运动模式的分析中。这些内容就是解决物理问题常常采用的方法,有些问题只能用一种方法解决,有些问题可以用前面所列的任何方法解决,有些问题需要几种方法配合解决,所以在选择解决问题的方法时就显得非常灵活。在高考升学复习时,有意识地进行训练,使学生熟悉相应的运动模型和选用的解决方法,做到真正理解,就能灵活应用。这些内容方法在选择题、实验题中可能出现,考查一种或两种运动模型和方法,就是直接考查某种方法。在计算中常常可以用到好几种方法的综合应用,而且是计算题的必考点和必考的物理方法。

(4) 电场、磁场知识是高考升学试题中考查的重点内容,其中带电粒子在电场中的加速和偏转、在磁场中的匀速圆周运动是计算题经常考查的内容,如果计算题中没有涉及,则必然会在选择题中就某一知识内容和方法考查。如前面提到过:2013年计算题第36题考查了电磁感应,选择题第21题就考了带电粒子在磁场中的运动;2014年计算题第36题考查了带电粒子在电磁场中的运动,选择题第15题就考查了电磁感应的相关知识。对其他关于电磁场的性质、库仑定律、带电体在电场中的平衡、通电导线在磁场中的受力问题等的考查,一般可能出现在选择题。

(5) 电路是实验必考内容。串并联电路,部分和闭合电路欧姆定律,电流表、电压表、多用电表的使用,伏安法测电阻等知识和实验内容都是高考升学考试出题的热点,都有可能在实验题中以不同方式出现。这部分内容考查学生综合分析电路的能力,是实验能力考查的重点,在复习中应当仔细复习,加深对这些知识的认识和理解,提升学生综合判断和解决问题的能力。

(6) 电磁感应是电磁学的重要内容,感应电流的产生条件、感应电流的方向判断、自感现象是选择题考查的热点内容,导体切割磁感线产生感应电动势的相关计算,以及法拉第电磁感应定律的应用都是高考热点问题,也是电学计算题的主要命题方向之一。

(7) 热学、原子和原子核两部分内容在高考中占有一定比例,是必考内容,由于其内容的特殊性,一般会以选择题形式出现。如热学中的分子运动理论、物体的内能、热力学定律、气体的状态参量以及变化分析,原子物理中的氢原子能级、光电效应、核反应方程、质能方程是考查热点。这些内容考查学生知识面的覆盖情况。关于这些知识，只要新课讲解到位，升学复习到位，解答并不难。

（8）要注意万有引力定律及其运用、交变电流这两部分，二者分别属于力学和电学两大领域，内容相对独立，却能很好地涉及现代科技和生活运用，所以每年高考升学考试都有，而且都是以选择题形式出现，主要兼顾现代科技和经典物理学的结合，通过这类题，激发学生学习科学的热情。万有引力中关于人造卫星运动的特点、宇宙速度是热点问题。交变电流的产生及变化规律、描述交流电的物理量、变压器原理、远距离输电则是交变电流中的热点。

教师通过对高考升学试题的分析和对高考升学热点的研究，懂得了高考升学考试特点，懂得了如何引导学生去备考，懂得了高考升学备考如何备课、上课、检测、诊断，真正做到心中有数，胸有成竹。教师经过分析，能从近年的高考升学试题中读出升学考试要考什么东西，为什么要考这些东西，从而给自己的备考厘清了一个清晰的思路。这样，在制订备考策略，选择考试训练题，诊断考查复习结果等方面就有了具体的方向，可以有针对性地组织高考升学复习备考，不走弯路，大大提高了高考升学考试复习的效率。

三、高考升学复习中的第一轮复习

（一）第一轮复习概述

现阶段高考升学第一轮复习是以章、节为顺序进行复习的。大约从高三上学期开始直到高三下学期的3月初，需用时25周左右。在这一阶段里，学生要全面阅读教材，理解教材中的知识内容，掌握基本概念、基本规律和基本解题方法与技巧，形成完整的知识结构，补全知识内容中理解上的不足和缺漏。复习中要强化对物理状态、物理情境和物理过程的分析，逐步提高阅读理解能力、基本运算能力和综合解决问题的能力。

全面复习基础知识，形成知识网络。打好基础不是死记硬背概念和公式，而是要在透彻理解的基础上去记忆，物理知识只要理解了基本就能记住。对物理概念、物理量应该从定义式、变形式、物理意义、单位、矢量性等多方面进行讨论，加强理解；对物理定理、定律的理解应从其实验基础、基本内容、公式形式、适用条件、适用范围等做全面的分析。通过第一轮复习，要清楚高中物理中力学、热学、电学、光学、原子和分子五大部分所涉及的知识内容和相关规律。这些知识其实是力、运动、能量的相关问题在不同知识背景下的体现，物理知识本是一个整体。

培养良好的审题习惯，提高解答物理问题的能力。有的同学为了加快答题速度，题目还没来得及看清楚就着急去写，写到后来，运算复杂，才发现写的不对，原来是题目没有理解清楚，浪费了很多时间。所以，审题环节很重要，在第一轮升学复习时应加强审题训练。能力的培养是在整个过程中进行的，不是短期内单独突击训练就能提高的，要渗透复习的全过程。如在各单元，进行综合应用题训练时，应把重点放在培养良好的审题习惯上，审题到位后，就可以把题目中描述的情境转换成一个个单一的、具体的过程，各个单一过程是学生完全有能力解决的，难点就是如何分析得出这些过程，这就是训练的目的。解决物理问题的能力的提高还取决于对基础知识掌握的程度，只有打下了扎实的基础，才能谈提高解题能力。

掌握科学的解题思路。在求解物理问题时，应具备良好的思维方式和习惯。如对一个具体的物理问题，能正确选择研究对象及进行受力分析，在对物理状态、物理过程情境进行分析时要能够画出状态过程的示意图，将抽象的文字条件形象化、具体化，从而为解决问题打下基础。通常情况下，解题时可以遵循这样的思路：审题→画过程草图→想情境→选研究对象→建立物理模型→分析物理状态和过程→找适合的物理规律→列方程→检查结果并讨论。

（二）高考升学复习第一轮复习方法："专题"复习法

高考升学复习的专题复习通常都是在第二轮复习时才开始进行，其实这样的专题复习是不够的。因为要把高中的全部内容复习一遍，至少都要在高三第二学期的3月初结束，那么第一轮复习的时间较长，后面还要进行第三轮大综合模拟训练，所以第二轮的板块专题复习时间就会相应缩短，完全达不到专题复习的效果。

如果在第一轮复习时就进行专题复习，因为时间充足，每讲一个小知识点和小关键点，就及时加上一定量的小例题进行针对性练习，这样讲一点就及时练一点的小步走的模式，可以把每一专题讲得很细和很透，再配上一定数量的学生专题训练，一定能达到非常好的复习效果。

在第一轮进行专题复习时，首先，按高考考试说明对每一章节的基本知识点进行归类；其次，对每一章重点题型和近年在高考中出现的热点题型进行归类；把每一类基本知识点和基本题型以专题的形式呈现。对每一专题的解题方法与步骤进行归纳与总结。使学生既能把基本知识点和基本题型构建成体系，同时又能掌握分析问题和解决各专题的基本方法。对于每一章节，只要掌握了几个专题，就掌握了本章的全部知识和全部题型，所以，第一轮高考升学复习时就采用专题复习能大大减轻学生的学习负担。

这种分类专题复习非常符合学生的认知规律和学习规律，使学生知道分析问题和解决问题有明确的具体操作步骤，解题过程是一个有序操作的过程，对每一类题在求解时知道切入点、关键点、主要用哪些物理规律列方程，所以学生特别喜欢这种复习方式，教师在教学过程中也感到操作性强，特别方便教学。

将每章的知识内容按知识特点分专题进行复习，知识的综合性较强，能力要求高，适合学习能力强的学生，如各地区重点高中或各学校重点班级的学生。

下面就以"电磁感应"这一章为例说明如何进行第一轮的章节专题复习。

案例 5-4

"电磁感应"专题复习微课案例

"电磁感应"这一章设计六个专题，分别是：

专题一：六个基本知识点；

专题二：感应电动势 E、感应电流 I、感应电量 q 的大小；

专题三：力、感、路综合问题；

专题四：双杆切割问题；

专题五：图、感综合问题；

专题六：自感现象。

说明：第一轮的复习目标立足于三个基本点，即基本知识点的全面覆盖、基本题型的归纳和基本方法的总结。根据高考升学物理科《考试大纲》说明，对电磁感应这一章的基本考点要求，用专题一和专题六恰好能将本章的基本考点全面覆盖，专题一和专题六是对本章基本知识做定性的归纳和总结，而专题二是对本章基本公式的概括，也可以说是对基本物理量做出定量的归纳和总结。专题一、专题二和专题六是对本章的基本概念、基本物理量、基本公式和基本现象做出了全面的复习。专题三、专题四、专题五这三个专题是本章重点题型和多年来在本章出现的高考热点题型的归纳和总结，只要将这三个专题掌握好了，对这一章出现的综合大题基本都能解决了。

专题一：六个基本知识点

电流会产生磁场，这叫电生磁。在闭合回路中变化的磁场会产生电流（或电动势），这叫磁生电，这种现象就是电磁感应现象。

1. 磁通量：$\Phi = B \cdot S$（B 与平面 S 垂直）。磁通量表示穿过某一面积的磁场，数值上等于磁感线的条数。磁通量是标量，但有正负之分。一个线框内，如果两部分磁感线同向，总磁通量等于两部分之和，如果两部分磁感线反向，那么总磁通量等于两部分之差。单位：韦伯（Wb）1 Wb = 1 T·m²。

2. 磁通量的变化 $\Delta\Phi = \Phi_2 - \Phi_1$。注意：线圈在匀强磁场中转过180°，$\Delta\Phi = 2B \cdot S$。

【例】（1）图5-11甲中，线框由N极正上方水平移到S极正上方，判断线框中磁通量大小和方向怎么变化？请回答：＿＿＿＿＿＿＿＿＿＿

（2）图5-11乙中，线框由S极附近上方移到S极下方，判断线框中磁通量大小和方向怎么变化？请回答：＿＿＿＿＿＿＿＿＿＿

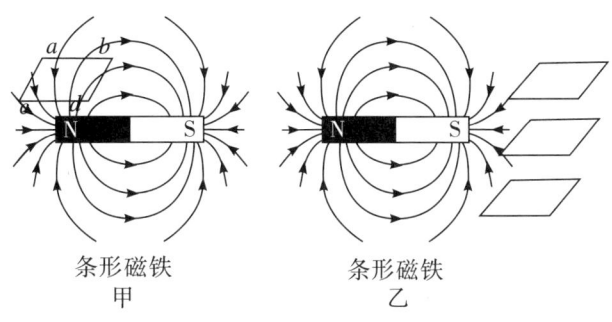

条形磁铁　　　　条形磁铁
　甲　　　　　　　乙

图 5-11

选题意图：通过非匀强磁场磁通量的分析，加深对磁通量、磁通量变化概念的理解。

答案：（1）先向上减少，后向下增加。　（2）先向下减少，后向上增加。

3. 磁通量的变化率：单位时间内磁通量变化大小叫磁通量的变化率，用 $\Delta\Phi/\Delta t$ 表示。又叫磁通量变化的快慢，也等于回路中感应电动势的大小，$E = \Delta\Phi/\Delta t$。

4. 楞次定律：感应电流具有这样的方向，即感应电流的磁场总要阻碍引起感应电流的磁通量的变化。

[注意]"阻碍"意义的理解：阻碍不是相反，当原磁通减小时，感应电流的磁场与原磁场同向，以阻碍其减小，但原磁通量仍然要减少，只是"延缓"减小；当原磁通增加时，感应电流的磁场与原磁场才反向，以阻碍其增加，但原磁通量仍然要增加，只是"延缓"增加。

5. 判断感应电流方向的两种方法。

方法一，部分导体切割磁感线运动，用右手定则。伸开右手，使大拇指跟其余四个手指垂直，让磁感线垂直穿过手心，拇指指向导体切割磁感线运动方向，其余四指就指向感应电流的方向。

方法二，一般磁通量变化，用楞次定律判断感应电流 I 方向，其步骤是：

(1) 确定回路原磁场 $B_原$ 的方向。

(2) 根据"增反减同"确定感应电流磁场 $B_感$ 方向。原磁通量 Φ 增加，感应电流磁场 $B_感$ 与原磁场 $B_原$ 反向；原磁通量 Φ 减少，感应电流磁场 $B_感$ 与原磁场 $B_原$ 同向；

(3) 根据右手螺旋定则，由感应电流磁场 $B_感$ 方向得出感应电流方向。

【例1】如图 5-13 甲，当 ab 杆向右运动时，判断 ab 电流方向；图 5-13 乙中，当 K 闭合瞬间判断通过 ab 电流方向。

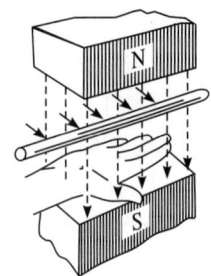

图 5-12

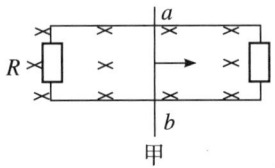 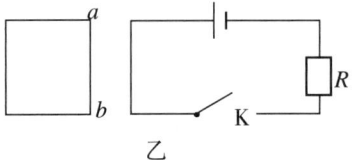

图 5-13

选择意图：通过典型实例练习使用右手定则和楞次定律判断感应电流的方向的方法。

解析：在图 5-14 中，由于是 ab 导体做切割磁感线运动，所以，用右手定则判断，感应电流方向由 $b \to a$。在图 5-14 中，由于 ab 没有做切割磁感线运动，而是 ab 线圈内磁通量变化，所以用楞次定律进行判断。当 K 闭合瞬间，ab 线圈内磁通量向里，磁

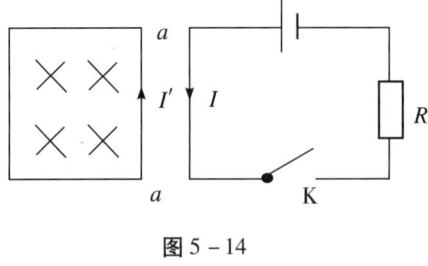

图 5-14

通量增加，感应电流磁场与原磁场反向，感应电流磁场向外，由向外的感应电流磁场可判断出感应电流方向由 $b \to a$。

【例2】如图 5-15 所示，闭合导体环固定。(1) 条形磁铁由 S 极向下以初速度 v_0 沿导体环圆心的竖直线下落的过程中，判断导体环中的感应电流方向。(2) 如果磁铁在闭合导体环的中央不动，环增大或减小，判断感应电流方向。

选题意图：通过磁铁向下的运动加深对楞次定律的理解。

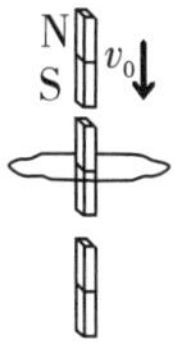

解析：磁铁下落过程中，线圈内磁通量发生变化，所以用楞次定律判断。条形磁铁 S 极插入过程中，原磁场向上，磁通量增加，感应电流磁场向下，从而可判断出感应电流方向为顺时针方向；条形磁铁 S 极向下抽出过程中，原磁场向上，磁通量减少，感应电流磁场向上，从而可判断出感应电流方向为逆时针方向。当磁铁在闭合导体环的中央，环增大，是线圈向外切割，用右手定则判断，感应电流方向为逆时针方向；环减小，是线圈向内切割，用右手定则判断，感应电流方向为顺时针方向。

图 5-15

专题练习：大约选 15 题进行专题训练。

选题的原则：通过不同的物理情境，练习正确使用右手定则和楞次定律来判断感应电流的方向，加强认识。

6. 电磁感应现象引起导体的运动。

（1）电磁感应现象引起导体的运动：由于电磁感应产生感应电流，而感应电流在原磁场中又受到原磁场的作用力，在磁场力作用下使导体运动，就是电磁感应现象引起导体的运动。

（2）判断导体运动的两种方法。

方法一，先判断出感应电流方向，再判断出安培力方向，最后由安培力方向决定运动方向。

方法二，根据阻碍磁通量变化来判断。磁通量 Φ 增加时，要阻碍磁通量的增加，形成导体的"排斥"，导体就向磁通量 Φ 减少的方向运动；磁通量 Φ 减少时，要阻碍磁通量的减少，形成导体的"吸引"，导体就向磁通量 Φ 增多的方向运动，简称"增斥减吸"或"增拒减留"。

【例1】如图 5-16 所示，直线电流增加，线圈怎么运动？线圈具有收缩趋势还是扩张趋势？

选题意图：通过这个典型的例子来认识并理解"增斥减吸"或"增拒减留"。

解析：用方法一判断：直线电流增加，由楞次定律可判断线圈感应电流方向为逆时针方向，再用左手定则可判断出

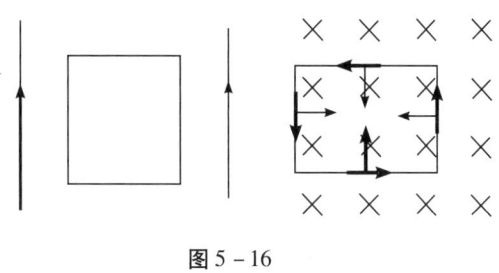

图 5-16

线圈四边受力方向如右图所示，上下两边对称抵消，左边受力大于右边受力，所以合力向右，因此，线圈向右运动。由于四边受力向内，所以线圈具有收缩趋势。

方法二判断：由于直线电流增加，线圈中磁通量增加，根据增斥减吸，

增缩减扩,则线圈要远离直线电流向右运动。线圈具有收缩趋势。显然用方法二要方便得多。所以在不判断感应电流方向的情况下,只判断电磁感应引起导体运动时,通常都用方法二判断。

【例2】 如图5-17所示,A、B两线圈平面与螺线管轴线垂直,滑动变阻器的滑片C向左滑动过程中,线圈A、B怎么运动?

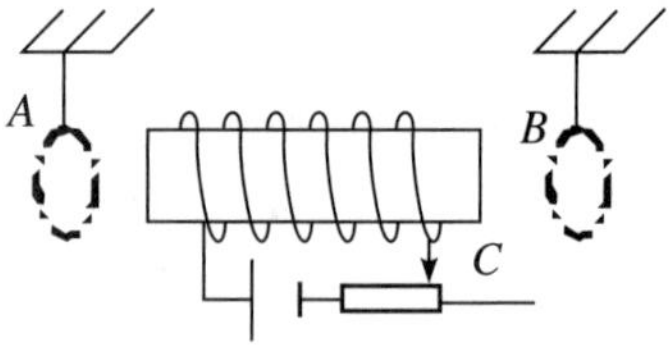

选题意图:学会通过"增斥减吸"判断线圈运动。

解析: 用方法二判断:滑片C向左滑动过程中,螺线管电流增加,穿过A、B两线圈的磁通量增加,根据"增斥减吸",A、B两线圈都要远离螺线管。

图5-17

专题二:感应电动势E、感应电流I、感应电量q的大小

1. 法拉第电磁感应定律:电路中感应电动势的大小跟穿过这一回路的磁通量的变化率成正比。

(1) 表达式:$E = \dfrac{\Delta \Phi}{\Delta t}$;如果有$n$匝线圈:$E = n \dfrac{\Delta \Phi}{\Delta t}$。

(2) 求感应电动势大小的三个公式:

① 回路的一部分导体在磁场中运动,做垂直切割时,导体中的感应电动势为$E = Blv$。

② 当线圈垂直磁场方向放置,磁感应强度均匀变化时线圈中的感应电动势为$E = \dfrac{\Delta B}{\Delta t} S$。

③ 当直导线在垂直匀强磁场的平面内,绕其一端做转动切割时,导体中的感应电动势为$E = \dfrac{1}{2} Bl^2 \omega$。

(3) 注意:$E = Blv$计算的是电动势的瞬时值。$E = \dfrac{\Delta \Phi}{\Delta t}$计算的是电动势平均值。

2. 感应电流:$I = \dfrac{E}{R + r}$。

3. 感应电量:$q = It$(只适用于恒定电流),$q = \dfrac{\Delta \Phi}{R + r}$(可用于变电流)。

4. 产生电动势的部分相当于电源,其余部分是外电路,切割磁感线部分相当于电源,电源内部的电流由电源的负极流向正极。

5. 解题要抓住两个关键点:画出等效电路(分清电源和外电路)和选择好电动势计算公式。

【例1】如图5-18所示，在一个光滑金属框架上垂直放置一根长 $l=0.4$ m 的金属棒 ab，其电阻 $r=0.1$ Ω。框架左端的电阻 $R=0.4$ Ω。垂直框面的匀强磁场的磁感强度 $B=0.1$ T。当用外力使棒 ab 以速度 $v=5$ m/s 右移时，ab 棒中产生的感应电动势 $E=$ _____，通过 ab 棒的电流 $I=$ _____。ab 棒两端的电势差 $U_{ab}=$ _____，在电阻 R 上消耗的功率 $P_R=$ _____，在 ab 棒上消耗的发热功率 $P_{ab}=$ _____，切割运动中产生的电功率 $P=$ _____。

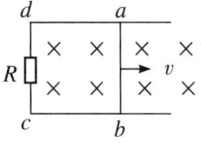

图5-18

选题意图：通过这个基础题，复习电磁感过程中所涉及的各个物理量及其求法。

答案：0.2 V；0.4 A；0.16 V；6.4×10^{-2} J；1.6×10^{-2} J；8.0×10^{-2} J。

【例2】如图5-19甲、乙，分别为螺线管绕线与向右磁场变化规律，已知螺线管匝数 $n=1500$ 匝，螺线管横截面积 $S=20$ cm^2，电阻 $r=1.5$ Ω，电阻 $R_1=3.5$ Ω，$R_2=2.5$ Ω。则线圈两端电压为____V，a 点的电势为____V。

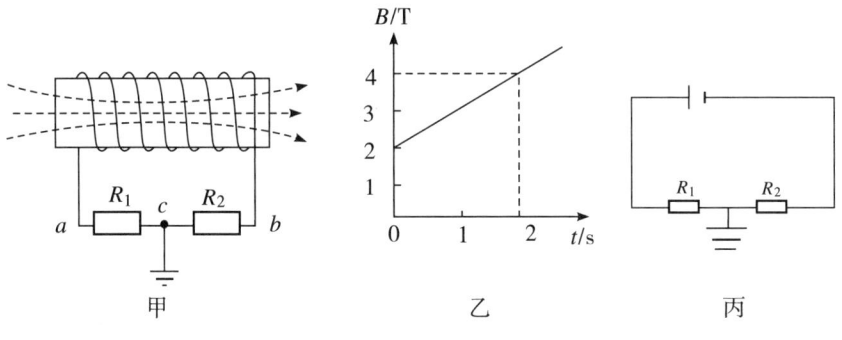

图5-19

选题意图：通过此题，体会图5-19中的线圈等效于电源，求电压和电势的问题就转化为电路问题，同时复习电势和电势差（电压）等相关知识。

解析：线圈相当于电源，根据楞次定律可判断出，电流从线圈的左端流出、右端流进，左端是电源的正极，右端是电源的负极。先画出等效电路，如图5-19丙。由于是磁感应强度均匀变化，所以求电动势应选公式：$E=n\dfrac{\Delta B}{\Delta t}S$，由此可算出 $E=3$ V，电流 $I=\dfrac{E}{R_1+R_2+r}=0.4$ A，线圈两端电压为路端电压，$U=IR=2.4$ V，a 点电势为 R_1 上的电压降 $U_a=IR_1=1.4$ V。

答案：2.4 V 1.4 V。

【例3】如图5-20所示，半径为 $a=0.4$ m 的圆形区域内有匀强磁场，

磁感强度 $B=0.2$ T，磁场方向垂直纸面向里，半径为 $b=0.6$ m 的金属环与磁场同心地放置，磁场与环面垂直，金属环上分别接有灯泡 L_1、L_2，电阻均为 $R=2\ \Omega$。一金属棒 MN 与金属环接触良好，金属棒与金属环的电阻均忽略不计。

（1）若金属棒以 $v=5$ m/s 的速率在环上向右匀速滑动，求金属棒滑过圆环直径 OO' 的瞬间，MN 中的电动势和流过 L_1 的电流。

（2）撤去中间的金属棒 MN，将右面的半圆环 OL_2O' 以 OO' 为轴垂直纸面向外翻转 90 度，之后磁场随时间均匀变化，其变化率为 $\Delta B/\Delta t=(4/\pi)$ T/S，求翻转 90 度后 L_1 的功率。

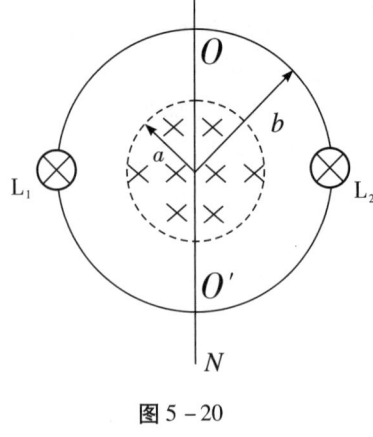

图 5-20

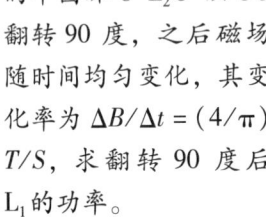 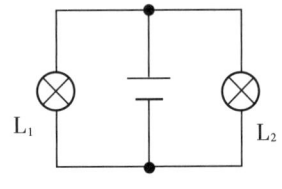

图 5-21

选题意图：通过变化情境的复习，学生对物理过程的分析能力得到强化，一种情境是动生电动势对应并联电路，另一种情境是感应电动势对应串联电路。

解析：略。

专题练习：大约选 30 题进行训练。

专题三：力、感、路综合问题

1. 力、感、路综合问题，就是将力学、电磁感应、电路等知识综合在一起。

2. 解此类问题，要抓住三个主要方程：第一，力学方程（静止或匀速运动，根据力的平衡建方程，如果是加速运动，就根据牛顿第二定律建方程）；第二，电路方程（闭合电路欧姆定律方程 $I=\dfrac{E}{R+r}$）；第三，能量守恒或功率守恒方程（包括机械能、电流产生的焦耳热能、摩擦热能等所有的能量的守恒）。

注意：克服安培力做功等于电流在整个回路产生的焦耳热能，即 $W=Q$。有时先通过动能定理求出安培力做功，然后根据克服安培力做功等于电流产生的焦耳热，再求出电流在回路产生的焦耳热。

3. 解题方法与步骤：第一，先判断出感应电流方向，以此为切入点；

第二，作出安培力和其他力的图示；第三，根据力学方程、电路方程、能量守恒方程列式。

【例1】如图5-22所示，两根金属导轨平行放置在倾角为 $\theta=30°$ 的斜面上，导轨左端接有电阻 $R=8\ \Omega$，导轨自身电阻忽略不计。匀强磁场垂直于斜面向上，磁感应强度为 $B=0.5\ T$。质量为 $m=0.1\ kg$、电阻为 $r=2\ \Omega$ 的金属棒 ab 由静止释放，沿导轨下滑，设导轨足够长，导轨宽度 $L=2\ m$，金属棒 ab 下滑过程中始终与导轨接触良好，当金属棒下滑的高度为 $h=3\ m$ 时，恰好达到最大速度 $v_m=2\ m/s$，求此过程中：

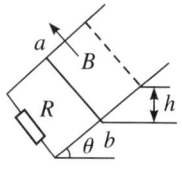

图 5-22

（1）金属棒受到的摩擦阻力；
（2）电阻 R 中产生的热量。

选题意图：通过此基本题初步体会和练习力、感、路综合题的解题方法和步骤。

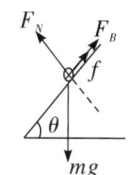

图 5-23

解析：略（受力分析见图5-23）。

【例2】如图5-24所示，两根水平放置的足够长的平行金属导轨相距 $1\ m$，导轨左端连一个 $R=1.8\ \Omega$ 的电阻，一根金属棒 ab 的质量为 $0.2\ kg$，电阻为 $0.2\ \Omega$，横跨在导轨上并与导轨垂直，整个装置在竖直向上且 $B=0.5\ T$ 的匀强磁场中。已知 ab 与导轨间的动摩擦因数 $\mu=0.5$，用水平恒力 $F=2\ N$ 拉动 ab，使 ab 在导轨上平动，若不计导轨电阻，$g=10\ m/s^2$，问：

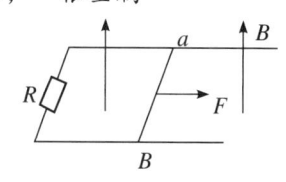

图 5-24

（1）金属棒速度达到 $4\ m/s$ 时，金属棒的加速度多大？
（2）金属棒达到最大速度时，金属棒两端电压多大？

选题意图：从受力分析入手，运用牛顿运动定律列方程，再结合闭合电路欧姆定律求出电流，从而求解力学问题，从平衡入手，求电压、电流。进一步对力、感、路综合题进行训练。

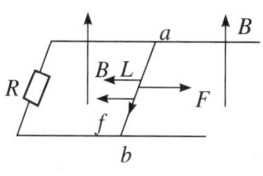

图 5-25

解析：略（受力分析见图5-25）。

专题练习：大约选20个综合题进行训练。

专题四：双杆切割问题

1. 双杆切割，是指在回路中有两段杆（或两段导体）切割磁感线的现象。

2. 解决方法：先判断出每一杆切割产生的电动势的方向。当两杆切割产生的电动势在回路中是同向时，回路的总电动势等于两杆电动势之和；当两杆切割产生的电动势在回路中是相反时,回路的总电动势等于两杆电动势之差。

3. 仍然要抓住三个主要方程:第一,力学方程(静止或匀速运动,根据力的平衡建方程,如果是加速运动,就用牛顿第二定律建方程);第二,电路方程(闭合电路欧姆定律方程 $I = \dfrac{E}{R+r}$);第三,能量守恒或功率守恒方程(包括机械能、电流产生的焦耳热能、摩擦热能等所有的能量的守恒)。

4. 解题方法和步骤与专题三相同:第一,先判断出感应电流方向,以此作为切入点;第二,作出安培力和其他力的图示;第三,根据力学方程、电路方程、能量守恒方程列式。

【例1】磁悬浮列车的运动原理如图5-26甲所示,在水平面上,两根平行直导轨上有矩形金属框 $abcd$,导轨间有与导轨平面垂直且方向相反的匀强磁场,磁感应强度分别为 B_1 和 B_2。当磁场 B_1 和 B_2 同时沿导轨向右匀速运动时,金属框也会沿导轨运动。已知两导轨间距 $L = 0.4$ m,两种磁场宽度均为 d,且 $d = ab$,$B_1 = B_2 = B = 1.0$ T,金属框的质量 $m = 0.1$ kg,电阻 $R = 2.0$ Ω,设金属框受到的阻力与其速度成正比:$(f = kv)$,比例系数 $k = 0.08$ kg/s。求:

(1) 当磁场的运动速度为 $v_1 = 5$ m/s 时,金属框的最大速度 v_2 为多大?

(2) 金属框达到最大速度以后,某时刻磁场停止运动,则金属框将做什么运动?当金属框的加速度为 $a = 4.0$ m/s² 时,其速度 v_3 为多大?

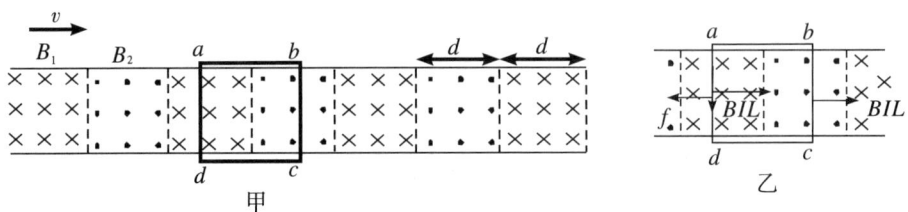

图 5-26

选题意图:训练学生在面对双杆切割磁感线问题时,如何确定感应电流,如何分析受力,如何确定加速度、速度。将电磁感应、电路知识和动力学问题相结合。

解析:略。

【例2】如图5-27甲,在水平面上有两条平行导电导轨 MN、PQ,导轨间距离为 L,匀强磁场垂直于导轨所在的平面(纸面)向里。磁感应强度的大小为 B。两根金属杆1、2摆在导轨上,与导轨垂直,它们的质量和电阻分

别为 m_1、m_2 和 R_1、R_2。两杆与导轨接触良好，与导轨间的动摩擦因数皆为 μ。已知：杆 1 被外力拖动，以恒定的速度 v_0 导轨运动；达到稳定状态时，杆 2 也以恒定速度沿导轨运动，导轨的电阻可忽略，求此时杆 2 克服摩擦力做功的功率。

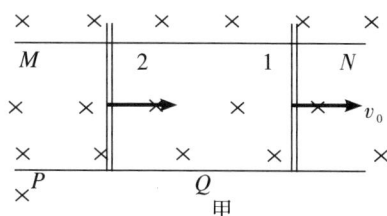 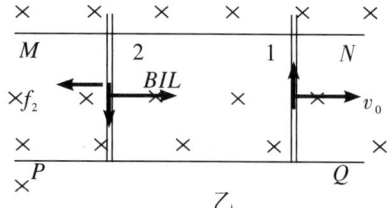

图 5-27

选题意图：通过两杆的不同运动和不同受力，训练双杆问题的分析方法。

解析：略。

专题练习：大约选 10 个综合题进行训练。

专题五：图、感综合问题

1. 图、感综合问题，就是电磁感应与图象的综合问题。
2. 解决方法：先由图象的横、纵坐标的物理量列出对应函数或方程，然后利用图象的斜率、截距的物理意义列式求解，或在图象中取两坐标点代入方程求解。

【例1】相距 $L = 0.20$ m 的足够长的金属直角导轨如图 5-28 甲所示放置，它们各有一边在同一水平面内，另一边垂直于水平面。质量均为 $m = 0.1$ kg 的金属细杆 ab、cd 与导轨垂直接触形成闭合回路，杆与导轨之间的动摩擦因数为 μ，导轨电阻

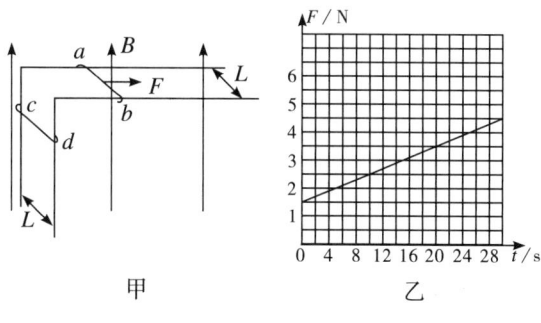

图 5-28

忽略不计，回路总电阻为 $R = 1.0$ Ω。整个装置处于磁感应强度大小为 $B = 0.50$ T、方向竖直向上的匀强磁场中。当 ab 杆在平行于水平导轨的拉力 F 作用下从静止开始沿导轨匀加速运动时，cd 杆也同时从静止开始沿导轨向下运动。测得拉力 F 与时间 t 的关系如图 5-28 乙所示。$g = 10$ m/s^2，求：

（1）杆 ab 的加速度 a 和动摩擦因数 μ；

(2) 杆 cd 从静止开始沿导轨向下运动达到最大速度所需的时间 t_0；

(3) 画出杆 cd 在整个运动过程中的加速度随时间变化 $a-t$ 图象，要求标明坐标值（不要求写出推导过程）。

选题意图：训练通过杆的受力和运动情况，得出力 F 与时间 t 的方程或函数关系，再分析图象的斜率、截距的含义，从而求出所要求的物理量。

解析：略。

【例2】如图 5-29 甲所示，一对足够长的平行光滑轨道置在水平面上，两轨道间的距离 $L=0.20$ m，电阻 $R=1.5\ \Omega$。有一质量 $m=0.2$ kg 的导体杆静止地放在轨道上，与两轨道垂直，杆的电阻 $r=0.5\ \Omega$，轨道的电阻可忽略不计。整个装置处于磁感应强度 $B=0.50$ T 的匀强磁场中，磁场方向垂直轨道面向下。现用一外力 F 沿轨道方向拉杆，使之做匀加速运动，测得杆中电流 i 与时间 t 的关系如图 5-29 乙所示。求：

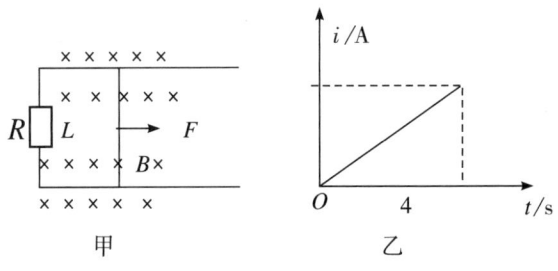

图 5-29

(1) 杆做匀加速运动时的加速度 a；

(2) 若在 $t=4$ s 时撤去外力 F，求此后电阻 R 上产生的热量 Q_R。

选题意图：通过电路知识、电磁感应现象求出 $i-t$ 关系式，再利用 $i-t$ 图象的斜率求得杆的加速度。电阻 R 产生的热量通过能量守恒定律求得，可以将力学、电学和能量的问题综合在一起训练学生综合应用物理知识的能力。

解析：略。

专题练习：大约选 10 题左右进行训练。

专题六：自感现象

1. 自感现象。由于导体本身的电流发生变化而产生的电磁感应现象叫自感现象，自感现象产生的电动势叫自感电动势。当电流增大时，自感电动势的方向与原电流方向相反，阻碍电流增大；当电流减小时，自感电动势的方向与原电流方向相同，阻碍电流减小。

2. 注意：阻碍电流的增大或减小，电流还是要增大或减小，只是缓慢地增大或减小。

3. 通电自感和断电自感。

通电自感：如图 5-30 甲所示，相同的 A、B 两灯，当合上开关 S 瞬间，B 灯所在支路无自感，所以立即变亮，电流变化为图 5-31 甲；由于 L 线圈的自感作用，阻碍电流增加，与它串联的 A 灯逐渐变亮，最后正常发光，电流变化如图 5-31 乙所示。

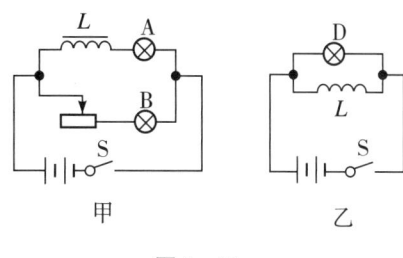

图 5-30

断电自感：如图 5-30 乙所示，线圈 L 的电阻较小，比 D 灯的电阻小很多，当合上 S 后达稳定，D 灯较暗，在断开 S 的瞬间，D 灯闪亮一下才熄灭。这是因为在断开瞬间，D 灯原电源提供较小的电流立即消失，而与它并联的通有较大电流的线圈由于自感的阻碍作用，使线圈中的电流缓慢减小，并且与 D 灯泡构成回路，从而使通过 D 灯的电流远大于 S 合上时的电流，因此 D 灯会闪亮一下熄灭。线圈中电流变化如图 5-31 乙所示，D 灯中电流变化如图 5-31 丙所示。需特别注意的是，断开 S 后瞬间的电流远大于断前电流，并且方向相反。

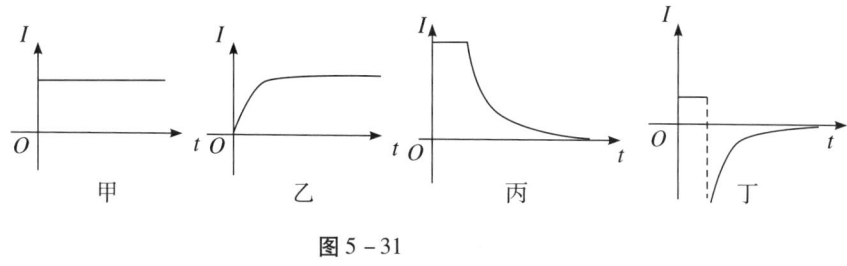

图 5-31

专题练习：这部分考的机会少，只做基本训练就可以。

选题意图：

(1) 训练对电路接通和断开时的自感现象的进一步理解。

(2) 选题意图：将通电和断电时的自感现象结合在一起，训练学生的变通能力，加深对自感现象的理解。

(3) 选题意图：通过不同的开关控制电路，得到不同电路的自感现象，加深对自感规律的理解。

(4) 选题意图：通过简单电路，加深学生对自感规律的认识。

(5) 选题意图：通过电路的分流作用，结合自感现象，判断灯泡亮度的变化规律。

专题复习在高考升学第一轮复习中的应用，能最大限度地提升复习效率，使不同水平的学生都得到有效的训练，复习更有针对性。除了进行知识内容的理解复习外，最重要的是进行基本能力的训练，提升应用所学知识解决实际问题的能力。

在各高中学校中，如一些示范性的学校，学生水平均匀而且相对学习能力强，升学愿望强烈，采用这种复习方法是最可行的一种办法。不同中学的学生情况不同，复习目标也不尽相同，可以根据自己的实际情况来确定复习方案，选编适合自己学生的复习资料。

高考升学专题复习目录

第一章　直线运动
　专题一　几个概念
　专题二　匀变速直线运动公式的应用
　专题三　追击和相遇问题
　专题四　利用5个推论
　专题五　图象问题
　专题六　实验：研究匀变速直线运动

第二章　力　物体的平衡
　专题一　三种常见力
　专题二　受力分析
　专题三　力的合成与力的分解
　专题四　共点力平衡
　专题五　三力共点变角度平衡问题
　专题六　连接体问题
　专题七　极值和范围问题
　专题八　实验
　　（一）探究弹力和弹簧伸长的关系
　　（二）验证力的平行四边形定则

第三章　牛顿运动定律
　专题一　牛顿第一定律和第三定律
　专题二　牛顿第二定律
　专题三　连接体问题
　专题四　瞬时加速度的求解
　专题五　超重与失重问题

专题六　力与运动问题

专题七　传送带问题

专题八　滑板问题

专题九　图象问题

专题十　实验：验证牛顿第二定律

第四章　平抛运动、圆周运动、万有引力

第一部分　平抛运动

　专题一　曲线运动及运动的合成与分解

　专题二　平抛运动

　专题三　两物相碰问题

第二部分　圆周运动

　专题一　几个基本概念和基本公式

　专题二　向心力公式 $F=m\dfrac{v^2}{r}=m\omega^2 r=m\dfrac{(2\pi)^2}{T^2}$ 的应用

　专题三　竖直平面内的圆周运动的临界问题

　专题四　圆周运动与功能及平抛综合

第三部分　万有引力定律

　专题一　五个基本问题

　专题二　两个方程和一个重要代换应用

　专题三　第一宇宙速度卫星与同步卫星（通信卫星）

　专题四　求天体的质量和密度

第五章　功和机械能

　专题一　功的概念

　专题二　动能定理

　专题三　时间、位移、力综合问题

　专题四　功率

　专题五　机械能守恒定律

　专题六　动能、重力势能、机械能变化的判断

　专题七　验证机械能守恒定律和探究动能定理

　　（一）验证机械能守恒定律

　　（二）探究动能定理

第六章　动量

　专题一　动量守恒定律

　专题二　动量守恒的综合问题

　专题三　弹性碰撞和非弹性碰撞

        专题四　滑板问题
        专题五　与竖直挡板相碰问题
        专题六　实验：验证动量守恒定律
    第七章　电场
        专题一　电场力的性质
        专题二　电场能的性质
        专题三　三组公式的适用范围和正负号的确定
        专题四　电容器
        专题五　带电粒子在电场中的偏转
        专题六　带电粒子在电场中的运动（动力学类型）
    第八章　恒定电流
        专题一　基本概念和基本公式
        专题二　由闭合电路欧姆定律定性判断电流、电压、功率变化
        专题三　含电容器的电路
        专题四　闭合电路电源的三种功率、效率和最大输出功率
        专题五　实验
    第九章　磁场
        专题一　几个基本概念和物理量
        专题二　运动电荷在洛伦兹力作用下的匀速圆周运动
        专题三　临界、边界、范围问题
        专题四　圆周运动的周期性与重复性
        专题五　带电粒子先后经过电磁场的运动
        专题六　带电粒子在复合场中的运动
        专题七　速度选择器、质谱议和回旋加速器
    第十章　电磁感应
        专题一　电磁感应现象　楞次定律
        专题二　感应电动势 E、感应电流 I、感应电量 q 的大小
        专题三　力感路综合问题
        专题四　双杆切割问题
        专题五　图感综合问题
        专题六　自感现象
    第十一章　交流电
        专题一　交流电的几个概念
        专题二　变压器
        专题三　远距输电

第十二章　热学
　　专题一　分子动理论
　　专题二　物体的内能
　　专题三　气体实验三定律
　　专题四　热力学定律和能量守恒定律
第十三章　原子和原子核
　　专题一　光电效应
　　专题二　氢原子能级跃迁
　　专题三　原子核

（三）高考升学复习第一轮复习方法："单元"复习法

"单元"复习法，指按知识系统分单元复习，详细复习各章节知识内容和方法。这种复习方法细致，起点低，从最基本知识和方法入手，适合中等偏下水平的学校学生的备考复习，使学生对知识再认识并形成知识网络。

利用第一轮复习时间长的特点，将每个知识点讲清楚，把每个关键点弄明白，把每一个例题讲细和讲透，及时总结方法，并进行有针对性的练习，练习量不要过大、过难，只要能理解这些知识内容，掌握这些内容所含的方法就达到了复习的目的。

普通中学的学生，基础差，学习能力弱，得因材施教、对症下药。对知识的认识理解是最重要的，形成知识结构后，才能贯彻落实方法的训练。这种复习是一种目标复习，简单实用，有效果，适合普通学校的基础较差的学生。

下面就以"碰撞和动量守恒"这一章为例说明如何进行第一轮的章节专题复习。

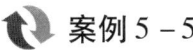
案例 5-5

"碰撞和动量守恒"单元复习微课案例

表 5-8

主题	内容	要求	说明
碰撞与动量守恒	动量、动量守恒定律及其应用	Ⅱ	只限于一维
	弹性碰撞和非弹性碰撞	Ⅰ	

考试动向分析：根据广东高考升学考试考查特点，动量知识往往运用于综合问题之中，往往将动量守恒定律与能量守恒、动力学关系运用于"板、块"模型之中；将碰撞、反冲现象与力学、电场、磁场、电磁感应等相结合

形成较复杂的组合型问题。

第1课时　动量　动量的改变

课前自主解读：这部分主要是课前学生进行预习的内容，涉及时间不宜过长。

知识梳理：这部分是将本单元的内容进行梳理和整理，加强对知识内容的理解和巩固。

课堂主题互动：这一部分内容主要是对本单元出现的知识要点、重点、难点、方法的复习，突出重点，突破难点，并进行方法的复习。

主题一：对动量的理解；

主题二：对动量变化量的求解；

主题三：运用动量定理进行定性分析；

主题四：运用动量定理分析动量变化。

课后训练题就这一单元的知识内容有针对性地进行训练，加强重点知识内容的训练，选最基本的、最有代表性的题。

第2课时　动量守恒定律

主题一："动量守恒定律"的局限性；

主题二："动量守恒"的整体性、矢量性；

主题三："动量守恒"的同时性、相对性；

主题四：动量守恒推论："人船模型"。

第3课时　动量守恒定律与力学规律的综合

主题一：动量守恒与动力学方法的结合；

主题二：动量守恒与功能关系、能量守恒的结合。

第4课时　碰撞　反冲

主题一："动量守恒"与"非弹性碰撞"；

主题二："动量守恒"与"弹性碰撞"。

第5课时　实验　验证动量守恒定律

采用这种单元复习的方法，对学习能力中等偏下的学生来说，效果比较好。能系统地将所有物理知识复习一遍，形成系统的知识结构。在复习过程中，重点内容重点复习，对重要的内容要进行强化训练，基本内容不留死角，考查机会少的知识不能落下，复习时还要将实验融入各章节的复习中，使知识形成完整体系。

每个学校有自己的学情，应当根据学生的情况来制订单元复习的方案，制订复习计划、进度，从时间上确定复习进程。教师们要真正了解自己的学生能复习到什么样的深度，从选题难度、用题量上进行控制。学生能达到什么程度就做到什么程度，过难要求或过难训练并不见得会有效。备课要从学生的水平入手，以学生能达到的程度为目标，做好复习方案。

第一轮复习的主要任务是理解物理学的基本概念、基本规律及其一般的应用。教师要在复习中指导学生阅读教材，帮助学生扫除知识内容理解上的障碍。要重视对物理状态、物理情境、物理过程的分析，提高学生的阅读理解能力和问题分析能力。第一轮复习的结果是要使学生掌握基本知识内容，使学生具备一定的分析物理问题的能力，使学生学会一定的解决问题的方法，使学生掌握一定的实验技能，并能在实际问题的分析中应用这些技能。备课和测验都要以这些目标为核心展开进行，合理有序地进行第一轮升学复习。

单元复习目录

第1章 运动的描述，探究匀变速直线运动
 第1讲 描述运动的基本概念
 第2讲 匀变速直线运动的规律及应用
 第3讲 运动图象 追及相遇问题
 第4讲 实验一 研究匀变速直线运动

第2章 相互作用
 第1讲 常见的三种力
 第2讲 受力分析
 第3讲 力的合成与分解 共点力的平衡
 第4讲 实验二 探究弹力和弹簧伸长的关系
 第5讲 实验三 验证力的平行四边形定则

第3章 牛顿运动定律
 第1讲 牛顿运动定律
 第2讲 牛顿运动定律的应用
 第3讲 实验四 验证牛顿运动定律

第4章 曲线运动 万有引力与航天
 第1讲 运动的合成与分解抛体运动
 第2讲 圆周运动
 第3讲 万有引力定律及应用

第5章 机械能及其守恒定律
 第1讲 功和功率
 第2讲 动能定理及其应用
 第3讲 机械能守恒定律及能量转化与守恒定律
 第4讲 实验五 探究动能定理

　　　　　实验六　验证机械能守恒定律

第6章　碰撞与动量守恒

　第1讲　动量　动量守恒定律

　第2讲　动量能量综合问题

　第3讲　实验十二　验证动量守恒定律

第7章　静电场

　第1讲　电场的力的性质

　第2讲　电场的能的性质

　第3讲　电容器带电粒子在电场中的运动

第8章　恒定电流

　第1讲　电阻定律　欧姆定律　电功和电功率

　第2讲　闭合电路的欧姆定律的应用

　第3讲　电压表　电流表　伏安法测电阻

　第4讲　实验七　测定金属的电阻率

　　　　　实验八　描绘小电珠的伏安特性曲线

　第5讲　实验九　测定电源的电动势和内阻

　　　　　实验十　练习使用多用电表

第9章　磁场

　第1讲　磁场的描述磁场对电流的作用

　第2讲　带电粒子在磁场中的运动

　第3讲　带电粒子在复合场中的运动

第10章　电磁感应

　第1讲　电磁感应现象　楞次定律

　第2讲　法拉第电磁感应定律　自感和涡流

　第3讲　电磁感应的综合应用

第11章　交变电流

　第1讲　交变电流的产生及描述

　第2讲　变压器　电能的输送

　第3讲　实验十一　传感器的简单使用

第12章　热学

　第1讲　分子动理论　热力学定律　能量守恒

　第2讲　固体液体气体

　第3讲　实验十三　用油膜法估测分子的大小

第13章　近代物理初步

　第1讲　光电效应　波粒二象性

第 2 讲　原子结构　能级与跃迁
第 3 讲　原子核　核反应与核能

四、高考升学复习中的第二轮复习

（一）高考升学第二轮复习概述

高考升学第一轮复习备考，大家的做法大同小异，基本上是按照考纲要求的考点"地毯式轰炸"，不留死角。但对于二轮复习专题的选择则见仁见智，每位老师的理解和偏好会有所不同，所针对的学生群体也各有差异，有的以知识为线索，有的以题型为依据，有的以物理模型划分专题，有的以解题方法划分专题……

若还要确保二轮复习的全面性，则建议教师们还是以知识为线索进行专题复习，因为一轮复习中侧重的是纵向知识线索（力、电磁、热学、近代物理等），二轮复习就应该侧重横向知识联系，例如物体受恒力作用做直线运动既在力学板块中有体现，也在电磁学板块中有体现。

若按题型进行第二轮复习，选取内容、题型应针对学生进行分类、分层训练。

选择题的选题一定要控制难度，以覆盖知识点为主，不要渗透高级思维能力和过难的方法的考查，对于中等生要强调选择题限时训练，但对于尖子生和后进生不要过分强调限时，因为尖子生本来就做题快，容易快中出错；而对于后进生能够有把握拿分的就是选择题，一限时就容易紧张，忙中出错，因为抢时间把选择题做错而留时间给后面不会做的题。

进行实验题训练时最好能带着高考题去实验室做实验，而并非只是一味地在教室做实验题，纸上谈兵。实验复习要抓住中心，突出操作的过程，重视实验的细节。力学实验要注重打点计时器的使用、纸带的处理、刻度尺的使用、操作顺序等共性的环节，电学实验注意以供电电路、控制电路、测量电路为核心展开训练，注意考纲规定的各类仪器的使用和读数。对中上层学生要注意实验创新变化的理解、实验误差的分析等方面的训练。

计算模型组合题训练策略是要让学生学会拆解成多个小过程处理并明白这些小过程间是如何衔接起来的，或者从一个基本的母题开始层层架构、添砖加瓦逐渐组合成综合题，让学生看到整个题的建构演变过程。对于中上层学生的计算题训练还要注重试题的开放性，有意识地渗透讨论判断的思想。

（二）高考升学第二轮复习案例一：知识分块复习方法

高考升学考试物理科通过第一轮的复习，学生大部分都能掌握物理学中的基本概念、规律及其一般应用。但这些方面的知识，总体还是比较零散的。第二轮复习的任务是把前一阶段中较为凌乱的、繁杂的知识系统化、条理化、模块化，建立起各部分知识之间的联系，提高综合运用知识的能力，因此该阶段也称为全面综合复习阶段。按力学、电学、热学和原子物理知识分块复习，通过知识分块专题复习，使学生能把第一轮按章节复习的内容构建成体系，进行专题复习，重组知识，加强对主干知识和重点内容的复习，培养学科内的综合能力。

根据知识的内在联系设置专题，复习的重点是主干知识的综合应用，可以从"牛顿运动定律结合运动学的相关问题专题""动量和能量专题""带电粒子在电磁场中的运动专题""电磁感应的导轨类问题专题""实验专题"等进行总结复习。主要有以下几种方式的综合：

（1）牛顿三定律与匀变速直线运动的综合。

（2）动量和能量的综合。动量守恒、能量守恒的综合应用问题是高考每年必考内容，从考题逐渐趋于稳定的特点来看，2010年对动量守恒与能量守恒的综合应用问题的考查重点仍然放在分析问题和解决问题的能力上。在第二轮的复习中，还是应在熟练掌握基本概念和规律的同时，注重物理多过程分析能力的培养，训练从守恒的角度分析问题的思维方法。

（3）场：电场、磁场是中学物理重点内容之一，分析近十年来的高考物理试卷可知，这部分知识在高考试题中的比例约占13%，年年都考。对这部分内容的复习应加强对力、电综合问题、联系实际问题等高考热点命题的复习。

主要有三种具体的综合形式：

①利用牛顿定律与匀变速直线运动的规律解决带电粒子在匀强电场中的运动；

②利用牛顿定律与圆周运动向心力公式解决带电粒子在磁场中的运动；

③利用牛顿定律及能量的观点解决带电粒子在复合场中的运动。

（4）电磁感应现象与闭合电路欧姆定律的综合：用力学和能量观点解决导体棒在匀强磁场中的运动问题。在高考复习中应当给予充分的关注，要加强这个方面的专题训练和总结。

（5）串、并联电路规律与电学实验的综合主要表现为三个方面：

①通过粗略的计算选择实验器材和电表的量程；
②确定滑动变阻器的连接方法；
③确定电流表的内外接法。

在冲刺阶段的这个时期，学生在重视基础复习的同时，要特别加强对热点内容和主干知识的总结和提炼。把第一轮复习的相对独立的知识，通过总结形成网络结构，通过提炼掌握解决这一类型问题的方法。也就是通常所说的第一阶段复习是把书"读厚"，现在可以叫第二阶段的复习，是把书"读薄"。

下面笔者以"场：电场、磁场——带电粒子在电磁场中的运动"为例说明总结复习的方法。

案例 5-6

"场：电场、磁场——带电粒子在电磁场中的运动" 微课案例

一、考点剖析

带电粒子在电场中的运动比物体在重力场中的运动要丰富得多，它与运动学、动力学、功和能、动量等知识联系紧密，加之电场力的大小、方向灵活多变，功和能的转化关系错综复杂，其难度比力学中的运动要大得多。

带电粒子在磁场中的运动涉及的物理情境丰富，解决相关问题所用的知识综合性强，很适合用于对能力的考查，是高考热点之一。带电粒子在磁场中的运动有三大特点：①与圆周运动的运动学规律紧密联系；②运动周期与速率大小无关；③轨道半径与圆心位置的确定与空间约束条件有关，呈现灵活多变的势态。以上三大特点容易创造新情境命题，故带电粒子在磁场中的运动成为了高考热点，近十年的高考题中，每年都有相关题目，且多数为大计算题。

带电粒子在电磁场中的运动：若空间中同时同区域存在重力场、电场、磁场，则会使粒子的受力情况复杂起来；若不同时不同区域存在，则会使粒子的运动情况或过程复杂起来，相应的运动情境及能量转化更加复杂化，将力学、电磁学知识的转化应用推向高潮。

该考点为高考命题提供了丰富的情境与素材，为体现知识的综合与灵活应用提供了广阔的平台，是高考命题热点之一。

二、知识结构

```
                    ┌─ 在电场中运动 ┬─ 直线运动：如用电场加速或减速粒偏转
                    │               │
                    │               ├─ 偏转：类平抛运动，一般分解成两个分运动
                    │               │
                    │               └─ 匀速圆周运动：以点电荷为圆心运动或受装置约束
                    │                  $R = \dfrac{kqQ}{mv^2}$    $T = \dfrac{2\pi kqQ}{mv^3}$
带电粒子在           │
电磁场中     ───────┤── 在磁场中运动 ┬─ 直线运动：带电粒子的速度与磁场平行时
的运动              │                │
                    │                └─ 匀速圆周运动：带电粒子的速度与磁场垂直时
                    │                   $R = \dfrac{mv}{qB}$    $T = \dfrac{2\pi m}{qB}$
                    │
                    └─ 在复合场中运动 ┬─ 直线运动：垂直运动方向的力必定平衡
                                      │
                                      ├─ 匀速圆周运动：重力与电场力一定平衡，由洛伦兹力提供向心力
                                      │
                                      └─ 一般的曲线运动
```

图 5-32

三、复习精要

1. 带电粒子在电场中的运动

(1) 带电粒子的加速。动能定理：$qU = \dfrac{1}{2}mv^2$。

(2) 带电粒子的偏转。

①带电粒子在初速度方向做匀速运动：$L = v_0 t$，$t = \dfrac{L}{v_0}$。

②带电粒子在电场力方向做匀加速运动：$F = qE$，$a = \dfrac{qE}{m}$。

③带电粒子通过电场的侧移：$y = \dfrac{1}{2}at^2 = \dfrac{1}{2} \times \dfrac{qU}{md} \times \dfrac{L^2}{v_0^2} = \dfrac{UL^2}{4U_{加}d}$。

偏向角 φ：$\tan\varphi = \dfrac{v_y}{v_0} = \dfrac{at}{v_0} = \dfrac{qUL}{mdv_0^2} = \dfrac{UL}{2dU_{加}} = \dfrac{2y}{L}$。

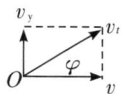

图 5-33

（3）处理带电粒子在电场中的运动问题的一般步骤。

①分析带电粒子的受力情况，尤其要注意是否要考虑重力、电场力是否是恒力等。

②分析带电粒子的初始状态及条件，确定粒子做直线运动还是曲线运动。

③建立正确的物理模型，进而确定解题方法。

④利用物理规律或其他解题手段（如图象等）找出物理量间的关系，建立方程组。

2. 带电粒子在磁场中的运动

带电粒子的速度与磁感应线平行时，能做匀速直线运动。

当带电粒子以垂直于匀强磁场的方向入射，受洛伦兹力作用，做匀速圆周运动。当带电粒子在磁场中做匀速圆周运动，洛伦兹力充当向心力时，其余各力的合力一定为零。

$qvB = \dfrac{mv^2}{r}$，$R = \dfrac{mv}{qB}$，$T = \dfrac{2\pi m}{qB}$。

带电粒子在磁场中的运动常因各种原因形成多解，通常原因有：

①带电粒子的电性及磁场方向的不确定性；

②粒子运动方向的不确定性及运动的重复性；

③临界状态的不唯一性等。

3. 带电粒子在复合场中的运动

带电粒子在复合场中的运动，其本质是力学问题，应按力学的基本思路，运用力学的基本规律研究和解决此类问题。

当带电粒子在电磁场中运动时，电场力和重力可能做功，而洛伦兹力始终不做功。

当带电粒子在电磁场中做多过程运动时，解决问题的关键是掌握其基本运动的特点和寻找过程的边界条件。

四、精选例题

【例1】如图 5-34 甲所示，一平行板电容器带电量为 Q，固定在绝缘底座上，两极板竖直放置，整个装置静止在光滑的水平面上，板间距离为 d，一质量为 m、带电量为 $+q$ 的弹丸以一定的

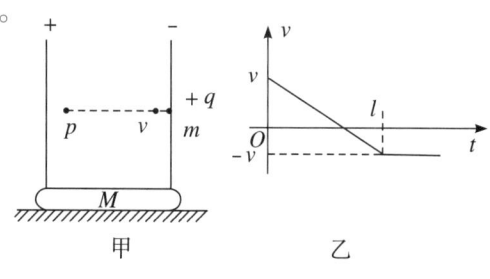

图 5-34

初速度从一极板间中点的小孔射入电容器中(弹丸的重力忽略不计,设电容器周围的电场强度为零),设弹丸在电容器中最远运动到 P 点,弹丸的整个运动过程中的 $v-t$ 图象如图 5-34 乙所示,根据力学规律和题中(包括图象)所提供的信息,对反映电容器及其系统的有关物理量(例如电容器及底座的总质量),及系统在运动过程中的守恒量,你能求得哪些定量的结果?

分析:此题的 $v-t$ 图象中隐藏着丰富的信息。由图 5-34 乙可知,在 $0 \sim t_1$ 内弹丸在电场力作用下先向左做匀减速直线运动,速度减为零后,再向右做匀加速直线运动,t_1 后弹丸开始匀速运动,由弹丸 $0 \sim t_1$ 的运动情况可知,弹丸速度为零时已到 P 点;t_1 后弹丸做匀速直线运动,弹丸不再受电场力,说明弹丸已离开电容器,故可知弹丸离开电容器的速度为 v_1。纵观图 5-34 乙,$0 \sim t_1$ 内,图象的斜率表示弹丸的加速度,根据以上信息可解答如下:

解析:略。

选题意图:此题将电场知识和动量相综合,将物理规律应用于解决实际问题。

点评:图 5-34 乙把弹丸的运动过程表现得淋漓尽致,完整地描绘出弹丸的运动情况,而能否准确地从图中捕捉信息,就要看学生的洞察能力、分析思维能力如何了。巧用 $v-t$ 图象,可以使物理问题化繁为简,化难为易。

【**例 2**】如图 5-35 所示,沿水平方向放置一条平直光滑槽,它垂直穿过开有小孔的两平行薄板,板相距 $3.5L$。槽内有两个质量均为 m 的小球 A 和 B,球 A 带电量为 $+2q$,球 B 带电量为 $-3q$,两球由长为 $2L$ 的轻杆相连,组成一带电系统。最初 A 和 B 分别静止于左板的

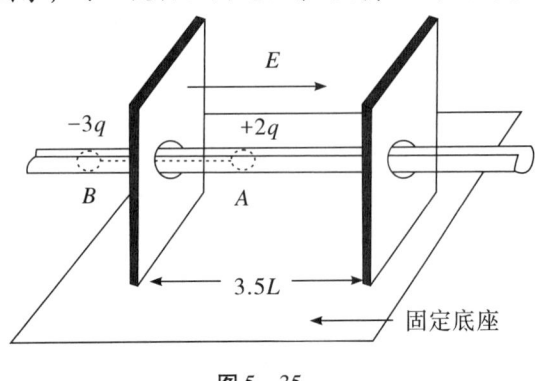

图 5-35

两侧,离板的距离均为 L。若视小球为质点,不计轻杆的质量,在两板间加上与槽平行向右的匀强电场 E 后(设槽和轻杆由特殊绝缘材料制成,不影响电场的分布),求:

(1) 球 B 刚进入电场时,带电系统的速度大小;

(2) 带电系统从开始运动到速度第一次为零所需的时间及球 A 相对右板的位置。

解:略。

选题意图：此题将电场知识和牛顿运动定律进行综合，情境复杂，过程多，综合性强，对学生能力训练作用大。但如果是普通学校，这题对于学生来说还是难了些，所以要因地制宜选用不同的题，保持最终训练目标一致。

【例3】如图 5-36 所示，在 $y>0$ 的空间中存在匀强电场，场强沿 y 轴负方向；在 $y<0$ 的空间中，存在匀强磁场，磁场方向垂直 xy 平面（纸面）向外。一电量为 q、质量为 m 的带正电的运动粒子，经过 y 轴上 $y=h$ 处的点 P_1 时速率为 v_0，方向沿 x 轴正方向；然后，经过 x 轴上 $x=2h$ 处的 P_2 点进入磁场，并经过 y 轴上 $y=-2h$ 处的 P_3 点。不计重力。求：

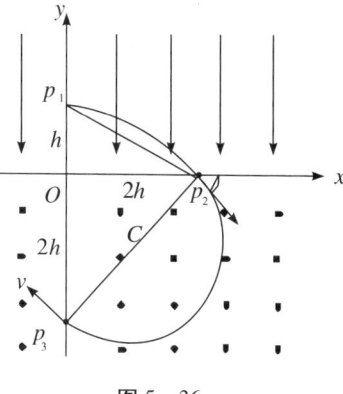

图 5-36

(1) 电场强度的大小。

(2) 粒子到达 P_2 时速度的大小和方向。

(3) 磁感应强度的大小。

选题意图：本题是电场和磁场综合题，结合了力学中研究过的平抛运动和圆周运动的分析方法，是力学方法在电学实际问题中的迁移。能将力学和电学联系起来，从而加深对物理规律的通性的理解。

解析：略。

解题感悟：当带电粒子在电磁场中做多过程运动时，关键是掌握其基本运动的特点和寻找过程间的边界关联关系；当带电粒子在电磁场中运动时，重力和电场力可能做功，但洛伦兹力始终不做功。

【例4】如图 5-37 所示，在空间存在这样一个磁场区域：以 MN 为界，上部分的匀强磁场的磁感应强度为 B_1，下部分的匀强磁场的磁感应强度为 B_2，$B_1=2B_2=2B_0$，方向均垂直纸面向里，且磁场区域足够大，在距离界线为 h 的 P 点有一带负电荷的离子处于静止状态，某时刻离子分解成为带电粒子 A 和不带电粒子 B，粒子 A 质量为 m、带电荷 q，以平行于界线 MN 的初速度向右运动，经过界线 MN 时速度方向与界线成 $60°$ 角，进入下部分磁场，当粒子 B 沿与界线平行的直线到达位置 Q 点时，恰好又与粒子 A 相遇。不计粒子的重力。求：

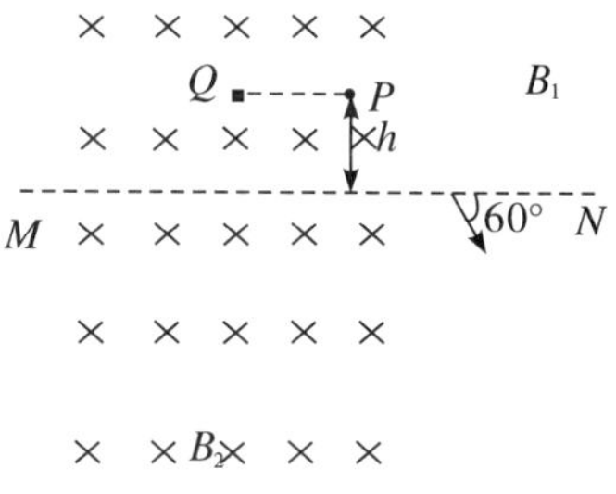

图 5-37

(1) P、Q 两点间的距离。

(2) 粒子 B 的质量。

选题意图：本题将磁场知识、几何知识和动量知识相结合，需通过磁场中的对称运动分析粒子运动情况。

解析：略。

【**例 5**】两平面荧光屏互相垂直放置，在两屏内分别取垂直于两屏交线的直线为 x 轴和 y 轴，交点 O 为原点，如图 5-38 所示。在 $y>0$、$0<x<a$ 的区域有垂直于纸面向内的匀强磁场，在 $y>0$，$x>a$ 的区域有垂直于纸面向外的匀强磁场，两区域内的磁感应强度大小均为 B。在 O 点处有一小孔，一束质量为 m、带电量为 q（$q>0$）的粒子沿 x 轴经小孔射入磁场，

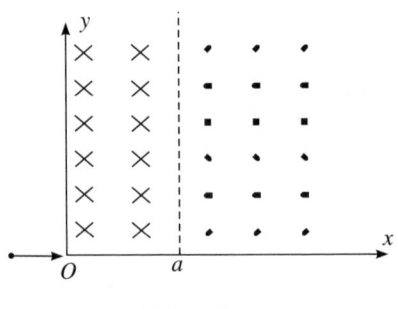

图 5-38

最后打在竖直和水平荧光屏上，使荧光屏发亮。入射粒子的速度可取从零到某一最大值之间的各种数值。已知速度最大的粒子在 $0<x<a$ 的区域中运动的时间与在 $x>a$ 的区域中运动的时间之比为 2∶5，在磁场中运动的总时间为 $7T/12$，其中 T 为该粒子在磁感应强度为 B 的匀强磁场中做圆周运动的周期。试求两个荧光屏上亮线的范围（不计重力的影响）。

解析：略。

选题意图：通过有界磁场边界临界问题，训练学生思维能力、运用数学方法分析物理问题的能力和利用几何关系的能力。

【**例 6**】图 5-39 是某装置的垂直截面图，虚线 A_1A_2 是垂直截面与磁场区边界面的交线，匀强磁场分布在 A_1A_2 的右侧区域，磁感应强度 $B=0.4$ T，方向垂直纸面向外，A_1A_2 与垂直截面上的水平线夹角为 45°。在 A_1A_2 左侧，固定的薄板和等大的挡板均水平放置，它们与垂直截面交线分别为 S_1、S_2，相距 $L=0.2$ m。在薄板上 P 处开一小孔，P 与 A_1A_2 线上点 D 的水平距离为 L。在小孔处装一个电子快门。起初快门开启，一旦有带正电微粒通过小孔，快门立即关闭，此后每隔 $T=$

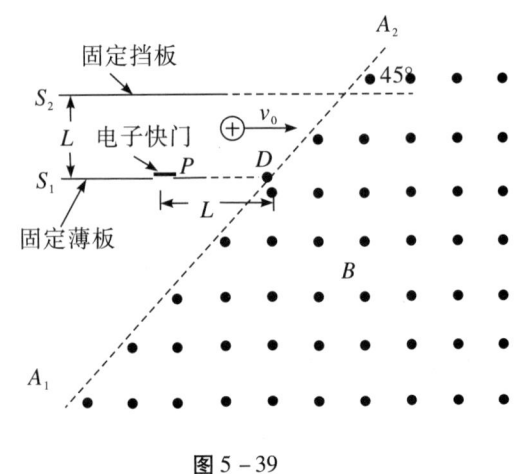

图 5-39

$3.0×10^{-3}$ s 开启一次并瞬间关闭。从 S_1S_2 之间的某一位置水平发射一速度为 v_0 的带正电微粒,它经过磁场区域后入射到 P 处小孔。通过小孔的微粒与挡板发生碰撞而反弹,反弹速度大小是碰前的 0.5 倍。

(1) 经过一次反弹直接从小孔射出的微粒,其初速度 v_0 应为多少?

(2) 求上述微粒从最初水平射入磁场到第二次离开磁场的时间(忽略微粒所受重力影响,碰撞过程无电荷转移。已知微粒的荷质比 $\frac{q}{m} = 1.0×10^3$ C/kg。只考虑纸面上带电微粒的运动)。

解析:略。

选题意图:通过电磁场边界问题训练学生考虑问题的严密性和对全局的把握能力。

专题复习参考方案

(1) 力与直线运动;

(2) 力与曲线运动;

(3) 功和能;

(4) 带电体(粒子)的运动;

(5) 电路与电磁感应;

(6) 必做实验部分;

(7) 选考模块。

每一个专题都应包含以下几个方面的内容:

(1) 知识结构分析;

(2) 主要命题点分析;

(3) 方法探索;

(4) 典型例题分析;

(5) 配套训练。

(三)高考升学第二轮复习案例二:题型分块复习方法

在第二轮板块复习中,通过知识分块专题复习,按照力学、电学、热学和原子物理知识分块复习,帮助学生把第一轮按章节复习的内容构建成力学体系、电学体系、热学体系和原子物理体系,构建完整知识体系,重组知识,加强对主干知识和重点内容的复习,培养学科内的综合能力。然后还需要根据高考物理学科命题特点,按高考题型即选择题、实验题、计算题进行题型分块专题复习。通过高考题型分块复习,使学生对三种高考题型有一个全面掌握,让学生对高考物理学科的复习内容定位不跑偏、深度把握不走调、策略制定讲实效、趋势解读有方向,并掌握解决三种高考题的方法和技巧，能有效提高学生的物理综合能力，达到更好的复习效果。

1. 选择题型的复习

根据考查方式可以将选择题分为概念类选择题、图象类选择题、计算类选择题，考查知识范围涉及考纲所有内容。下面分别对概念类选择题、图象类选择题、计算类选择题的复习方法进行说明。

（1）概念类选择题的复习策略。概念类选择题是指以文字或式子表述物理量或者物理规律。复习这类题型，一定要熟记考纲要求掌握的物理概念和公式，打好基础。熟记不是死记硬背概念和公式，而是要在理解透彻的基础上记忆。对物理概念应该从定义式及变形式、物理意义、单位、矢量性及相关性等方面进行讨论；对定理或定律的理解则应从其实验基础、基本内容、公式形式、物理实质、适用条件等做全面的分析。通过类比掌握物理概念的联系，通过对比得出物理概念的区别，勤于总结物理概念之间的联系和区别，善于归纳物理规律的用法。特别是要重视对热学、光学、原子物理、交流电和万有引力知识的复习。近几年广东高考题对这部分知识只以选择题型进行考查，属于必须拿下的选择题。热学、光学、原子物理、交流电和万有引力知识有近 30 个知识点，在每年高考试题中约占 12~24 分。从这些年的广东高考题来看，这部分知识的命题方向在回归课本，考查基础知识，"考课本""不回避陈题"成为高考命题的显著特点。对于一些优秀学生来说，可能平时注意去做大的计算题而忽略了对这一部分的复习，导致高考不能获得理想的成绩。而对基础较差的学生来说，要求他能很好地综合应用所学知识去解决大题、难题是不现实的。热学、光学、原子物理、交流电和万有引力知识与其他内容无太大联系，没有什么复杂运算，学生容易掌握，所以对基础较差的学生来说，必须牢牢抓住这一部分分数。因此在复习这些知识时不可大意，不能一带而过，而要认真对待。下面我们通过近几年广东高考升学选择题型来看看高考升学中是如何考查物理概念的。

案例 5-7

选择题复习案例（物理知识和概念方面）

1. （2010 年广东高考）关于核衰变和核反应的类型，下列表述正确的有（　　）

A. $^{238}_{92}U \rightarrow ^{234}_{90}Th + ^{4}_{2}He$ 是 α 衰变

B. $^{14}_{7}N + ^{4}_{2}He \rightarrow ^{17}_{8}O + ^{1}_{1}H$ 是 β 衰变

C. $^{2}_{1}H + ^{3}_{1}H + ^{4}_{2}He + ^{1}_{0}n$ 是轻核聚变

D. $^{82}_{34}U \rightarrow ^{82}_{36}kr + ^{4}_{2}Se + 2^{0}_{-1}e$ 是重核裂变

选题意图：复习选修 3－5 中的相关知识，如果学生做对了，则说明学生掌握了相关知识，如果学生做错了，教师应立即进行讲评，及时复习相关的内容。

答案：AC

2．（2010 年广东高考）下列关于力的说法正确的是（　　）

A．作用力和反作用力作用在同一物体上

B．太阳系中的行星均受到太阳的引力作用

C．运行的人造地球卫星所受引力的方向不变

D．伽利略的理想实验说明了力不是维持物体运动的原因

选题意图：选择与力学方面有关的知识综合题，检查学生对知识全面性的认识情况。

答案：BD

3．（2012 年广东高考）清晨，草叶上的露珠是由空气中的水汽凝结成的水珠，这一物理过程中，水分子间的（　　）

A．引力消失，斥力增大　　　B．斥力消失，引力增大

C．引力、斥力都减小　　　　D．引力、斥力都增大

选题意图：考查分子动理论知识的理解情况，及时复习检查，补充相关内容。

答案：D

从考查的知识点来看，它们集中在热学、光学、原子物理、宇宙航行与万有引力的内容，每年必考；从考查难度来看，考题立足于课本知识，属于容易题，基本上考概念，不涉及计算。所以对这类知识的复习，应该立足课本，厘清概念，对考试热点内容重点练习，模拟训练题难度适中，尽量不扩展，不出偏题、怪题、难题，重点以选择题型进行复习。

（2）图象类选择题的复习策略。图象是物理问题的基本表达方式之一，能够十分形象、直观地表达物理情境，是高考的常考内容，而且不仅在选择题中出现，也常在实验题型和计算题型中出现，由此足见其重要性。要掌握好物理图象，必须具备以下四种能力：能够识别图象类型、能够获取图象信息、能够展现图象情境、能够实现图象转化。纵观整个广东物理高考考纲范围，其中出现的和其他常用的物理图象归纳如表 5－9 所示。

表5-9　常用物理图象归纳

力学	热学	电学	光学、原子核	实验
位移—时间 速度—时间 力—时间 力—位移	分子力图象 分子势能图象	电压—电流 电压—时间 电流—时间 磁通量图象 感应电流图象 磁感应强度图象	衰变图象 平均结合能图象	弹簧的弹力图象 伏安特性曲线 路端电压—电流

表中所述的物理图象都形象直观地反映了物理量的变化规律，它们有很多共性或类似的地方，我们可以从总体上把握物理图象。具体来说，对每个物理图象，必须明确以下几个方面的问题。

a. 识别图象类型。所谓识别图象类型，就是指通过图象了解图象反映的物理量间的基本信息，包括以下5个方面：

● 图象中的横轴与纵轴所代表的物理量和单位。明确了两个坐标轴所代表的物理量，则清楚了图象所反映的是哪两个物理量之间的相互关系。有些形状相同的图象，由于坐标轴所代表的物理量不同，所反映的物理规律就截然不同。另外，在识图时还要看清坐标轴上物理量所注明的单位。

● 图象的特征。注意观察图象的形状是直线、曲线，还是折线等，从而弄清图象所反映的两个物理量之间的关系，进而明确图象反映的物理内涵。如金属导体的伏安特性曲线反映了电阻随温度的升高而增大。还要注意分析图象的拐点，拐点一般都具有一定的物理意义，它是两种不同变化情况的交界，即物理量之间的突变点。

● 截距的物理意义。截距是图线与两坐标轴的交点所代表的坐标数值，该数值具有一定的物理意义。

图5-40乙为图5-40甲情境中拉力F与杆稳定时的速度v的关系图，图线在横轴上的截距表示杆所受到的阻力。

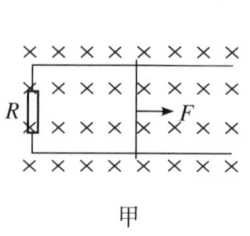
甲

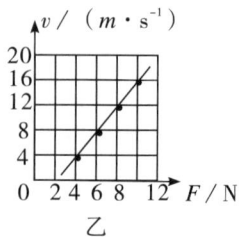
乙

图5-40

- 斜率的物理意义。物理图象的斜率代表两个物理量增量的比值，其大小往往代表另一物理量值。如 $s-t$ 图象的斜率为速度，$v-t$ 图象的斜率为加速度、$U-I$ 图象的斜率为负载的电阻等。
- 图象中图线与坐标轴所围面积的物理意义。有些物理图象的图线与横轴所围的面积的值，常代表另一个物理量的大小。如 $v-t$ 图中，图线与 t 轴所夹的面积代表位移，$F-s$ 图象中图线与 s 轴所夹的面积代表功，$F-t$ 图象中图线与 t 轴所夹的面积代表冲量。

b. 从图象中获取信息，即在识别图象类型的基础上，能够进一步找到与物理问题有关的信息，帮助我们了解物体运动、受力等信息，更全面地把握物体的运动情境。

【例】 放在水平地面上的一物块，受到方向不变的水平推力 F 的作用，F 的大小与时间 t 的关系和物块速度 v 与时间 t 的关系如图 5-41、图 5-42 所示。取重力加速度 $g=10 \text{ m/s}^2$。由此两图求物块的质量 m、物块与地面之间的动摩擦因数 μ。

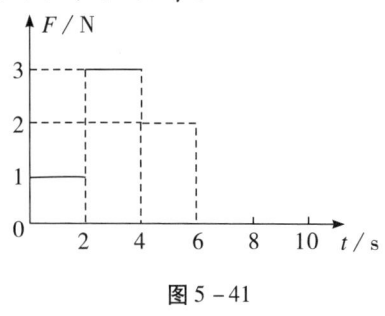
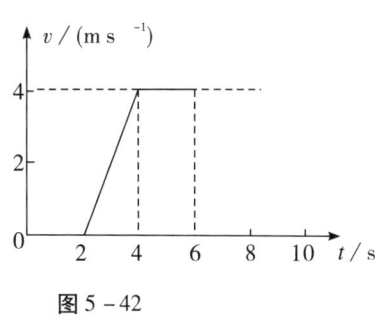

图 5-41　　　　　　　　图 5-42

解析：本题的关键是在图象中获取相关信息：0 至 2 s 在 1 N 的水平推力作用下，物体静止；2 s 至 4 s 在 3 N 的水平推力作用下，物体做加速度为 2 m/s^2 的匀加速直线运动；4 s 至 6 s 在 2 N 的水平推力作用下，物体做匀速直线运动。

c. 从图象展现物理情境，即把图象中相关物理量间的图形关系与物体的实际运动情境对应起来，以方便我们更加准确地把握物体的运动规律。

d. 根据提供的物理情境画出相对应的图象。

【例】 如图 5-43 所示，平行导轨间有一矩形的匀强磁场区域，细金属棒 PQ 沿导轨从 MN 处匀速运动到 $M'N'$ 的过程中，棒上感应电动势 E 随时间 t 变化的图示，可能正确的是（　　）

图 5-43

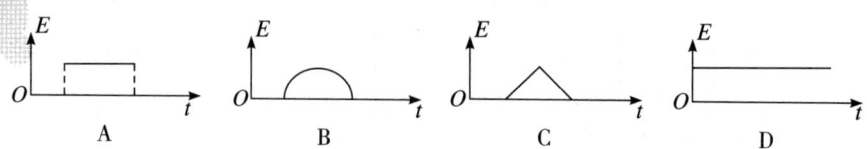

解析： 本题考查的是电磁感应知识，关键是要把物体的运动情境转换为相应的图象，要求学生能够准确掌握物体的各个运动过程并可以在图象中将这些过程体现出来，这对学生的能力要求较高。本题涉及三个过程：导体棒在没有进入磁场前，不切割磁感线，无感应电动势；进入磁场后，匀速切割磁感线，产生恒定感应电动势；出磁场时，不切割磁感线，无感应电动势。

答案： A

下面，我们通过具体案例来分析。

案例 5-8

选择题复习案例——物理图象方面

1. 图 5-44 是某质点运动的速度图象，由图象得到的正确结果是（　　）

A. 0~1 s 内的平均速度是 2 m/s

B. 0~2 s 内的位移大小是 3 m

C. 0~1 s 内的加速度大于 2~4 s 内的加速度

D. 0~1 s 内的运动方向与 2~4 s 内的运动方向相反

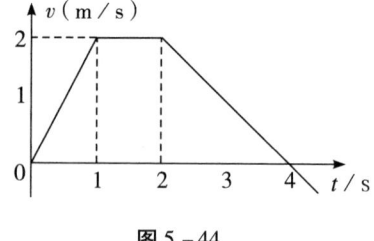

图 5-44

选题意图： 本题考查运动学的 v-t 图象。在识别图象的基础上，需要通过图象获取平均速度、位移、加速度和运动方向四个方面的信息。

答案： BC

2. 图 5-45 甲左侧的调压装置可视为理想变压器，负载电路中 $R=55$ Ω，为理想电流表和电压表，若原线圈接入如图 5-45 乙所示的正弦交变电压，电压表的示数为 110 V，下列表述正确的是（　　）

A. 电流表的示数为 2 A

B. 原副线圈匝数比为 1∶2

C. 电压表的示数为电压的有效值

D. 原线圈中交变电压的频率为 100 Hz

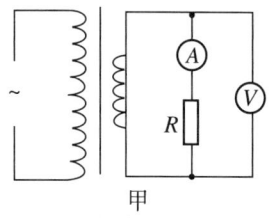
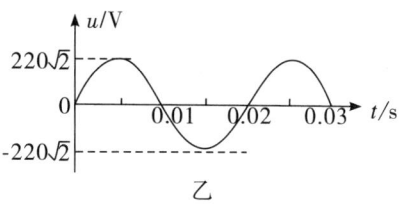

图 5-45

选题意图：本题考查交流电的知识，给出 $u-t$ 图象来判断电流、匝数、频率等相关信息。

答案：AC

从上述高考选择题可以看出，对物理图象的考查内容主要是运动学、电磁学和交流电等知识，所给题目信息简单，选项设置明确。虽然总体难度不大，但是要求学生对识别图象、获取信息、展现物理情境、实现图象转化四个方面掌握到位，在复习过程中，应该围绕这四个能力的提高来展开。

（3）计算类选择题的复习策略。计算类选择题考查内容以单个物体的基本运动为主，包括静止、匀速直线运动、匀变速直线运动、自由落体运动、平抛运动、匀速圆周运动等基本运动形式，计算量不大，属于容易题。高考复习时，重点应放在对静止、匀速直线运动、匀变速直线运动、自由落体运动、平抛运动、匀速圆周运动等知识的基本规律的应用上。一般一道选择题中只考一种运动形式。复习时一定要做到熟练掌握各种运动的基本规律，通过集中强化训练典型题型，熟练掌握相应的解题方法和技巧。下面通过两道广东高考题来分析一下。

【**例 1**】 如图 5-46 所示，在网球的网前截击练习中，若练习者在球网正上方距地面 H 处，将球以速度 v 沿垂直球网的方向击出，球刚好落在底线上，已知底线到网的距离为 L，重力加速度取 g，将球的运动视做平抛运动，下列表述正确的是（ ）

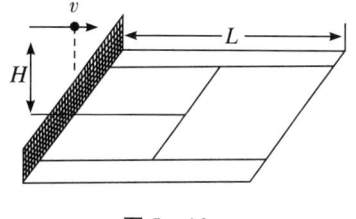

图 5-46

A. 球的速度 v 等于 $L\sqrt{\dfrac{g}{2H}}$

B. 球从击出至落地所用时间为 $\sqrt{\dfrac{2H}{g}}$

C. 球从击球点至落地点的位移等于 L

D. 球从击球点至落地点的位移与球的质量有关

选题意图：平抛类的题总会涉及一些计算，对这方面的题要做适当训练。本题考查了平抛运动知识。题设情境简单，选项设置明了，解题方法属于平抛运动基本解法。复习时，只需掌握了平抛运动基本规律和基本解法，就可以轻松选出本题正确选项。

答案：AB。由网球做平抛运动有：$L=vt$，$H=\frac{1}{2}gt^2$，$s=\sqrt{L^2+H^2}$ 可知，AB 正确。

【例2】已知地球质量为 M，半径为 R，自转周期为 T，地球同步卫星质量为 m，引力为 G。有关同步卫星，下列表述正确的是（　　）

A. 卫星距离地面的高度为 $\sqrt[3]{\frac{GMT^2}{4\pi}}$

B. 卫星的运行速度小于第一宇宙速度

C. 卫星运行时受到的向心力大小为 $G\frac{Mm}{R^2}$

D. 卫星运行的向心加速度小于地球表面的重力加速度

选题意图：本题考查天体运动知识，计算过程简单。只要掌握了天体运动规律，不难得出本题结果。可以看出，在计算类选择题型中，对计算能力要求不高，主要目的是考查学生对运动规律、力学规律、电磁学规律的基本公式和应用的掌握程度，属于较容易的题。复习时，应该以基本规律、公式的训练为主，设置简单的物理情境，计算过程不宜复杂，这样才能做到有的放矢。

答案：BD。第一宇宙速度是最大运行速度，故 C 正确；地球表面的重力加速度为最大运行加速度，故 D 正确；由 $G\frac{Mm}{(R+h)^2}=m\left(\frac{2\pi}{T}\right)^2(R+h)$ 可知，AB 错误。

总的来说，选择题型的复习策略，关键点是立足课本，夯实基础，重点是强化基础知识、基本解法的掌握，不求巧、不求新，千万不能只顾花样百出而忘了根本。选择题考查内容包含力、热、电磁学、交流电、近现代物理等知识，内容广但深度浅，以概念为主，也涉及简单计算。复习时，复习范围要广，考纲所指内容要全覆盖，复习难度要适中，坚决避免偏题、怪题。

2. 实验题型的复习

实验题在理综试卷中题号为34，考查方式有填空、选择、作图、连线、计算，考查范围为考纲规定的十三个实验，但以力学实验和电学实验为主。纵观近几年高考物理实验试题，明显具有以下特点：

（1）注重对基本实验仪器的使用和读数的考查。基本实验仪器的使用和读数是实验的基础，特别是对刻度尺、螺旋测微器、游标卡尺、多用电表的正确读数的考查，成为每年实验考查的必考内容。学生在复习时一定要深刻理解其测量原理，学会准确读数。

（2）对实际操作的考查。十分注重考查实验的多种思想和数据的处理方法，强调对课本基本实验的实验原理、技能迁移的考查。

（3）对电学实验的考查是广东高考的重点。电学中的实验设计、实验测量一直是高考试题中的热点、重点，同时也是难点，每年必考。

因此，复习备考要以大纲中的每个实验（包括演示实验）为依托，以实验能力的要求为中心，以实验中所涉及的思想方法、实验原理为重点，认真领会每个实验的设计意图和实验方法，这样，许多实验问题就会迎刃而解。

案例 5-9

实验题型复习案例

（1）图 5-47 是某同学在做匀变速直线运动实验中获得的一条纸带。

①已知打点计时器电源频率为 50 Hz，则纸带上打相邻两点的时间间隔为_____。

②A、B、C、D 是纸带上四个计数点，每两个相邻计数点间有四个点没有画出。从图 5-47 中读出 A、B 两点间距 s = _____；C 点对应的速度是_____（计算结果保留三位有效数字）。

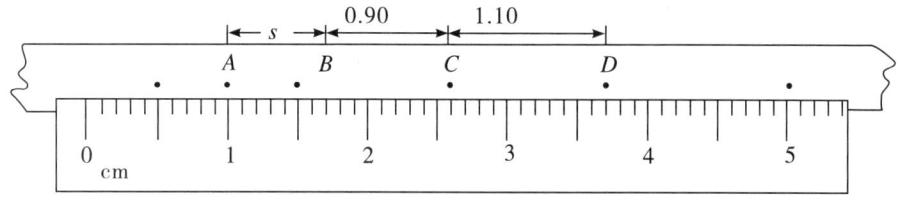

图 5-47

（2）某同学利用电压表和电阻箱测定干电池的电动势和内阻，使用的器材还包括定值电阻（$R_0 = 5\ \Omega$）一个、开关两个、导线若干，实验原理图如图 5-48 甲所示。

①在图 5-48 乙的实物图中，已正确连接了部分电路，请完成余下电路的连接。

②请完成下列主要实验步骤：

A. 检查并调节电压表指针指零；调节电阻箱，示数如图 5-48 丙所示，读得电阻值是_____；

B. 将开关 S_1 闭合，开关 S_2 断开，电压表的示数是 1.49 V；

C. 将开关 S_2 _____，电压表的示数是 1.16 V；断开开关 S_1。

③使用测得的数据，计算出干电池的内阻是_____（计算结果保留两位有效数字）。

④由于所有电压表不是理想电压表，所以测得的电动势比实际值偏____（填"大"或"小"）。

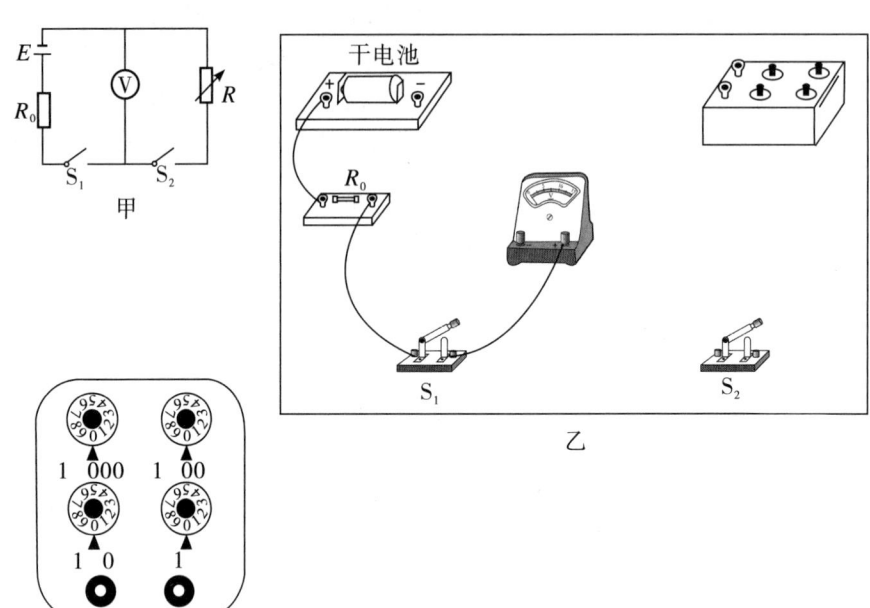

图 5-48

选题意图：本题为 2010 年广东高考物理题实验部分考题，以力学部分的"研究匀变速直线运动"和电学部分的"测定电源的电动势和内阻"两个实验为载体，第（1）题考查了长度的测量和纸带的处理，属于常规考查，与实验教学中的要求完全一样，比较容易；第（2）题考查了电路的连接、实验的操作、数据的计算和误差分析，完整考查了该实验，并且用电阻箱替代了教学中用到的电流表，属于实验创新，体现了对知识的迁移和对学生能力的要求，难度增加，达到了选拔人才的目的。可以看出，高考实验题来源于教材规定实验，但又有所创新。

答案：（1）①0.02 s　②0.70 cm；0.100 m/s

(2) ①连图如图 5 - 49 所示　②20 Ω;闭合　③0.69 Ω　④小

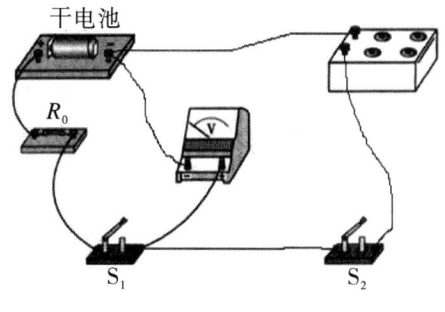

图 5 - 49

综上所述,近几年广东高考实验题以力学实验和电学实验为主,尤其是电学实验,已成为必考内容。对此,我们在高考实验题复习中,要注意:首先,电学中的实验设计、实验测量一直是高考试题中的热点、重点,高考命题很重视这两方面的内容,这是高考考查的一个趋势。其次,对实验过程的考查往往注重检验考生是否真正进行过相关实验,这就要求教师平时在实验教学中要落实每个实验,认真做,做成功,让学生留下深刻印象,不管是考查课本规定的实验还是进行了创新,确保学生都能够准确完成操作。最后,要培养学生处理实验数据的能力。这部分考查难度比较大,对学生能力要求较高,要求学生在每个实验中对数据的基本处理方法掌握熟练,并能够灵活应用。这也反映出今后高考实验考查的方向,近几年广东高考物理试题从一个侧面反映了新课程标准下广东高考的新趋势,在考纲规定的十三个实验中重视实验的测量、操作和数据处理,在复习备考过程中一定要根据这种命题特色组织复习工作,以便取得更好的复习效果。

3. 计算题型的复习

计算题在理综试卷中题号为 35、36,考查方式为计算,考查内容多以"牛顿运动定律与运动学相结合的综合题""带电粒子在电磁场中的运动综合题""动量和能量综合题"等综合应用为主,考查难度有递进,每题设置两到三个小问题,第 35 题比较容易,每个小问题可以独立处理,第 36 题较难,一般最后一问较难,体现了比较高的能力要求,是选拔人才的重要一环。其实,在知识分块复习环节,已经帮助同学们构建了知识体系,提高了物理知识综合应用能力。但每年高考,还是会有一些考生带着遗憾离开考场。如果说理综试卷中选择题和实验题的答案基本上是固定的、客观的,那么,计算题的解答过程中个人主观性就比较强,造成失分比较多,一个很重要的原因就是学生在计算时出现了失误。近几年理综试卷中物理部分的试题难度有所降低，没有出现让考生完全不会动笔的试题，从某种程度来说，现在高考要想取得好成绩，就是看谁失误少。学好物理很重要的一点就是要形成良好的物理思维和解题习惯。计算题型复习的重点应放在培养良好的读题审题习惯上，建立正确的物理模型，提高理解能力、分析能力，并培养规范解题的习惯。在计算题复习策略上，新题可以少做点，多关注那些做错的题，因为那就是相应的薄弱环节；注重规范解题，可参照近几年的高考参考答案和评分细则，进行严格的规范化解题训练，避免以后考试时无谓的失分；重视解题后总结经验，厘清思路，形成好的思维和习惯，比在"题海"中遨游更为重要，通过规范解题形成良好的思维习惯和解题习惯。对于具体的解题过程，首先就是要仔细、慎重地审题，注意区分已知量和未知量，充分挖掘隐含量，挖掘关键词、句。对熟悉的题目应当细心，对很生疏的题目要耐心，多读几遍，寻找解题的突破口，规范解题。其次就是规范地使用物理规律。不少学生喜欢从个人喜好或经验出发去解物理题，比如用动能定理时习惯从功、能的数值上加减来得到结果，而不追究所列方程式的物理意义。这种不规范的混乱的思维方式，正是复习中的一大障碍。物理学本身固有的思维规律和方法，像动能定理的应用，要求弄清所研究的过程及研究对象在此过程中的受力情况，并区别各力做功的正、负，再搞清过程的初态和终态，然后按外力功的代数和等于动能增量列出方程，之后的代数运算便容易了。如果在平时的训练中始终能坚持这样规范地使用物理定律、定理，时间久了必然会加深对规律的理解，能力一定会上升到新的层次。最后就是要将题做完整。只列出几个物理方程便放弃、整理到代数式但懒于代入数字运算、公式和单位丢三落四，这些平时不规范的"恶习"，肯定都会成为高考失误的隐患。许多物理题，粗看解题方向似乎很明显，仔细解才发现里边隐含着重要的变化及关键。那种蜻蜓点水式的不规范解题，反而会降低复习效率。一个完整的解题过程要有严密的逻辑过程，要有简明扼要的文字表述，有单位的处理，有数字的运算。所有这些，无不涉及双基知识及个人的素养和能力，这些都应通过计算题型不断强化训练来加以提高改进。

案例 5 – 10

计算题复习案例

1. 如图 5 – 50 甲所示，在以 O 为圆心，内外半径分别为 R_1 和 R_2 的圆环区域内，存在辐射状电场和垂直纸面的匀强磁场，内外圆间的电势差 U 为常量，$R_1 = R_0$，$R_2 = 3R_0$，一电荷量为 $+q$、质量为 m 的粒子从内圆上的 A 点进入该区域，不计重力。

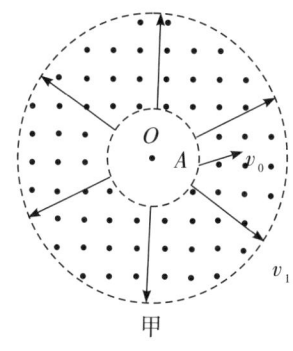 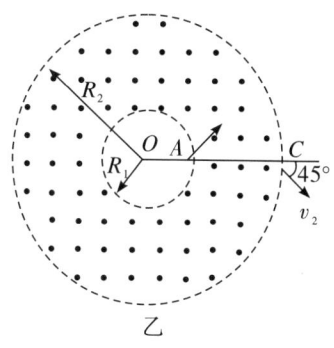

图 5-50

（1）已知粒子从外圆上以速度 v_1 射出，求粒子在 A 点的初速度 v_0。

（2）若撤去电场，如图 5-50 乙，已知粒子从 OA 延长线与外圆的交点 C 以速度 v_2 射出，方向与 OA 延长线成 45°角，求磁感应强度的大小及粒子在磁场中运动的时间。

（3）在图 5-50 乙中，若粒子从 A 点进入磁场，速度大小为 v_3，方向不确定，要使粒子一定能够从外圆射出，磁感应强度应小于多少？

选题意图：电场、磁场题是每年会涉及的考试题，磁场几乎隔一年一考。通常通过磁场边界问题或临界问题来考查学生对磁场的认识，考查牛顿运动定律，考查学生运用几何知识的能力。

答案：（1）$v_0 = \sqrt{v_1^2 - \dfrac{2qU}{m}}$ （2）$t = \dfrac{\sqrt{2}\pi R_0}{2v_2}$ （3）$\dfrac{2mv_3}{q(R_2 + R_1)}$

2. 如图 5-51 所示，以 A、B 和 C、D 为端点的两半圆形光滑轨道固定于竖直平面内，一滑板静止在光滑水平地面上，左端紧靠 B 点，上表面所在平面与两半圆分别相切于 B、C。一物块被轻放在水平匀速运动的传送带上 E 点，运动到 A 时刚好与传送带速度相同，然后经 A 沿半圆轨道滑下，再经 B 滑上滑板，滑板运动到 C 时被牢固粘连，物块可视为质点，质量为 m，滑板质量 $M = 2m$，两半圆半径均为 R，板长 $l = 6.5R$，板右端到 C 的距离 L 在 $R < L < 5R$ 范围内取值，正距 A 为 $S = 5R$，物块与传送带、物块与滑板间的动摩擦因数均为 0.5，重力加速度取 g。

（1）求物块滑到 B 点的速度大小；

（2）试讨论物块从滑上滑板到离开滑板右端的过程中，克服摩擦力做的功 W_f 与 L 的关系，并判断物块能否滑到 CD 轨道的中点。

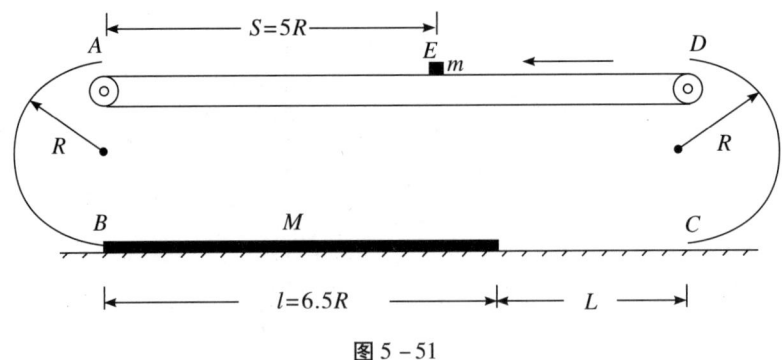

图 5-51

选题意图：通过高考升学原题复习综合题。这种题通过几个过程的组合形成一道综合性强的题，考查的知识面宽，涉及的物理规律多，是全面考查学生能力的一道题。

答案：（1）$v_B = 3\sqrt{gR}$ （2）①$R < L < 2R$ 时，$W_f = \mu mg(l+L) = \frac{1}{2}mg(6.5R+L)$ ②$2R \leq L < 5R$ 时，$W_f = \mu mgx_2 + \mu mg(l - \Delta x) = 4.25mgR < 4.5mgR$，即滑块速度不为0，滑上右侧轨道。滑块不能滑到 CD 轨道中点。

上述两题为2011年广东物理高考计算题，内容涉及电磁学和力学综合两大方面。第35题题设情境简单，问题有三个，但关联性不大，学生比较容易得分，至少是部分得分。第36题运动情境比较复杂，问题设置有关联，有梯度，特别是最后一问需要讨论，难度较大，是选拔考生的关键性问题。对运动情境把握正确，物理规律表达规范，临界状态区分到位，讨论问题节奏明确，是学生获取高分所要做到的。在复习过程中，注重物理基本模型的练习，熟练掌握这些模型的基本思路、基本解法，然后突出各种经典物理模型的组合，老树发新枝，通过不同方式的模型组合，提高学生的综合分析能力。

题型复习，不仅是让学生熟悉高考的题型特点，更重要的是让学生充分了解高中物理知识在各种不同题型中的分布、熟练掌握不同题型的处理技巧和方法，使学生在高考复习中更加有的放矢，在考试中能更加自如地面对。

第二轮复习目标，首要的任务是要把整个高中的知识网络化、系统化；另外，要在理解的基础上，进一步强化综合运用各部分知识的能力，实现有效提升学科成绩的目的。这一阶段复习的指导思想是：突出主干知识，突破疑点、难点；关注热点和《考试说明》中新增点、变化点。

第二轮复习的中心工作是：

①查漏补缺：针对第一轮复习存在的问题，进一步强化基础知识的复习

和基本技能的训练,进一步巩固基础知识和提高基本能力,进一步强化规范解题的训练。

②知识重组:把所学的知识连成线、铺成面、织成网,梳理知识结构,使之有机结合在一起,以达到提高多角度、多途径地分析和解决问题的能力的目的。

③提升能力:建立知识网,一是为了提高解题速度和解题技巧,二是为了提升规范解题能力,三是为了提高实验操作能力。在第二轮复习中,重点在提高能力上下功夫,把目标瞄准中档题。

题型复习目录

选择题专题　01　力与运动
选择题专题　02　万有引力
选择题专题　03　功与能
选择题专题　04　电场与磁场
选择题专题　05　交流电
选择题专题　06　热学
选择题专题　07　原子物理
实验题专题　01　力学实验
实验题专题　02　电学实验
计算题专题　01　机械能与动量
计算题专题　02　带粒子在电场、磁场中的运动
计算题专题　03　电磁感应综合
综合训练(一)~(八)

五、高三模拟训练

无论是在高三不同时段的复习进行中,或是各类复习结束时,还是最后的冲刺阶段,都要研究高考题的特点,进行模拟考试训练。作为高三的一线教师,我们应从以下几个方面认识模拟考试。

(一)高三模拟考试的目的

通过考查,确定高考复习的应考策略,制订适合学生实际的复习方案、复习进度,加强重点、要点内容复习,加强薄弱部分的复习等。

(二)2010—2012年广东省高考理科综合物理题特点分析

2010—2012年广东省高考理科综合物理题具有以下特点:

(1) 注重理论联系实际，注重时代性和实践性。关注科学技术和社会、经济发展、生态环境之间的协调发展。

(2) 重视考查基础（双基）。重点考查学生应知应会的知识，涉及内容多，知识要求Ⅰ和Ⅱ的都有。覆盖面广，能比较全面地反映学生对物理学习的基本情况，较全面地考查学生的基本功和学科素养。

(3) 突出实验实践过程的考查。实验试题的设置力求符合只有做过实验才能得高分的导向。注重学生的实验实践活动，使学生在实践活动中体验获得过程的喜悦，培养兴趣，培养研究能力。

(4) 组合计算题考查知识点涵盖面广。因为考试题数减少，使得考题的命制受到限制，为了考查尽可能多的知识，通过组合考查可以增加知识考查的覆盖面，可以考查学生对知识的迁移能力、重组能力、创新能力和对物理问题的综合分析能力。

(5) 对各类"图"的考查是热点。用各种图象描述问题是学生走向社会的重要必备技能之一，是物理学习的一种重要手段。物理总是通过数学图形形象直观地在多个知识点间建立起联系。

(6) 讨论判断体现试题的开放性。开放性试题在考查学生思维的严谨性、灵活性、创新性上更为突出。由于开放性试题尤其注意探究性的、生成性的考查，所以在新课程学生评价与实践中受到了越来越多的关注。

（三）命制模拟试卷的原则

在形式上既要符合高考考试的特点，又要符合物理学科的特点。

在内容上要紧扣"新课标纲要"和"高考考试大纲"，注重基础，突出主干，还要考虑知识内容的覆盖面。

在考试功能上注重能力考查，重视理论联系实际，考查学生构建物理情境，以及描述、分析和解决问题的能力。

（四）命制试卷的方法及能力要求

1. 命制试卷前的准备工作

(1) 领会某次考试的地位、作用、性质。初中物理考试应具备教育功能、发展功能、导向功能、反馈功能、调控功能，有的还要有选拔功能。初中物理考试的命题应以能发挥上述功能为原则。

高中物理考试，应紧盯高考的选拔性考试性质。高校是根据考生的考试成绩择优录取。因此高考必须具有较高的信度、效度和必要的区分度。

(2) 试卷的编写原则。命题应以现行的物理课程标准和教材为依据，结合教学实际，着重测试学生的基础知识和基本能力，适当考查学生综合运用知识的能力。试题应是起点低、坡度缓、层次清、终点高，题型结构应合理，语言表述要清楚、准确、严谨、规范，特别是要无科学性错误。

（3）注意素材的积累。有些教师常常使用往年的原卷敷衍了事。每届的学生学情都有不同，往年的试卷不一定适合本届学生，这样做并不具有针对性，会影响测试的信度和效度。还有些教师平时不注重积累，等到是命制试卷时才开始上网下载试题。而网上的试题有相当一部分是不完整的，甚至是错的，临时上网搜索很难发现优质试题。因此，教师在教学中要有意识地积累各种素材，可以把优秀试题存入指定文件夹，并进行排版、归类，若是纸质试题，可以在相关网站找出原题，如菁优网、魔方格、为您服务教育网、人教社网站等。平时养成积累素材的习惯，不仅能提高教师自身的教学水平，也能大大提高命题的质量，达到事半功倍的效果。

（4）命题过程中需考虑的一些技术指标：难度、区分度、信度、效度。

（5）学会估测试题及试卷的难度，控制试卷长度。试题难度一般用字母 P 表示，P 越大表示试题越简单，P 越小表示试题越难。试题要有梯度，因此各试题的难度应有不同，这是命制试题时要特别加以考虑的。难度系数计算公式为 $P=$ 平均分/满分值。命题前首先要科学地制定双向细目表，然后对照考点及难度分布做适当的调整，根据双向细目表的内容很容易预估整份试卷的难度。一般认为，试题的难度系数在 0.3~0.7 之间，整份试卷的平均难度系数最好掌握在 0.5 左右，高于 0.7 和低于 0.3 的试题不能太多。如果作为质检卷，易、中、难的比例为 3∶5∶2，或 3∶6∶1 比较合适，或者中低档题占 8 成；整卷阅读量约 2 500 字左右，试卷的长度要求保证 60% 的学生能在有效时间内完成答卷。

2. 命制试卷程序

命题的一般程序是：制定双向细目表→利用平时收集整理的素材制作试题→组卷→试题的打磨→编写参考答案和评分标准→排版校对定稿。

（1）制定双向细目表。所谓"双向细目表"，实际上就是教材内容和学习结果两个维度，其中一维反映教学的内容，另一维反映学生的学识水平。目前在"学识水平"这一维，普遍采用布卢姆关于认知领域教育目标的分类，即把学习结果或认知水平分为"识记、理解、应用、分析、综合、评价"六种水平。为了发挥考题的功能，贯彻命题的原则，体现知识和能力的要求，命题人员要反复研究大纲和教材，从而掌握初、高中阶段所学知识脉络、能力要求与层次。在此基础上，制定《双向细目表》。

《双向细目表》是一种反映考查内容和考查要求的纵横两向的表格。表格的其中一项是试题的考查内容。考查内容可分若干级列项，包括该试卷各大题里每小题所考查的知识点是什么，权重分为多少；分级可粗可细，应结合学科的特点和测试的目的，做出科学合理的划分；项目之间不宜交叉重复，也不能出现漏洞，各项内容的总和恰是全部的测试内容。另一项是考查要求的不同层次，一般分为3~4个层次为宜，层次的划分需要结合学科的特点，符合认知心理学的原理，不同层次由低到高，而且后一个层次的要求应包含前一个层次的要求。物理科的测试一般分为了解、理解、掌握和应用四个层次。

《双向细目表》的编制有多种格式，但无论哪一种，都应该能够贯彻考试意图，确定考查知识点的覆盖面（覆盖面通常要达考试范围80%以上），反映考试的能力要求，预测难度，并反映各题和全卷的难易度。

《双向细目表》是设计试卷的依据和蓝图，因此编制好《双向细目表》是做好命题的前提。它能显示试卷的整体结构，各道试题的考查内容、考查要求以及在试卷中的位置（题号）也都记录在案，有效地避免命题工作的随意性和盲目性，体现规划性，使命题工作能把握目标、提高质量。《双向细目表》一经确定，整个试卷的雏形便出来了，在命题的过程中不要轻易改动。接着，就是按照《双向细目表》选取或制作习题了。如表5-10所示。

表5-10 双向细目表

题型	题号	考试要求			知识领域	难度系数			分值
		a	b	c		0.8以上	0.6~0.8	0.4~0.6	
单项选择题	1	3			物理学史	3			3
	2	3			惯性的概念	3			3
	3	3			牛顿第三定律、运动学	3			3
	4		3		超重与失重		3		3
	5	3			平均速度的概念	3			3
	6	3			加速度的概念	3			3
	7		3		运用牛顿第二定律求解加速度	3			3
	8		3		平衡力与作用力、反作用力的辨析		3		3
	9		3		速度图象的应用			3	3
	10			3	受力分析并求力			3	3

续上表

题型	题号	考试要求			知识领域	难度系数			分值
		a	b	c		0.8以上	0.6~0.8	0.4~0.6	
双项选择题	11	5			运用超重概念计算加速度并判断物体运动情况	5			5
	12		5		运用牛顿第二定律计算运动学量		5		5
	13	5			自由落体运动规律的应用		5		5
	14		5		受力分析		5		5
	15			5	运用图表信息计算运动学量			5	5
实验	16		12		实验探究：测定动摩擦因数	4	6	2	12
计算题	17	2	5		受力分析进而求力	2	5		7
	18		8		牛顿第二定律应用		8		8
	19		3	5	牛顿第二定律应用		8		8
	20			10	动力学信息综合题		8	2	10
合计		30	47	23		32	53	15	100

注：考试要求 a 为了解，b 为理解掌握，c 为应用

（2）制作试题。试题的制作是最重要的环节，它首先要选题，选题包含选择考试的物理内容及其情境的呈现方式，其中情境以联系生产生活实践及新颖性为佳。这要求教师具有丰富的实践经验和一双慧眼。其次是改编试题，需要在原有优质试题的基础上，充分体现编者的理解、思考和设计意图。再次是原创题，一份试卷必然要有几道原创题，这部分新题的出现，会让学生耳目一新。高考也常常出新题考查学生，其好处主要是能较好地考查学生的各种能力，特别是考查学生的创新意识，避免学生死记硬背。命制原创题对命题者的要求很高，试题要体现科学性、规范性和创新性，必须考虑周全，否则很容易出错。命制原创题最好能通过部分测试后再来考核学生。

（3）组卷。组卷环节：先确定一道有一定区分度的实验题，通常有一问较难；然后是最后一道综合性较强的计算压轴题；最后确定比较有难度的一至两道选择题，剩下的就参照《双向细目表》进行组卷。

（4）试题的打磨。

①调试难度及难度的控制。

a. 降低难度的常用策略。改非选择题为选择题、改多项选择题为单项选择题；在非选择题中增加铺垫性的设问，即多设问，降低赋分值；把计算

题难度大的设问赋分减少。

b. 增加难度的策略。改选择题为非选择题、改单项选择题为多项选择题；减少设问，增加赋分值等。

②各种题型命题注意事项。

a. 选择题。正确选项和干扰项要随机排列顺序，但正确答案一般相对靠后，比较集中于（C）（D）选项，一般而言，（A）选项占1/6，（B）选项占1/6，（C）选项占1/3，（D）选项占1/3。

b. 非选择题。题干应在正确表达意境的基础上尽量减少文字量，注意图文匹配，图文互补；以一个核心知识点发散出思维地图进行知识的整合、优化、筛选进行命题；少考查陈述性知识，多考查程序性知识；等等。

整卷一般先命好非选择题部分再命制选择题部分，以便于调控知识点的分布；全部试题应避免重复现象，即便涉及同一知识的多个题目之间，考查应有不同的侧重点，或者处于认知水平的不同层次；一份测试卷应避免出现前面的题目为后面的题目提供正确答案的线索这类现象。

③习题的翻新、改编和创新。高考和中考为了体现公平性，旧题很少或者没有。我们在命制试题时应少用陈题，多用翻新题。用翻新题的好处主要在于能较好地考查学生的各种能力，能避免死记硬背、不爱动脑筋的学生得高分。但要注意在命制物理试题和改编物理试题时仔细推敲，认真考虑，避免出现科学性错误或与实际不相符合的说法。改编试题是对原有试题进行改造，使之从形式上、考查功能上发生改变而成为新题。具体做法如下：

a. 转换题型：把非选择题改为选择题。很多非选择题的命题材料很好，从考查内容和考查功能上来看往往是很经典的题型，出现较早，各种资料上都有，因显得陈旧而往往被忽视。但如将其压缩、升华或从其他角度设问，辅以选择项的巧妙设计，就可以变为一道新颖的选择题，其难度可升可降，因材而异。相反也可把经典的选择题用于计算题的设问中。

b. 重组整合：虎头蛇尾、张冠李戴、形式多样、结构复杂，既可实现同一题型间的重组，也可实现不同题型的重新组合。通常是根据考查目标、考查内容来确定命题材料的重组，然后设问。

c. 改变考查目标：如把对某一概念侧重于文字表达能力的考查改为图形转换能力的考查或计算能力的考查、实验能力的考查等。

一般情况下，改编而来的试题的难度往往会相应提高，但这是对现有材料的深度挖掘，带有一定的新颖性和创造性，是改编试题的优点。

（5）参考答案和评分标准的制定。参考答案的书写要科学规范且准确无误，即方程独立一行，最后答案也另起一行，不要把方程淹没在文字中，要有适当的文字说明。参考答案的赋分要合理恰当。

评分标准的制定要尽可能详细和具有可操作性，要有书写工整、计算准确和规范化答题的要求，以提高评分的客观性和准确性。

（6）排版校对定稿。《普通高中物理课程标准》明确指出：版式要新颖，恰当处理版面和内容的关系，力求全文图文均衡、图文并茂、相得益彰。排版时最好按照如下要求：首行悬挂或首行缩进2字符；标题字号为小三，字体为宋体；大题题头（如选择题、计算题等）为五号，黑体；正文为五号，宋体。为避免文中物理符号错乱，可先全选，用宋体，再换成"Times New Roman"，物理量用斜体，单位用正体，并注意上下脚标和字母的大小写，数字与单位间要留一字符空格，如：

$F = 10$ N，$B = 2$ T，$t = 3$ s，$S = 4$ m^2，$s = 5$ m

另外，排版时能巧妙利用格式刷和复制粘贴按钮，会达到事半功倍的效果。

校对工作是试题命制工作的重要环节，是编辑工作的必要延续，是一种文字性、学识性的创造性劳动。它可将各种差错消灭在印刷之前，从而保证试题的质量。校对时要统一检查物理量符号是否规范，如是否要用到"g 取 10 m/s^{2}或重力加速度为 g"等。

3. 试卷不同题型的能力要求

当前高考试卷有单项选择、双项选择、非选择三种形式，分别考查不同要求的知识内容，命制质量监测试题时要对应这三种形式的题型，同时对应不同的考查内容和能力要求。

（1）选择题部分有单项和双项选择题两种形式。

①选择题的要求：基础考查要到位，知识覆盖面要广，能力层次要兼顾，联系实际不牵强。命题时一定要明确：选哪些知识点？考学生的什么能力？为什么这样选题？下面以能力层次举例说明。

a. 了解、识记的知识点：如交变电流、电场的描述及性质（静电的应用等）、原子核。

【命题示例】一正弦交流电的电压随时间变化规律如图5-52，则该交流电（　　）

A. 电压瞬时值表达式为 $u = 100\sin(25t)$ V

B. 周期为 0.02 s

C. 电压有效值为 $100\sqrt{2}$ V

D. 频率为 25 Hz

命题目标：考查内容有交流电的函

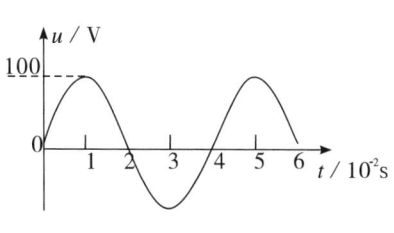

图 5-52

数表达式、有效值、周期和频率等，都要求了解和识记。

答案：B

b. 理解的知识点：如万有引力、油膜法测分子大小的实验原理、楞次定律等。

【命题示例】如图 5－53 所示，两个接触面平滑的铅柱压紧后悬挂起来，下面的铅柱不脱落，主要原因是（　　）

A. 铅分子做无规则热运动
B. 铅柱受到大气压力作用
C. 铅柱间存在万有引力作用
D. 铅柱间存在分子引力作用

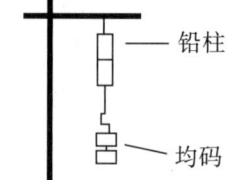

图 5－53

命题目标：考查分子力、大气压力、万有引力之间的区别。考查要求是 I 级的内容，但能力上属理解层次，只要学生对分子力的性质、大气压力的特点、万有引力的特点理解到位，就不难完成本题的求解。

答案：D

c. 分析、推理的知识点：如运动的合成与分解、气体性质、内能、共点力平衡、形变、弹性、平抛运动、带电粒子在匀强磁场中运动等。

【命题示例】图 5－54 为"北斗一号"A 地球同步卫星和"北斗二号"B 地球导航卫星的运动轨迹，则 B 在运行时（　　）

A. 相对 A 静止
B. 周期比 A 的小
C. 线速度比 A 的大
D. 向心加速度比 A 小

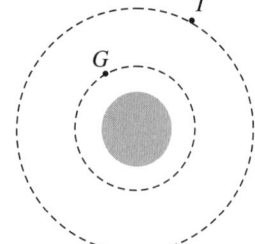

图 5－54

命题目标：涉及的考点为环绕速度考纲要求是 II。要求通过分析、推导进行比较两颗卫星运动参量的关系。这里只要理解卫星做匀速圆周运动的向心力来源是卫星和地球间的万有引力，就能写出式子 $G\dfrac{Mm}{r^2} = m\dfrac{v^2}{r} = mr\omega^2 = mr\dfrac{4\pi^2}{T^2} = ma_n$，就能顺利地推导出相应的线速度、周期和向心加速度的表达式 $v = \sqrt{\dfrac{GM}{r}}$，$T = 2\pi\sqrt{\dfrac{r^3}{GM}}$ 和 $a_n = \dfrac{GM}{r^2}$，就可以确定正确答案。

答案：BC

(2) 非选择题有实验题和计算题两种形式。

①实验题的要求：重实验操作，重学习过程的考查。通过细节的考查来

检查学生是否亲手做过实验,只有亲自动过手才有可能了解细节;通过对教材内容的重组来检查学生是否经历了学习过程,学生在学校的学习不能脱离对教科书的学习。

【命题示例】某同学测量一只未知阻值的电阻。

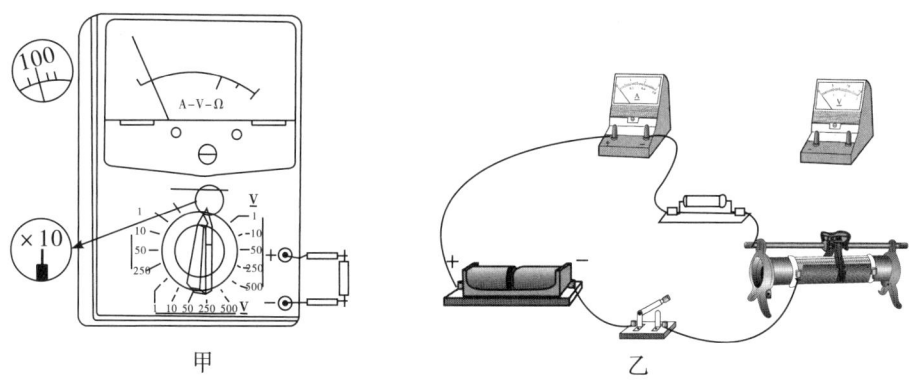

图 5-55

a. 他先用万用表初步测量,将选择开关旋至"×10"档,进行欧姆调零后进行测量,结果如图 5-55 甲所示。其阻值为_____。为了使测量的结果更精确些,选择开关应调到_____档;

b. 若该同学再用"伏安法"测量该电阻,所用器材如图 5-55 乙所示,其中电压表内阻约为 5 kΩ,电流表内阻约为 5 Ω,滑动变阻器阻值为 50 Ω。

图 5-55 乙中部分连线已经连接好,为了尽可能准确地测量,请你完成其余的连线;用此种方法测得的电阻值将_____(填"大于""小于"或"等于")被测电阻的实际阻值。

答案:a. 1 000 Ω,×100;b. 连线如图 5-56 所示,大于。

命题目标:本题考查的知识点有多用表测电阻的方法、伏安法测电阻原理及误差分析、供电电路的接法(分压式或限流式)选择等。考查了实验的基本原理、实验过程和分析推理能力。

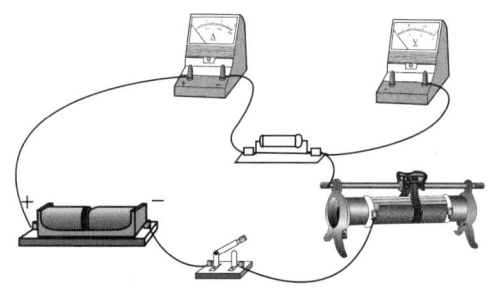

图 5-56

【命题示例2】 某同学在做"探究小车速度随时间变化规律"的实验时，得到一条点迹清晰的纸带如图5-57，在纸带上依次选出7个计数点，分别标以 O、A、B、C、D、E 和 F，每相邻的两个计数点间还有四个点未画出，打点计时器所用电源的频率是 50 Hz。

```
| O  | A  | B  | C  | D  | E  | F |
 | S₁ | S₂ | S₃ | S₄ | S₅ | S₆ |
```

图 5-57

a. 如果测得 C、D 两点间距 $S_4 = 2.70$ cm，D、E 两点间距 $S_5 = 2.90$ cm，则据此数据计算在打 D 点时小车的速度公式为_____，小车的速度值 $v_D =$ _____ m/s。（保留三位有效数字）

b. 该同学分别算出其他速度：$v_A = 0.220$ m/s，$v_B = 0.241$ m/s，$v_C = 0.258$ m/s，$v_E = 0.300$ m/s，请设计实验数据记录表格填入框中，并在坐标系中作出小车运动的 $v-t$ 图象，设 O 点为计时起点。

c. 由所作 $v-t$ 图象判断，小车所做的运动为_____。

实验数据记录表格：

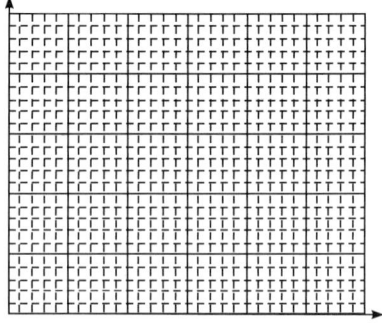

命题目标：考查学生理解、分析和推理能力。计算 D 点的速度考查了对实验原理的理解、数据处理的方法，以及数学运算能力。画出 $v-t$ 图，考查学生对信息处理的认识。图象反映的物理规律、函数的表达式，曲线的斜率代表的物理量，曲线所围面积代表的物理量，两坐标代表的物理量，这些都是与实验原理的结合；用图来计算相关的物理量，也包括处理的方法。

答案：a. $v_D = \dfrac{S_4 + S_5}{2T}$；0.280

b.

时间 t/s	0.1	0.2	0.3	0.4	0.5
速度 v/（m·s⁻¹）	0.220	0.241	0.258	0.280	0.300

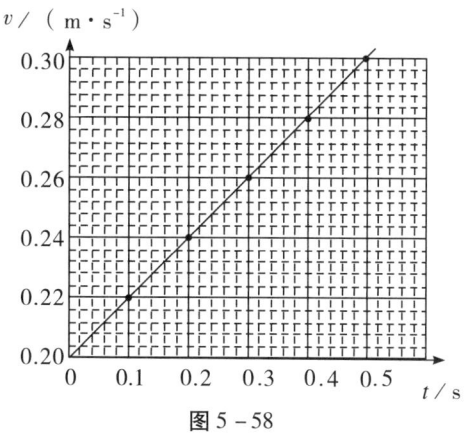

图 5-58

c. 匀加速直线运动。

②计算题的要求：合理组合，重视基础、突出过程、体现能力。

常见的组合方式：与电磁感应、闭合电路欧姆定律、牛顿运动定律和焦耳定律等组合；与牛顿运动定律、动量守恒定律和能量守恒定律等组合；电场和磁场与牛顿运动定律等的组合。

通过组合题能使考查的知识点涵盖面更广，能将主干知识考查的范围扩大，更能考查学生分析问题和解决问题的能力。

【命题示例】如图 5-58 所示，木板 A 静止在光滑水平面上，其左端与固定台阶相距 x。与滑块 B（可视为质点）相连的细线一端固定在 O 点。水平拉直细线并给 B 一个竖直向下的初速度，当 B 到达最低点时，细线恰好被拉断，B 从 A 右端的上表面水平滑入，A 与台阶碰撞无机械能损失，不计空气阻力。

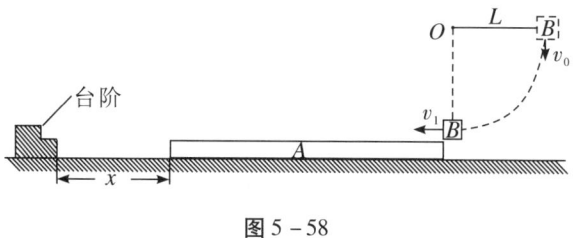

图 5-58

已知 A 的质量为 $2m$，B 的质量为 m，A、B 之间动摩擦因数为 μ；细线长为 L，能承受的最大拉力为 B 重力的 5 倍；A 足够长，B 不会从 A 表面滑出；重力加速度为 g。

(1) 求 B 的初速度大小 v_0 和细线被拉断瞬间 B 的速度大小 v_1；

(2) A 与台阶只发生一次碰撞，求 x 满足的条件；

(3) 在 x 满足（2）条件下，讨论 A 与台阶碰撞前瞬间的速度。

命题目标：本题考查的物理过程有圆周运动、滑板的相对运动问题、碰撞。以圆周运动为桥梁，涉及机械能守恒和向心力的计算，即 $\frac{1}{2}mv_0^2 + mgL = \frac{1}{2}mv_1^2$，$T = mg = m\frac{v_1^2}{L}$，属常见的基本问题。板块的相对运动问题，是平时训练的重点。A 与台阶只碰一次，这是一个物理条件，考查对动量的理解，对学生的分析、推理能力要求比较高：A 只碰一次，即 A 碰后一直向右运动，要联想到对应的物理情境，对系统进行全面分析；A 运动受 B 的影响，寻找隐含条件。哪个物理量可以控制 A 不再向左运动？最后得出 $|2mv_A| \geq |mv_B|$。求 A 与台阶碰前的速度，这是一个受几何约束的问题，考查思维能力，该问对思维能力要求较高，对思维的发散度有一定的要求。x 很大会如何？x 很小会如何？分类进行比较，思维要严密。最后找临界条件，处理临界问题。临界问题的一般处理方法——动态问题静态处理。

解析：略。

（五）试卷分析

考后对学生答题情况及试题进行分析并提出教学建议。

1. 数据分析

（1）各题均分及难度。

（2）得分分布曲线。

学生答题情况及对答题情况的详细数据分析，分第一卷客观题（选择题）和第二卷主观题（实验题和计算题）两个方面分析：其中第一卷客观题（选择题）分析学生答题情况和各小题各项指标；第二卷主观题（实验题和计算题）分析学生答题情况及各小题学生答题情况的详细说明（阅卷情况说明）。第二卷主观题还要分析各小题的各项指标：难度、区分度（一般用极端分组法和相关系数法分析）、标准差及信度分析。

2. 试题分析

对每一个题答题情况进行分析评估，找出成功的地方，找出出错的原因，以便于讲评试卷时有所参考。

3. 教学建议

要通过考试情况给教师们提出建议，因为在很大程度上，教师的引导，对学生复习的效果起着决定性的作用。对试卷进行讲评，对本次考试出现的问题进行细致讲解。

（1）复习前科学地制订复习计划。事先制订好整个高三一学年的复习计划，才能使复习过程有条理、有次序地进行，才能使学生和教师心中有数，否则就会出现复习过程前松后紧，或者前紧后松，达不到想要的复习效果。

如何制好复习计划呢？总体来讲，要有明确的时间段、复习内容、复习目标、复习模式及资料来源和相关注意事项。复习各个阶段的时间安排必须具体到某天，某章节复习多少天，哪天测试，哪天评卷，哪些天的节假日要除去。具体的复习进度大致如下：第一轮复习，要求在第一学期期中前（11月初）结束力学，期末前（1月初）结束电磁学；在第二学期广州一模前［3月初（或中旬）］完成热学、光学和原子物理的复习。第二轮复习，要求在3月底（或4月初）完成实验的复习，并进入专题复习。第三轮复习，要求在4月底（或5月初）开始进行，一般以广州二模为第二轮和第三轮复习时间的分界点。

（2）注重复习题的选讲，加强知识、能力和方法训练。首先是选题，教师通过自己先做题，精选适合自己学生的习题，要难易适中，教师必须先做，要注意目的性、针对性、有效性，不盲目用题。只有教师亲自一道一道（或一套一套）地做题，才会知道该题（或该套题）质量高不高，难度大不大，针对哪个（或哪些）知识点、属于哪类题型，等心中有数了再决定是否用这道（或这套）题，这样学生做题有兴趣，教师讲题有劲头，课堂就会有所收获。由于现今广东高考理综物理试题的难度大大降低，要求第一轮复习重在对基础知识的全面掌握和对基本定律的深刻理解应用，所以选题不宜太难，否则会把大量时间耗在分析复杂的物理过程、烦琐的数学运算、狭隘的范围讨论上面，这样会大大干扰和削弱学生对基础知识、基本定律、基本方法的理解和掌握。

其次是讲解习题，加强学生审题能力训练，教师适时点拨、总结、归纳。试题讲评是高三复习的主要环节，很多学生感到物理课听起来容易做起题来难，其实很多情况下并不是题目难，而是没认真审题，或没习惯审题，或根本就不会审题，理解不到题意所指。所以在进行习题讲解前，教会学生如何审题特别重要，要教会学生从抓住关键词、排除干扰项、挖掘隐含条件、图表和括号中的说明等方面去读懂题、理解题、审好题，使学生一做题就有一种主动审题的意识。审题过程可以归纳为八个字：眼看、嘴读、手画、脑思。

另外，学生不会解题有时并不是完全不懂或完全不会做，大多数情况下就差那么一点点，被某一个知识点卡住，教师此时应该细心观察，发现学生的知识漏洞，适时点拨，千万不要一时性急包办一切，进行"满堂灌"教学，那样学生可能更烦，教师也更辛苦，而且收效甚微。

高考重视学科思想方法的考查。物理必修一和必修二是一轮复习的重点，几乎包含所有的物理思想方法，复习时要加以重视，使学生掌握常规的解题方法。复习时习题不宜多，要适量，不要搞题海战术。怎样才能跳出题海呢？最有效的办法就是在复习过程中注意归纳题型，总结各类试题的解决方法，尽量告诉学生一些"通法通解"，少搞巧解，因为考场的紧张气氛会使绝大多数学生只能惯性思维，第一时间都会使用常规解法，如果教学花大量的时间去寻找解题"捷径"，这样会得不偿失。要跳出题海还要求教师要对典型问题着重分析，明确基本的解题思路，通过一题多解、一题多变、多题归一等变式训练，帮助学生总结不同模型的解题方法，提高学生的解题能力。

教师在物理复习过程中还要注意适时地、系统地将科学方法，如模型法、整体法、隔离法、图象法、逆向思维法、对称法、极端思维法、等效法、类比和迁移法等进行归纳和总结，使之有利于学生消化吸收，帮助学生领悟其精髓，从而提高学生的学习能力。

（3）课后抓落实。每章节复习完了要有一个章节考，每周要有个周末练。在教学中常常强调讲练要结合，既要讲还要练。只讲不练，就是没有落实到位，学生有什么问题也不能暴露出来，教学就失去了针对性。所以教师要重视落实环节，让学生既听懂又会做。要求学生在平时做题时按照高考的标准规范解题过程，认真书写，尤其要有必要的文字表述。答题时不但要重视结果，更要重视过程。

教师在组织学生复习时要了解学生在知识理解和运用中存在的问题，并查找原因，尽快解决，不留知识漏洞。因为物理概念之间是相互联系的，如果存在断点，会影响对其他内容的理解。因此，教师在教学中要从学生的错误和问题出发进行有针对性的教学，否则，学生理解了的内容，教师仍花很多时间讲解，学生不懂的地方教师却没有涉及，教学与学生的实际需求不吻合，就不会收到很好的教学效果。

总之，在复习备考时，教师要选择恰当的教学方法和复习策略，精心设计复习的各个环节，围绕提高学生能力这一目标下功夫。尽管近几年来教材在变，大纲在变，高考试题也在变，但高考对基本概念、基本规律、主干知识和主要方法的考查没有变。在备考复习中，不仅要求学生记住这些知识，而且还要深刻理解，熟练运用，既要"知其然"，又要"知其所以然"。要立足于基础知识的掌握，把握好知识点的内涵和外延，明确知识点之间的内在联系，形成系统、完整的知识网络，提高复习效率。

（4）命题的反思和改进意见。本次模拟考试的各项原始数据，为我们以后的命题提供了翔实有价值的资料，现对物理科的命题建议如下：

①考查物理主干知识和基本物理规律、概念不能动摇。从考试结果来看，试卷各项指标均在允许的范围内，说明我们在平时的考试中"双基"训练得比较到位。在平时命题时要充分重视对基础知识和基本技能的考查，要及时矫正学生在基础训练中出现的错误，反复考查，以清除学习中的盲点和误区，比如选修3-3和选修3-5中的某些偏僻内容。

②充分发挥每一种题型的考查和选拔功能，不同的题型有不同的考查功能，不同的知识点也适合不同的题型。如选择题，多考查学生对物理概念、物理规律的理解，命题时刻意弱化该题型的计算要求，尽量减少文字量，充分利用图表，多从教材上挖掘图片，使考生在最短的时间内把握题意，以大幅降低选择题的难度，从而达到考查学生的理解能力和逻辑推理能力的目的。填空题，主要以实验题为主，侧重于对实验原理、实验方法的理解和应用，着重考查学生对基本实验方法的迁移和灵活运用能力，建议设计一力一电两个小实验，且将每个实验题的各个小问衔接得更自然更紧密些。计算题要着重考查学生对物理过程的分析、建立物理模型，及运用数学解决物理问题的综合能力，命题时可以设计一力一电，力求原创有新意。最后一题多设容易入手的小问，最后一小问要适当增强思维过程，要求能体现较新颖的思维和有较好的区分度。计算题的题干文字尽量简明扼要，有数字运算的尽量减少计算量或最好用字母运算以保证整体的时间够用。

③命题要三科协调、有全局观。现在实行的理科综合考试总的来说题量大，时间紧，很多考生考完后总说物理最后一题会写但没时间做，其原因不仅和物理试题本身难度有关，也和相应的生物、化学学科的习题阅读量及难度有关，因此建议在命题时，三个学科相互协调，避免出现由于生物或化学的难度而间接影响到物理计算题的答题进度和质量。

（六）模拟试卷讲评

物理试卷讲评课是考试之后，教师对试题进行评价和讲析的一种课型，也是高中物理教学中一种常见的、重要的课型，其目的在于帮助学生纠正错误、巩固三基、规范解答、熟练技巧、开阔思路、提高能力。然而很多物理教师只重视批改和分数，却在怎样讲评试卷上备课不够；很多教师采用公布答案、逐题讲解的形式，在讲解的过程中就题论题、面面俱到、目标不明确、重点不突出，教师没有创新，学生缺乏激情，教学效果较差。为提高试卷讲评的效率，本文就如何进行物理试卷讲评进行一些思索和探究。

试卷讲评质量的高低直接影响学生的学习成绩和教师的教学质量。在这里，笔者首先分析了在高中物理教学中试卷讲评课存在的问题，然后论述了试卷讲评所要遵循的基本原则，最后提出了物理试卷讲评课所要采用的教学方法策略。

1. 升学考试复习中的试卷讲评存在的问题

（1）没有仔细研究试题，讲解主次、详略不分。教师在讲评试卷之前，仅仅是自己做了答案，没有根据试题去分析教学大纲和考纲，自己没有把握住重点、难点；没有对学生的答题情况做详细的分析，不了解学生对知识的掌握程度与实际需求，结果导致在讲评的过程中，眉毛胡子一把抓，重点不突出，难点不突破，学生想听的地方教师没讲，不想听的教师讲个没完，一堂课下来，教师讲得身心疲惫，学生听得恹恹欲睡。

（2）只重视解题过程，忽视解题方法的指导。教师在试卷讲评之前缺乏对学生错误原因的深入研究，讲评时往往只注意对错题的纠正，强调正确的解答，而忽略学生出错的知识点和错误形成的原因；在讲评中对学生缺乏解题方法的指导，学生听完之后还是一知半解，似懂非懂，下次碰到同类型的问题时，还会犯同样的错误。

（3）教师"一言堂"，学生缺乏参与。在试卷讲评课上，很多教师生怕某个题、某个环节没讲清楚，所以课堂上都是自己讲，没有与学生互动，学生根本没有思考和消化吸收的时间。其实有些题是不需要教师讲评的，有些题只要略讲，而有些题则需要详细讲解。基于学生考完之后对试卷有一定的把握，对难度不大的问题的处理把它"交"给学生，让学生自我反思和更正，让学生参与讲评，这样既加深了学生对问题的理解，又调动了学生课堂参与的积极性，还节省了时间，也减轻了教师的负担。对于较难的题，教师应该善于引导学生积极思考和探索，详细分析和讲解题目要点，但是很多教师却不放心学生，全程包办课堂，这样既累了自己，教学效果还很差。

2. 升学考试复习中的试卷讲评的基本原则。

（1）及时性原则。在教学过程中，我们常常发现学生在考试完之后跑到教师面前喋喋不休，问这问那，急于想知道试卷的参考答案，恨不得教师马上批改自己的试卷。教师要抓住学生的这种急于想知道结果的心理，及时地批改和讲评，因为学生考完之后在一两天之内对自己的解题思路还比较清晰，即使是试卷上做错了甚至没有做的题，他们都曾有过若干思维的火花，若不及时讲评，这些火花就会熄灭。因此考试后应做到及时反馈，及时讲评。

（2）激励性原则。教育家苏霍姆林斯基说过："教学的艺术不在于传授本领，而在于激励、唤醒和鼓舞。"在试卷讲评中，教师一定不要在课堂上批评学生，而是要善于捕捉学生身上的闪光点，可以从解题思路、解题步骤和书写格式上细心地寻找他们的闪光点，并给予充分的表扬和鼓励，使他们感受到自己的进步，从而增强他们学习物理的兴趣。特别地，对后进生更要多给他们一些关怀，要帮助他们一起分析出错的原因，对他们的错误解法要指出其合理成分，与他们共同研究出正确的解题方法，从而大大提高他们对学好物理的信心。

（3）针对性原则。在讲评试卷前要详细地研究试卷和学生答题情况，要统计出学生犯错误较多的知识点和出错的原因，并进行有针对性的讲评。在试卷讲评中切忌面面俱到，应该做到详略得当，重点突出，特别要重点分析学生在知识和思维能力方面的薄弱环节，最好能一题多解或一题多变，以此来发展学生的思维能力。

（4）差异性原则。学生个体的差异是客观存在的，每个班级学生的成绩都有好、中、差三个档次，因此在讲评试卷的过程中，也应关注学生的个体差异，对不同档次的学生有不同的要求，比如对难度不大的题目要求绝大多数同学都要熟练掌握，而难度较大的题目，只要求尖子生领会，中等生了解，对学困生不做要求。这样的要求使学生的学习更具针对性，学生学习的目标也更为明确。

（5）启发性原则。讲评试卷时，教师应根据学生答题的实际情况，精心地进行设疑、巧妙地进行提问、恰当地进行引导、耐心地进行启发，并留给学生必要的思维空间，让学生悟深、悟透，让学生在教师的引导和帮助下，通过自己的独立思考达到解决问题的目的。比如，教师在课堂上指出学生的几种典型错误，让学生自己去分析错因，并加以纠正，还可以引导学生对一些典型问题进行一题多解，对某一类相关问题进行多题一解，对有的试题还要进行变式、引申、拓广。这种让学生积极参与的讲评，可以充分调动学生的主观能动性，有助于他们养成认真思考的良好习惯，还可以使他们体会到成功的喜悦，增强学好物理的自信心。

3. 升学考试复习中的试卷讲评的基本策略

（1）做好试卷的统计分析，关注全体学生的答题情况。为了提高讲评课的课堂效率，有必要在讲评前做好对试卷的统计分析，以期在讲评中做到有的放矢。

①对考试成绩进行统计。教师要统计分数段人数的分布，根据学生的得分情况可以对试卷的难度进行判断，并对试卷做出总体评价，还要统计每题的得分率，根据得分率可以知道学生对具体某个知识点的掌握情况。

②对试卷考查的知识点进行统计。教师通过批改试卷要知道哪些知识点学生掌握较好，哪些掌握较差或是一般，哪些能力已形成，哪些能力离要求距离较远。教师还要清楚试卷中哪些题是考查的重点和难点，哪些题学生会

容易犯错误,以便在讲评中做到有的放矢。

③对错误原因进行统计。教师要对学生的典型错误进行分析,对普遍性错误要反思原因,也就是说教师要多思考"为什么学生会在这道题(这类问题)上出错"。并找出学生在概念理解和知识应用上存在的问题,在思维方式、方法上存在的缺陷,在解决问题的能力上存在的不足,这样的讲评才会击中要害。

(2) 发挥学生的主体作用,注重学生间的合作交流。在讲评试卷的前一天把试卷发给学生,让学生自己利用课余时间先独立更正,因为有些错误是不需要教师讲评学生就可以自我更正的。比如,因为对物理公式与定理记忆不牢、审题不仔细、解题欠规范、计算有差错、解题速度慢而导致的错误。通过自我纠正,学生可以发现自己存在的薄弱环节,从而在教师讲评时带着问题有针对性地听讲。

在讲评试卷的课堂中,教师应尽量向学生提供展示个人思维过程的机会,让学生充分暴露自己的错误,然后由其他学生指出错误的原因及解决方法,使学生掌握正确的解题方法。在学生分析自己解题思路的基础上,教师进行适当地评价,对创造性思维要及时呵护与鼓励,并引导学生选择简捷的解题方法。

(3) 注重对题型和方法的归纳,帮助学生形成知识网络。考试是对教学效果的有效反馈,教师讲评时切忌就题论题,应该跳出题目本身,突出物理方法,注重对题型和方法的归纳总结,对考得不好的题型进行重点剖析,从思想方法上对所学知识进行归纳总结,帮助学生形成一个有序的知识方法体系,使学生对相关知识有一个整体的再认识。例如在讲评关于物体的平衡问题时,可以如此设计教学过程:

①提问学生物体的平衡涉及哪几种情形?

②求解物体的平衡问题有哪些方法?学生会回答有合成法、分解法、整体法、隔离法等,那我们继续提问在合成和分解法中,怎样对物体进行受力分析?受力分析后怎样计算求解?用整体法和隔离法又该注意哪些问题?

③引导学生思考,我们还学习了哪些求解物体平衡问题的方法呢?学生会回答有相似三角形法、函数解析法等,再提问这些方法适用哪些平衡问题呢?这样的讲评可以达到通过一道题带出一类题,学会一道题,解决一类题的教学效果。教师的行为就是学生的榜样,在教师潜移默化的影响下,学生综合知识的能力也就会得到不断加强和提高。

(4) 要善于"借题发挥",培养学生的思维能力。在试卷讲评时,要引导学生对比正确答案,对自己的解题过程进行对比和反思,通过对比和反思,使自己对知识点之间的联系有更进一步的理解。对具有较大灵活性的典型题要作进一步的"借题发挥",提醒学生尝试一题多解或多题一解。还可以进行变式教学,将原题中的已知条件加以删减或增加,突出"变"与"不变",在变化中培养学生抓住问题本质的能力。这种训练有利于知识的系统化、网络化和结构化,有利于培养学生综合运用知识的能力和解题能力。这种变式训练可以采用由浅入深、由易到难、层层推进的方式,做到让不同档次的学生都有收获。

(5)及时订正,注重反馈,强调落实。试卷讲评后,教师应要求学生将做错题的答案全部订正在试卷上,对于出现的一些典型错误的试题还要收集在"错题集"中,并注明做错的原因,还要写出正确的解答过程。试卷讲评的结束,并不代表试卷讲评的终结,教师应该顺应讲评的题型和方法,扩大"战果",精心设计一份有针对性的练习题,作为讲评后的矫正补偿练习,让易错易混淆的问题多次在练习中出现,以此来达到矫正知识和巩固能力的目的。

总之,要想取得较好的试卷讲评效果,一定要在讲评前做好科学的试卷分析,在讲评中精选讲题,明确重点、难点,坚持以学生为主体的讲评原则,充分发挥学生的主观能动性,帮助学生纠正错误,并引导学生对错误寻根究底,重点培养学生分析问题和解决问题的能力,使学生的思维能力能得到可持续性地发展,才能达到提高学生综合能力的目的。

参考文献

著作类

[1] 李新乡，张军朋. 物理教学论［M］. 2 版. 北京：科学出版社，2009.

[2] 许国梁. 中学物理教学法［M］. 2 版. 北京：高等教育出版社，1993.

[3] 中华人民共和国教育部. 全日制普通高中物理课程标准［M］. 北京：人民教育出版社，2018.

[4] 李炳亭. 高效课堂22条［M］. 济南：山东文艺出版社，2009.

[5] 刘显国. 复习备考艺术［M］. 北京：中国林业出版社，2005.

[6] 韩清海. 2014新课标高中总复习导与练：物理（第1轮）［M］. 广州：新世纪出版社，2011.

学位论文类

[1] 肖晨. 利用多媒体技术提高初中物理总复习课效率的实践与研究［D］. 苏州：苏州大学，2009.

[2] 刘冀瀛. 高中物理问题解决教学策略研究［D］. 武汉：东北师范大学，2009.

[3] 慕晓霞. 高中物理教学中科学方法教育的初探［D］. 武汉：华中师范大学，2006.

[4] 孙传远. 新课程背景下有效的课堂教学研究［D］. 上海：上海师范大学，2007.

期刊类

[1] 陈亚东，朱斌. "课题式"复习模式的构建与实践［J］. 教学月刊

（中学版）2012（8）：64-66.

［2］唐新华. 浅谈高中物理新课引入的方法［J］. 科教文汇（下旬刊），2012（2）：108，110.

［3］丁志强，赵小平. 物理新课导入应遵循的基本原则［J］. 科学咨询（教育科研），2006（12）：38-39.

［4］杨利平. 从一道高考试题看高考物理命题创新趋势［J］. 物理教师（高中版），2008（3）：61-62.

［5］陈国龙，陶汗斌. 回归经典，突出过程，关注课［J］. 物理教师（高中版），2008（10）：28-31.

［6］张鹤. 营造开放的物理教学课堂［J］. 物理教师，2008（10）：9-10.

［7］沈兴云. 高三物理复习课中互动式学习的探究：把讲台让给学生［J］. 物理教师（高中版），2008（3）：12-14.

网络文献类

广东省教育考试院. 广东省2012年普通高中学业水平考试大纲［EB/OL］.（2012-05-21）. http://www.eeagd.edu.cn/portal.

后　　记

经过近四年的努力,《高中物理复习教学方法策略与案例研究》（以下简称《复习》）终于成书。

2011 年初，我报名参加了珠海市承担的由广东省教育研究院教研室教研员姚跃涌老师主持的广东省中小学教学研究"十二五"规划课题——"高中物理课程创新与教学创新案例研究"（J11－135）的子课题"高中物理复习教学模式与案例的研究"。该子课题在珠海市教研中心物理教研员卞红老师的主持下，分两个阶段进行：第一阶段，从 2011 年 9 月开始，侧重于"高三物理单元复习方法与案例"的主题研究；第二阶段，从 2012 年 6 月起，侧重于各种复习教学模式的主题研究，并拟编写有关"物理复习教学方法与案例"方面的著作作为研究成果。

我有幸参与了两个阶段的研究活动，并在自主报名、课题组研究同意后，由我着手主编《复习》这本书。在这之前，只要提到"复习"一词，头脑中充斥的几乎都是"高考复习"之类的复习题解，复习方法策略等等。当仔细研读《复习》的编写要求时，我发现除了"阶段"复习教学中的"升学考试（高考）总复习"可以展开一定的篇幅写些方法和策略，以及对于高中阶段的另一种复习教学形式——"平时"复习教学写一些短小的论文外，要成篇成章地论述并形成有一定学术价值的著作，我没有经验，无从下手，感觉难度很大。

在卞红老师的多次组织下，我们迎难而上，几次邀请百忙中的姚跃涌老师来珠海指导书稿撰写工作，且听取了珠海市第一中学韩延辉校长的意见，在珠海市第一中学吴裕泉特级教师的带动下，组织珠海市五所示范性高中共同进行研究和实践探索，确定编写工作的总体思路为"以点带面""分项合作"，每所学校侧重一个方面的研究，并由每所示范校各自总结研究成果，最后交由我统稿汇总。

统稿过程根本不是我想象中的机械地合卷叠加而已，由于不同学校有不同的研究板块，且同一学校不同作者的一些观点也有差别，我需要读懂作者意图，再进行修改和添加自己观点，并要合理衔接匹配各校各人的观点和案例。

这样，无形中我提升了自己，一有时间就到网上、书店、图书馆涉猎关于"复习教学"的资料，参阅了诸多学者的成果，如各级杂志公开发表的论文，相关硕士、博士学位的毕业论文，一些教育教学专著。因为时间紧，有一些短时间内无法查阅其出处，所以未能在参考文献中标明，在此一并向各位学者表示衷心感谢。

最后通过课题组多次分阶段反复论证，几经修改，本人厘清思路，并在姚跃涌老师几次审阅后，《复习》最终定稿，并把书名定为《高中物理复习教学方法策略与案例研究》。

《复习》的出版是珠海市子课题组成员集思广益的成果，凝结了集体的智慧和团队协作的精神。借此结稿出版之际，谨向对该书提供过指导和帮助的个人及部门表示感谢：

感谢姚跃涌老师！感谢珠海市教研中心物理教研员卞红老师！感谢北京师范大学（珠海）附属高级中学的朱桂春、王义才、刘冀瀛、张玉良、邹卫平，珠海市实验中学的魏胜利、欧阳亮，珠海市斗门区第一中学的朱玉柱、陈亮、曾淑艳，珠海市第二中学的王波、蔡俊龙、胡媛君及珠海市第一中学的刘俊纯、马守进、吴裕泉等老师。书中采用的不少案例是改编自珠海市复习教学案例评比的优秀案例，未将原案例的作者的姓名一一列出，在此一并对这些案例的作者表示感谢！感谢北京师范大学（珠海）附属高级中学的领导和同事！你们给了我充分的信任和支持。

最后，感谢理解我、包容我、给我温暖的家人！

亲情、友情是温馨的、深厚的！我是幸运的，幸福的！

周后升
2017 年 12 月于珠海